Léon OLLÉ-LAPRUNE

Membre de l'Institut,
Maître de conférences à l'École normale supérieure

La Vitalité Chrétienne

INTRODUCTION PAR GEORGES GOYAU

Librairie académique PERRIN et Cie.

La Vitalité Chrétienne

OUVRAGES DU MÊME AUTEUR

La Philosophie de Malebranche, 2 vol. in-8° (collection Ladrange, 1870). Chez Alcan.

De la Certitude morale, 1 vol. in-8°. Belin, 1880 ; 3° édit., 1898.

Essai sur la Morale d'Aristote, 1 vol. in-8°. Belin, 1881.

La Philosophie et le Temps présent, 1 vol. in-12. Belin, 1890 ; 3° édit., 1898.

Les Sources de la Paix intellectuelle, 1 vol. in-18 jésus. Belin, 1892 ; 3° édit., 1899.

Le Prix de la vie, 1 vol. in-12. Belin, 1894 ; 7° édit., 1900.

Étienne Vacherot (1809-1897), 1 vol. in-16. Perrin et C¹°, 1898 ; 2° édit., 1898.

Théodore Jouffroy, 1 vol. in-16. Perrin et C¹°, 1899.

IL A ÉTÉ IMPRIMÉ
10 EXEMPLAIRES NUMÉROTÉS SUR PAPIER DE HOLLANDE VAN GELDER

LÉON OLLÉ-LAPRUNE

MEMBRE DE L'INSTITUT
MAÎTRE DE CONFÉRENCES A L'ÉCOLE NORMALE SUPÉRIEURE

La Vitalité Chrétienne

INTRODUCTION PAR GEORGES GOYAU

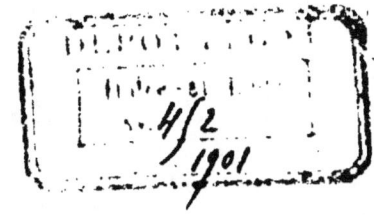

PARIS
LIBRAIRIE ACADÉMIQUE DIDIER
PERRIN ET Cⁱᵉ, LIBRAIRES-ÉDITEURS
35, QUAI DES GRANDS-AUGUSTINS, 35
1901
Tous droits réservés

UN PHILOSOPHE CHRÉTIEN

« L'histoire d'une âme » : c'est ainsi qu'en 1878, M. Alfred Mézières, en Sorbonne, définissait le livre de M. Ollé-Laprune, *la Certitude morale*, présenté comme thèse de doctorat. La définition était exacte et profonde. nous l'appliquerions volontiers à l'œuvre philosophique tout entière de M. Ollé-Laprune ; et nous croyons qu'on ne saurait mieux marquer l'originalité de cette œuvre qu'en répétant et en commentant ces simples mots : « L'histoire d'une âme ». Ce n'est pas que M. Ollé-Laprune aimât à se raconter lui-même et qu'il se complût dans cette affectation d'autobiographie où se sont attardés, à la suite de Rousseau et des romantiques, un certain nombre d'écrivains de notre siècle : son tact et sa simplicité auraient suffi à lui interdire un pareil emploi de sa plume et de sa pensée. Mais surtout, à ses yeux, sa pensée n'était intéressante et sa plume n'était efficace que dans la mesure où elles se rattachaient à une tradition, où elles prêtaient leur appui à une doctrine antérieure et supérieure à elles-mêmes, et où elles fortifiaient enfin un lien préexistant entre son âme et l'innombrable foule des autres âmes. Et c'est dans un tout autre sens, singulièrement plus

a

élevé, que la philosophie de M. Ollé-Laprune, depuis l'année 1862, date de ses premiers cours, jusqu'en février 1898, date de sa dernière leçon à l'École normale supérieure, a mérité de s'appeler l'« histoire d'une âme ».

I

Il y a des philosophes dont la pensée et la vie demeurent perpétuellement comme dissociées l'une de l'autre : leur cerveau est une façon de boudoir, meublé d'idées toutes spéculatives, parfois décoré de paradoxes, ou, si l'on veut encore, une tour d'ivoire qui les isole, non pas seulement de leurs semblables, mais, si l'on ose ainsi dire, d'eux-mêmes ; ce qu'ils pensent n'a aucune influence sur ce qu'ils font, et inversement ils s'amusent de cette illusion que la conduite de leur vie ne détermine en aucune mesure la conduite de leur esprit. Une seconde catégorie, à laquelle le respect s'attache de préférence, comprend les penseurs qui, dès qu'ils sont en possession de leurs systèmes, courbent leur vie sous cette maîtrise qu'ils se sont personnellement créée : leur façon de vivre, fût-ce au prix de mortifications pénibles, devient le corollaire de leur façon de penser; ainsi se constitue l'unité de leur être, et de ceux-là l'on dit, sur leur tombe, qu'ils ont agi et qu'ils sont morts en philosophes : c'est un éloge qui leur suffit, et longtemps on n'en a pas rêvé de plus beau. L'effort philosophique, ainsi compris, consistait à faire en soi table rase, à éconduire, provisoirement ou définitivement, l'ensemble des traditions, des croyances et des sentiments, légués par les années d'enfance; on consignait tout cela à la porte de l'intelligence, on voulait faire abstraction de la complexité de l'être humain, ne se servir que de la pensée pure; et l'idéal eût été de cesser de vivre au moment où l'on commençait de spéculer, de ne rentrer, en un mot, dans l'existence qu'après s'être composé un « système d'idées pures ». On se mutilait volontairement pour arriver au vrai, et l'on appelait cela faire preuve d'une pensée libre. Du *Discours de la Méthode* à l'avènement du positivisme, ce programme fut celui de la plupart des philosophes, Maine de Biran excepté. Mettre une cloison étanche entre l'intelligence et le reste de l'être semblait une maxime irrévocable. La spéculation philosophique, ainsi conçue, était comme un congé donné à l'âme, et si nous répétons à présent que l'œuvre de M. Ollé-Laprune fut l'histoire de son âme, nous en apprécierons tout de suite la primesautière nouveauté.

Les serviles héritiers du cartésianisme s'imaginaient que la « liberté de la pensée », comme ils disaient, était une garantie de sa véracité. C'est ce qu'il n'est plus permis de prétendre depuis trente ans; et ce résultat, qui est d'un prix insigne, est dû au travail de deux doctrines : la philosophie déterministe, dans laquelle les courants spinoziste, hégélien, positiviste, étaient comme unifiés par l'esprit de M. Taine, et la philosophie chrétienne, telle que la personnifia M. Ollé-Laprune. Par quelle mystérieuse convergence deux écoles aussi distinctes se sont-elles, en fait, prêté renfort? Leurs buts étaient inverses, et voici que le résultat de leur labeur semble commun. Oublions un instant l'éclat des tumultueuses polémiques auxquelles donna lieu l'*Histoire de la littérature anglaise*; à quelque hauteur qu'on maintienne, à l'encontre de M. Taine, la réalité de l'autonomie intellectuelle et de la liberté morale, il n'en reste pas moins définitivement établi que les influences de la race, du milieu et du moment, pèsent d'un certain poids sur le composé humain, — et d'un poids qu'il est possible de contre-balancer, même victorieusement, mais non point de supprimer. On ne peut pas, lorsqu'on pense, cesser absolument d'être l'homme de sa race, de son milieu et de son époque; on ne peut pas faire que cette intelligence si fière d'elle-même ne soit pas en quelque mesure influencée, — je ne vais point jusqu'à dire déterminée, — par les impulsions ambiantes, par l'impulsion du passé, qui est la tradition, par l'impulsion du présent, qui est la société; la pensée qui croit être libre a des racines et des habitudes dont elle ne saurait se détacher; l'homme, être vivant, ne peut avoir qu'une pensée vivante, et quoi qu'il veuille, quoi qu'il fasse, sa pensée est un aspect, ou tout au moins un fragment de sa vie. « Je porte ma pensée avec moi », disait le philosophe antique, appauvri par un brusque coup de la fortune. Inversement, on se porte soi-même avec sa pensée, et tout soi-même, tel que l'on est, intégralement. Par cela même qu'il a eu des ancêtres et qu'il a des contemporains, par cela même qu'il est l'héritier d'une lignée et le membre d'un corps social, le philosophe ne peut point faire de son intelligence un désert. Robinson Crusoé vécut isolé du commerce des hommes; mais en Robinson Crusoé lui-même, l'esprit n'a pu vivre isolé du commerce de tout l'être humain ; et c'est se tromper ou se mentir à soi-même que de se targuer, en un certain sens, d'avoir l'esprit « libre ». Le positivisme, en établissant cette vérité, a détruit la théorie cartésienne de la table rase, mère de l'individualisme intellectuel, et responsable de tous les ravages que cet individualisme a produits.

Trois ans seulement après l'*Histoire de la littérature anglaise*, M. Ollé-Laprune, fraîchement sorti de l'Ecole normale, et certainement étranger à l'influence alors si discutée de M. Taine, déposait à l'Académie des sciences morales et politiques un Mémoire considérable sur la philosophie de Malebranche, qui était déjà, comme on le rappela dans cette assemblée, le lendemain même de sa mort, « une œuvre de premier ordre [1] »; et jugeant sans doute que sa conscience de penseur catholique lui faisait un devoir de prendre personnellement position entre le rationalisme cartésien des éclectiques et la philosophie chrétienne de Malebranche, M. Ollé-Laprune écrivait :

> La philosophie est essentiellement un examen et un effort ; un examen des idées qu'on a dans l'esprit, un effort pour voir clair. Examiner n'est pas douter, quoi qu'on en dise. Parce que j'aurai eu le bonheur de n'avoir jamais mon esprit et mon cœur vides de Dieu, faudra-t-il pour cela, malgré la sincérité, la liberté et la hardiesse même de mes spéculations, me refuser le nom de philosophe ? J'avoue que je ne comprends pas cette nécessité d'être tourmenté par le doute ou de faire froidement table rase dans l'intelligence pour philosopher... Il ne s'agit pas, dans l'examen philosophique, d'isoler l'intelligence en elle-même ; il ne s'agit pas de faire le vide autour d'elle... Si l'on a la foi chrétienne dans le cœur, ne serait-ce pas une chose par trop étrange qu'il fallût, pour pratiquer dans sa rigueur la méthode philosophique, rejeter cette intime certitude, éteindre ces lumières, se priver de ces secours ? Non, encore une fois, la philosophie n'est pas à ce prix [2].

Ainsi, dès son premier écrit, M. Ollé-Laprune philosophe ne voulait pas s'isoler de M. Ollé-Laprune chrétien ; il voulait « aller au vrai avec son âme tout

---

1. Discours de M. Arthur Desjardins, président de l'Académie des sciences morales et politiques, à la séance du 19 février 1898.
2. *La Philosophie de Malebranche*, II, pp. 249-252.

entière »¹ ! Ses œuvres successives furent l'expression constante de ce dessein ; tandis qu'elles se répandaient, certains résultats de la philosophie positiviste commençaient d'obtenir une créance unanime ; et les deux écoles, demeurées si lointaines, voire même si divergentes, ont fini par s'entr'aider. Que si l'on accusait, aujourd'hui, la philosophie de M. Ollé-Laprune de n'être point une philosophie parce qu'elle est volontairement et systématiquement chrétienne, et de porter atteinte à la liberté de la pensée parce qu'elle se refuse à ignorer la foi, ne serait-on pas en droit de répondre, en s'appuyant sur M. Taine : Pauvre pensée libre, avant de réclamer une fausse liberté, mesure donc ta vraie liberté ; et s'il est vrai, comme te l'apprend la science, cette science dont tu fais si grand cas, s'il est vrai, dis-je, que tu sois conditionnée dans une certaine mesure par le passé qui pèse sur toi, par le présent qui t'entoure, par tes propres habitudes, par le fait même que tu es la pensée d'un être vivant, n'est-il pas plaisant de refuser à la foi chrétienne seule le droit de te conditionner ou de te guider ?

M. Ollé-Laprune ne se séparait point en quelque sorte de lui-même pour philosopher ; il philosophait avec tout lui-même ; ayant au fond de lui la foi chrétienne, qui touche victorieusement aux plus grands

---

1. « Alors que les métaphysiciens, disait récemment M. Boutroux, font profession de ne chercher qu'avec la raison, et se défient du sentiment et du mysticisme, Pascal veut, au contraire, que l'homme cherche avec toutes ses facultés, avec le cœur comme avec la raison : ξὺν ὅλῃ τῇ ψυχῇ, selon le beau mot de Platon si heureusement pris pour devise par M. Ollé-Laprune. » (E. Boutroux, Cours sur *la Doctrine de Pascal, l'Apologie de la Religion chrétienne, Revue des cours et conférences* du 26 mai 1898, pp. 488-489.) Ce fut une des joies de M. Ollé-Laprune, aux derniers temps de sa vie, de voir la jeune revue catholique *Le Sillon* emprunter cette maxime et en faire sa devise.

problèmes, il estimait qu'une simple raison de probité le contraignait à ne point reléguer la foi chrétienne lorsqu'il philosophait. Il avait une trop haute idée de la philosophie pour la considérer comme une simple construction de la pensée individuelle ; rêvant de trouver en elle la directrice de la vie et l'unificatrice des âmes, il y voulait consacrer tout ce qu'il avait d'intuitions, tout ce qu'il avait d'énergies, tout ce qu'il avait de ressources. Se sevrer volontairement des intuitions, des énergies et des ressources que procure la foi chrétienne, lui faisait l'effet, sans doute, d'un manque de respect envers la foi, mais surtout d'un manque de respect envers la spéculation philosophique : — aussi se refusait-il à bifurquer son être moral et à élever en lui une barrière factice entre le penseur et le croyant. Dépassant ainsi les philosophes qui font de leur vie le corollaire de leur philosophie, M. Ollé-Laprune, lui, voulait que sa philosophie fût l'épanouissement de toute son âme, le corollaire de toute sa vie de chrétien baptisé et de catholique pratiquant. Estimant sa foi, il était impossible qu'il n'y sentît point une vraie richesse ; aimant la philosophie, il était impossible qu'il négligeât de l'enrichir à l'aide de sa foi. Depuis son premier ouvrage où il honorait, chez Malebranche, un effort auguste vers les cimes de la pensée chrétienne, jusqu'aux admirables pages dans lesquelles il reproche à Jouffroy de s'être appauvri, durant une nuit trop fameuse, par un acte de prétendue émancipation intellectuelle, jamais M. Ollé-Laprune ne varia, ni n'hésita ; jamais il n'accepta que, pour philosopher, on battît en retraite loin de son âme, mais il demandait, tout au contraire, qu'on fît retraite en son âme. Même comme historien de la philosophie, il appliquait cette maxime : « En devenant grec, écrit-il en tête de son livre sur la *Morale d'Aristote*, l'auteur de cette étude n'a point cessé d'être moderne e[t] d'être chrétien. Comment le philosophe pourrait-il, dan[s] une étude historique, faire abstraction de son espri[t] propre et de ses doctrines [1] ? » Et M. Ollé-Laprune, pa[r] cette audace de sincérité, par ce déploiement systéma[-]tique de son *moi*, sut créer une philosophie tout à la fo[is] nouvelle et commune, — nouvelle, au bon sens du mot [2], parce qu'elle se dégageait d'une méthode fâcheuse [;] commune, au grand sens du mot, au sens que Bossue[t] eût aimé, parce que, loin de viser au paradoxe, ell[e] faisait fructifier le patrimoine collectif de l'humanit[é] chrétienne.

II

C'est par l'effet d'une décision chrétienne qu[e] M. Ollé-Laprune avait résolu de se consacrer à la philo[-]sophie. En 1858, à l'âge de dix-neuf ans, il était entré [à] l'École normale le premier de sa promotion ; il en sortit en 1861, premier agrégé des lettres. Les études pure[-]ment littéraires lui pouvaient sembler fécondes e[n] promesses. Nisard, juge redouté de ceux qui n'étaien[t]

---

1. De même, au terme de sa vie, dans son étude sur Vache[-]rot, M. Ollé-Laprune examinait, avec une grande finesse, le[s] convergences entre les aspirations de Vacherot et le dogm[e] chrétien ; et cette préoccupation ne paralysait en rien « ce[t] élan de sa générosité sympathique » qu'admire M. Léon Bruns[-]chvicg dans le petit livre sur Vacherot. (*Revue de métaphysiqu[e] et de morale*, supplément, septembre 1898, p. 5.)

2. « M. Ollé-Laprune alliait en lui la foi chrétienne la plu[s] profonde et la spéculation métaphysique la plus désintéressée[.] C'est cette alliance, qui caractérise son œuvre et son influenc[e] et donne à sa physionomie son originalité. » (Doumic, *Journa[l] des Débats*, 15 février 1898.)

point dignes de l'aimer, goûtait chez ce jeune homme une finesse et une précision d'esprit toutes classiques ; et grâce à sa connaissance approfondie du grec, il semblait que M. Ollé-Laprune pût prolonger sans déchoir la longue lignée de ces humanistes universitaires, amoureux de l'antiquité, respectueux du christianisme, et qui peut-être appréciaient davantage le maintien du bon goût que le progrès de la pensée. De lui-même, à la suite de beaucoup de perplexités dont M. Maurice Blondel nous a donné l'attachant récit[1], il abdiqua cette espérance d'humaniste ; au risque de s'engager dans une voie difficile, il se fit délibérément le courtisan d'une disgrâce. La philosophie était disgraciée : M. Ollé-Laprune lui fit hommage de son talent.

Il avait eu pour maître de conférences de philosophie, à l'École normale, Edme Caro : c'était un enseignement éloquent, classique par la doctrine, mais original par l'exposition ; c'était, pour l'époque, un enseignement audacieux, qui abordait des « problèmes » au lieu de se traîner dans l'étude des questions de méthode et des procédés de la logique[2]. Ni l'éloquence ni l'audace n'étaient faites pour déplaire à M. Ollé-Laprune ; et, dans le *Livre du Centenaire de l'École normale*, il nous rapporte lui-même quelle fut, sur sa pensée, l'influence fascinatrice de Caro. « Je serai philosophe », lui dit-il un jour, à la sortie d'une de ses conférences. Cette résolution ressemblait à un élan d'enthousiasme ; elle pouvait être d'autant plus fugitive qu'elle était plus flatteuse pour le maître qui l'inspirait... Caro continua

---

1. Blondel, *Léon Ollé-Laprune* (Paris, Dumoulin, 1899), p. 5 et suiv.
2. Voir, dans le beau livre de M. Victor Giraud : *Essai sur Taine, son œuvre et son influence* (Fribourg, 1901), les extraits d'un curieux article de M. Lachelier sur l'*Idée de Dieu* de Caro, et sur les *Philosophes classiques* de Taine.

son enseignement, et la résolution ne changea point. Mais chaque jour elle se faisait plus réfléchie, plus consciente d'elle-même; et l'œuvre commencée par Caro était achevée par la lecture de Gratry.

Il est peu de livres plus curieux que le petit ouvrage de Gratry qui s'intitule : *Les Sources;* on dirait un défi volontaire à notre siècle affairé, où les nécessités du *struggle for life* et la gymnastique des pédagogies nouvelles abrègent, pour tous les jeunes gens, la période de la préparation et précipitent, pour beaucoup d'entre eux, l'heure de la production. Gratry s'adresse à des hommes qui ont le loisir de penser, à des esprits qui ont le temps de se mûrir; il leur offre une sorte de *Discours de la Méthode*, et leur promet, s'ils veulent bien entendre ses leçons, que leur pensée sera forte, que leur âme sera unifiée, qu'ils seront proches de Dieu et que Dieu sera en eux. Contre l'orgueil de la fécondité littéraire, il n'est pas de meilleur remède que cette lecture : c'est une des rares œuvres du dix-neuvième siècle qui nous apprennent la connaissance de nous-mêmes. Gratry nous remet à l'école : il nous montre que nous ne savons rien ou presque rien; il aiguise les susceptibilités de notre conscience à l'endroit de notre activité intellectuelle; et, constamment, lorsque nous le lisons, nous devons nous interroger avec anxiété sur les titres que nous avons à émettre une pensée ou à tracer une ligne qui laisseront une empreinte dans les âmes des auditeurs ou des lecteurs. Il enseigne le scrupule des lèvres et le scrupule de la plume : jamais époque n'en fut plus éloignée que la nôtre, et Gratry est un bienfaiteur, précisément parce que certains de ses chapitres semblent d'un autre âge.

M. Ollé-Laprune était professeur de philosophie à Nice, en 1862, lorsqu'un jour (c'était le 27 juin), par l'un de ces actes délibérés qui font époque dans une existence, il décida de s'assujettir aux vastes et complexes programmes d'études si minutieusement tracés par Gratry. L'un des carnets où il consignait, chaque soir, les événements du jour et les obligations morales dont il se sentait enchaîné pour le lendemain, nous donne le récit de cette virile résolution :

Entre cinq et sept heures du soir, écrit-il, il s'est accompli quelque chose qui est mémorable et qui aura peut-être une action sur toute ma vie. Mon cher ami S... m'a vivement engagé à suivre le plan d'études que le P. Gratry propose à l'ami de la vérité et de la sagesse : six années employées à l'étude sérieuse des sciences et de la théologie. J'ai hésité ; j'aimerais mieux un travail plus riant ; j'étais tenté par l'étude du mysticisme ; je songeais encore à l'étude du dogme chrétien jusqu'à Nicée. Mais S..., qui m'avait parlé de ces deux sujets et qui me recommandait surtout le second, a fini par me présenter comme un devoir la mise en pratique des conseils du P. Gratry. Que pouvais-je répondre ? Que je n'avais pas le courage ; est-ce une parole digne d'un homme et d'un chrétien ? Vous m'avez fait, mon Dieu, des reproches intérieurs de ma lâcheté. Je suis allé vous prier ; j'ai pris ma résolution vers sept heures. O Jésus, bénissez-la, et donnez-moi la force de l'accomplir. O Jésus, je me consacre à vous. Je commence demain. Vie réglée, travail constant, prière vive et intérieure, méditation profonde.

Et le lendemain, en effet, M. Ollé-Laprune commençait... Il contraignait son attention, non point, certes, à se déprendre totalement des lectures purement littéraires, mais parfois à s'en priver ; il lisait Agassiz, Humboldt, Claude Bernard ; ou bien, il faisait des études de physiologie ; et, par un acte d'austère humilité, il renonçait à ses tentations d'écrire sur la mystique, pour travailler comme le voulait Gratry. Cet apprentissage des hautes spéculations grava dans son esprit une

impression profonde ; de son assidu commerce ave[c]
les œuvres de l'illustre Oratorien, M. Ollé-Laprun[e]
emporta comme une leçon d'attitude philosophique[.]
Dans le silence de son cabinet, au contact de ce hau[t]
esprit, il se pénétra des intimes dispositions qui con[-]
viennent à un penseur chrétien. Il ne fit pas sienne[s]
toutes les idées du maître et ne chercha point à imite[r]
cet original et curieux mélange de précision mathé[-]
matique et d'exubérante imagination, qui fait l'atta[-]
chante valeur et le charme parfois inquiétant de cer[-]
taines pages de Gratry, dans lesquelles la pensée, d[e]
déduction en déduction, semble vouloir étreindre l'In[-]
visible ; mais il fit sienne toute la méthode du maîtr[e]
— de ce maître qui vient de trouver, dans la personn[e]
de S. Em. le cardinal Perraud, un biographe et u[n]
interprète digne de lui[1]. Et je résumerais volontier[s]
les rapports intellectuels de M. Ollé-Laprune et d[u]
P. Gratry, en disant que le premier a trouvé dans le[s]
livres du second non pas un enseignement philoso[-]
phique, mais une introduction à l'étude personnelle d[e]
la philosophie.

Sur les programmes des lycées, à cette époque, l'en[-]
seignement philosophique était fort mutilé ; l'agréga[-]
tion de philosophie n'existait plus ; et comme il étai[t]
de mode, dans certains milieux, d'affecter à l'endroi[t]
du pouvoir impérial l'attitude des stoïciens vis-à-vi[s]
des Césars, cette éviction de la philosophie avait l'ai[r]
d'un dernier coup porté à l'opposition. Mais un cer[-]
tain nombre d'esprits, s'élevant au-dessus des frivole[s]

---

1. Voir le livre de S. Em. le cardinal Perraud, *Le P. Gratry,
sa Vie et ses Œuvres* (Paris, Téqui) ; il a suffi que l'éminent aca[-]
démicien réveillât ses plus chers souvenirs pour retrouver, e[n]
une indissoluble union, sa vie mêlée à celle de Gratry ; et c[e]
qui rend cette biographie si vivante, c'est qu'elle est en beau[-]
coup d'endroits une autobiographie « vécue ».

taquineries des partis, n'aspiraient point à exhumer de l'arsenal philosophique, des armes, ou des pointes d'épingle, pour s'en servir contre le pouvoir : ils réclamaient sérieusement, en vue d'une tâche sérieuse, le rétablissement de l'agrégation de philosophie. L'Empire, en 1864, consentit à les exaucer; et parmi les jeunes gens qui se présentèrent devant M. Caro, l'un des juges du nouveau concours, MM. Alfred Fouillée et Léon Ollé-Laprune furent de prime abord distingués : ils furent les deux premiers d'entre les nouveaux agrégés. Cousin vivait encore; assez meurtri des flèches acérées de M. Taine, il perpétuait, avec une emphase un peu morne, l'héritage du Vicaire savoyard; des deux jeunes agrégés, ni l'un ni l'autre, au cours de leurs carrières fort diversement orientées, ne devaient reconnaître ce vicaire pour leur pasteur, et ce concours d'agrégation marqua la fin d'une petite église. N'est-ce pas cette année même qu'Edme Caro, publiant l'*Idée de Dieu*, introduisait dans ce livre un long chapitre pour défendre la divinité de Jésus contre l'incroyante religiosité d'Ernest Renan? Le spiritualisme attaqué sentait le besoin de défendre le christianisme, afin de se défendre lui-même. Il y avait là, — qu'on nous passe cette expression, — un moment psychologique : M. Ollé-Laprune le sentit, et, grâce à lui, la foi chrétienne en profita. Il avait, en moins de deux ans d'études, acquis l'honneur et le droit de faire pénétrer dans les chaires successives que lui confia l'Université, à la place de cet éclectisme qui, pudiquement, au risque d'être accusé de plagiat, dissimulait ses affinités chrétiennes, à la place de ce spiritualisme où il voyait une sorte d'« enseigne » ou, pour mieux dire, d'« étiquette restrictive » de sa qualité de chrétien[1], une

---

1. Voy. dans l'article de M. l'abbé Besse, *Revue néo-scolastique*,

philosophie vraiment et ouvertement chrétienne, et chrétienne, non pas seulement par les emprunts qu'elle faisait au christianisme, mais aussi parce qu'elle se disait telle, et parce qu'elle voulait être telle.

La revue italienne *Il Nuovo Risorgimento*, organe de la pensée rosminienne, publiant en 1900 une longue série d'articles consacrés à M. Ollé-Laprune, les intitulait : « Un philosophe chrétien à la fin du dix-neuvième siècle »; et l'on ne pouvait assurément mieux définir ni ce qu'il fut, ni ce qu'il voulut être, ni l'originalité réelle qu'il y avait à être ce qu'il fut et à vouloir ce qu'il voulut [1].

III

Nice, en 1861, Douai, en 1864, Versailles, en 1868, le lycée Henri IV, en 1871, l'Ecole normale supérieure, de 1875 à 1898, furent les étapes de son enseignement.

mai 1898, pp. 160-161, quelques lignes pénétrantes à ce sujet, et une analyse très fine des liens qui ont rattaché M. Ollé-Laprune à Gratry, à Caro, à l'Université et à l'Eglise. Il est intéressant d'observer, dans certains écrits de M. Maurice Blondel, le développement et, si nous osons ainsi dire, l'aboutissement des sévérités de M. Ollé-Laprune contre le spiritualisme. Voy., en particulier, Blondel, *Lettre sur les exigences de la pensée contemporaine en matière d'apologétique et sur la méthode de la philosophie dans l'étude du problème religieux*, pp. 23-26. (Saint-Dizier, Thévenot, 1896; extrait des *Annales de philosophie chrétienne*.)

1. « Quand on écrira l'histoire du mouvement philosophique chrétien en cette fin de siècle, le nom de Léon Ollé-Laprune sera parmi les premiers et les plus illustres. » (R. P. Giovanni Semeria, *Gente che torna, gente che si muove, gente che s'avvia*, pp. 22-23, Gênes, typographie *della Gioventù*, 1901.)

Si nous voulions, en détail, suivre ces diverses étapes, nous aurions, pour nous y guider, trois séries d'indications : les témoignages de ses chefs et de ses élèves ; les lettres officielles qu'il adressait aux premiers et les lettres intimes dont il honorait les seconds ; les papiers personnels, enfin, dans lesquels, face à face avec lui-même, il se livrait à une sorte d'examen de son activité professorale, examen d'autant plus glorieux pour lui que parfois il était plus sévère. Depuis la première leçon qu'il donna au lycée de Nice, jusqu'à la dernière conférence qu'il fit à l'Ecole normale, sa conscience fut toujours engagée dans son enseignement; il ne faisait point un métier, il accomplissait un devoir; le professeur, en lui, c'était l'homme tout entier. A deux reprises, il eut à se demander si l'Université était vraiment le cadre qui convînt le mieux à son activité; à deux reprises, sa conclusion fut affirmative. Les Instituts catholiques n'eussent point fait bon marché d'une pareille recrue : il s'étudia, il consulta, et l'Université lui parut être le poste où Dieu l'avait appelé, où Dieu voulait le maintenir.

« Je m'efforcerai de faire du bien dans le monde, écrivait-il, en 1869, à la suite d'une retraite faite à l'Oratoire, sous la direction du P. Pététot ; je m'efforcerai de faire du bien par mon exemple, par mon influence, par ma parole, par mes écrits. Je voudrais qu'Ozanam fût mon modèle. Elève de l'Ecole normale, universitaire en relations amicales avec mes anciens maîtres, et connu cependant comme catholique, je serais comme un trait d'union. Il y a du bien à faire dans cette situation-là. »

Confrontons, avec ce programme d'apostolat laïque, le témoignage que lui rendait, vingt-trois ans après, dans une lettre privée, un des théologiens les plus distingués de la Compagnie de Jésus : « Je me prends à penser, écrivait à M. Ollé-Laprune le R. P. de Régnon, que Dieu veut, à notre époque, renouveler l'apostolat laïque (soumis hiérarchiquement au sacerdoce, mais marchant en avant), comme du temps des Justin et des Athénagore. C'est vous surtout qui me donnez ces pensées-là. » Apôtre laïque dans l'Université, tel s'était efforcé d'être, sans relâche ni lassitude, M. Ollé-Laprune, et tel il avait été. Il rêvait, en 1869, de marcher sur les traces d'Ozanam, et M. Trolliet, rendant compte, vingt-cinq ans après, d'un de ses derniers livres, l'appelait précisément un nouvel Ozanam[1]. M. Ollé-Laprune pouvait donc relire, sans remords ni confusion, le résumé des viriles résolutions, qu'il avait prises sous les auspices du P. Pététot.

Un jour où il le relut, il ajoutait en marge : « Que je vous bénis, ô mon Dieu, de m'avoir réservé celle qui est devenue ma femme ! Je ne la connaissais pas en 1869. Mais je puis bien dire que c'est à elle que mes pensées allaient, car c'est elle qui a réalisé ce que je voulais. » Il semblait, en effet, que le Dieu qu'il remerciait en ces termes eût ratifié son dessein d'apostolat laïque en lui faisant rencontrer, dans l'Université même, au foyer de M. Saint-René Taillandier, une compagne qui fut une auxiliaire. M. Ollé-Laprune trouva dans cette alliance, en même temps que le bonheur intime, la force qu'on acquiert, à deux, lorsqu'on a « chacun deux cœurs pour aimer Dieu[2] ».

Universitaire par son éducation, par sa décision prise à l'Oratoire, par son mariage, M. Ollé-Laprune conti-

---

1. Peu de temps après la mort de M. Ollé-Laprune, M. William P. Coyne l'appelait à son tour « le plus grand laïque catholique qui eût paru en France depuis Ozanam ». (*New Ireland Review*, juin 1899, p. 195.)

2. J'emprunte cette belle expression à M. Jean de la Bretonnière, le délicat poète de *Pures tendresses*. (Paris, Lemerre.)

nua de demeurer universitaire en 1880, lorsque le chef de l'enseignement public lui fut inclément. Il avait usé de son droit de citoyen en apposant sa signature, à Bagnères-de-Bigorre, sur un procès-verbal de protestation contre l'expulsion d'une congrégation religieuse. Le journal le *Télégraphe* dénonça le fait; des colères nombreuses s'allumèrent. Elles invoquèrent M. Jules Ferry, alors ministre, et ces invocations étaient des sommations. Il y a des juridictions supérieures aux vicissitudes politiques : ce sont les juridictions professionnelles; le jacobinisme ne les a jamais aimées; il les haïra toujours. M. Edmond About, qui n'était sectaire que dans la mesure où le peut être un homme d'esprit, demandait que M. Ollé-Laprune fût déféré aux membres du Conseil supérieur, ses pairs; redoutant un arrêt qui eût pu être une défaite pour le pouvoir, M. Jules Ferry déroba M. Ollé-Laprune à ses juges naturels; administrativement, il le frappa de suspension pour un an, tout en lui laissant son traitement. Le ministre de l'Instruction publique, sans le savoir et sans le vouloir, créait un lien de plus entre M. Ollé-Laprune et l'Université. Car ce traitement, dont M. Jules Ferry voulait faire la rançon d'une sinécure, enrichit le patrimoine corporatif de la rue d'Ulm: il fut abandonné par M. Ollé-Laprune à la caisse de l'Association amicale des anciens élèves de l'Ecole normale supérieure. Deux ans de suite, en 1881 et 1882, M. Ernest Havet, à la séance solennelle de l'Association, remercia de cette générosité le maître de conférences, momentanément évincé; et les nombreux témoignages d'affection que lui prodiguèrent ses élèves et beaucoup de ses collègues rachetèrent amplement, aux yeux de M. Ollé-Laprune, les vexations du grand maître éphémère de l'Université.

Car l'Ecole normale supérieure ne se solidarisa point

avec le « parti républicain ». M. Ollé-Laprune, à la date du 7 novembre, recevait des élèves de seconde année la lettre suivante, que publièrent tous les journaux de l'époque :

Ecole normale, le 7 novembre.

Monsieur et cher maître,

Tous les élèves de seconde année viennent vous exprimer le profond regret que leur cause le bruit de votre départ. Nous gardons tous un souvenir ineffaçable de votre attachement à l'Ecole et à ceux qui y ont passé, de votre bonté pour nous, de l'esprit de bienveillance envers toutes les opinions qui a toujours animé votre cœur. Votre parfaite tolérance avait d'autant plus de prix à nos yeux qu'elle ne coûtait rien à la liberté et à la sincérité de vos convictions personnelles. L'affection de l'Ecole ne va qu'à la véritable affection, son respect ne va qu'à l'entière franchise ; ceux qui dénoncent votre intolérance ou font trop d'honneur à votre habileté ou ne connaissent sans doute ni vous ni un seul élève de l'Ecole.

En tête des signatures figurait celle du chef de section ; il s'appelait Jean Jaurès. « Universitaire et républicain libéral par tradition autant que par choix, écrivait à M. Ollé-Laprune M. Léopold Mabilleau, je vois avec douleur la voie où les imprudents nous engagent. » — « On est ému, très douloureusement ému à l'Ecole, reprenait à son tour M. Henry Michel ; on vous le dira, et on voudrait pouvoir le dire et le crier partout. Vous êtes si peu fait pour être ainsi affiché, et publié, et commenté. Et que vous devez en souffrir ! »

Lorsque fut terminée l'année de retraite imposée

par M. Jules Ferry, M. Ollé-Laprune reprit son enseignement[1]. Il remercia, de leurs instances multipliées, les fondateurs des Instituts catholiques, qui souhaitaient ardemment son concours ; mais il estima que les sympathies de ses élèves normaliens, même non catholiques, lui créaient des obligations. C'était une consolation pour lui de se sentir regretté, une joie de se sentir aimé ; et, d'autre part, représentant d'une doctrine, — doctrine qui se propose à la libre adhésion des intelligences et des cœurs, — n'avait-il pas le droit d'aspirer à une autre satisfaction, la plus haute de toutes, celle de la faire de mieux en mieux connaître et de se sentir lui-même de mieux en mieux connu ? Malgré l'intérêt qu'il prenait aux nouvelles créations d'enseignement supérieur, il eût fallu qu'il se fît violence pour abandonner sa chaire de l'Ecole normale, de quelques secousses qu'elle fût menacée par le libre assaut des idées adverses. Et lorsque, plus tard, ces secousses survinrent, jamais un seul instant M. Ollé-Laprune ne regretta sa décision de 1882 : sa pensée, plus éprise d'expansion que de repos, préférait les terres à conquérir aux terres conquises. Il estima toujours que son devoir le retenait dans l'Université et qu'en renonçant à l'influence qu'il y avait acquise, il gaspillerait une force dont Dieu lui avait fait don : contre cette conviction, les tristesses mêmes que parfois il éprouva ne purent en aucune façon prévaloir.

Un homme politique qui, depuis la Commune jusqu'à l'heure actuelle, semble s'être donné pour mission constante de cultiver tous les germes de faiblesse de la France, M. Ranc, alors sénateur, s'indigna, dans

---

[1]. Voy., sur cet incident, la lettre qu'à cette époque M. Ollé-Laprune écrivit au P. Ramière, publiée dans les *Etudes religieuses* du 5 mars 1898.

plusieurs articles, de la présence de M. Ollé-Laprune dans l'Université : en termes violents, il déplora le concours qu'apportaient au relèvement moral et religieux de notre pays les constants efforts du maître de conférences de philosophie de l'École normale supérieure ; et l'active fidélité que témoignait M. Ollé-Laprune à la cause de la philosophie chrétienne fut dénoncée au grand convent maçonnique de 1895 par un professeur du collège de Foix, devenu quelque temps après sénateur, M. Delpech. Ce sera l'honneur de M. Ollé-Laprune d'avoir été la première cible contre laquelle s'acharnèrent, en ces dernières années, les promoteurs de la nouvelle campagne anticléricale, et d'avoir été visé sans relâche par les hommes qui n'ont pu réussir à frapper l'« esprit nouveau », qu'en se montrant, du même coup, les ennemis de la France. Tranquille, il passait outre, et continuait de faire à ses disciples normaliens l'honneur de se montrer à eux tel qu'il était. Il est deux politiques qu'il ne comprit jamais : celle des agaceries stériles et celle des abdications. Le plus grand sacrifice parfois qu'on puisse exiger des hommes mêlés aux passions de la lutte, c'est de s'abstenir de ces faciles représailles, espiègleries malicieuses qui sont comme la menue monnaie du courage. M. Ollé-Laprune préférait le courage lui-même. C'est ainsi qu'après son retentissant discours sur la virilité intellectuelle, prononcé dans le bâtiment des Facultés catholiques de Lyon, les invitations vinrent à lui, pressantes, nombreuses, de se faire entendre ailleurs : il ne dépendait que de lui d'opposer aux prétentions de M. Combes, ministre de l'Instruction publique, une série de manifestations oratoires, affirmation implicite de son droit de penseur et d'orateur ; mais il craignait, en conscience, que tout ce qui avait une apparence de fronde ne fût une déviation du devoir. Il attachait un sens trop élevé à ce beau mot de dignité, pour commettre sa dignité dans les bagarres d'une insignifiante revanche : et c'est ainsi qu'il lui déplaisait, parfois, de voir les revendications catholiques s'émietter en des manifestations sans portée et se diminuer, si l'on ose ainsi dire, par cela même qu'elles se prodiguaient. Le tempérament viril de M. Ollé-Laprune n'aimait point se gaspiller en protestations de détail : il remercia, de toutes parts, pour les amitiés inconnues et lointaines qui lui demandaient de venir parler ; il en attendit l'heure, et provisoirement rentra dans le silence ; et de même qu'il n'eût point accepté qu'une autorité sectaire lui balbutiât une défense formelle, de même il s'interdisait jusqu'au moindre geste de provocation. Sans fracas, en 1884, il refusa de demander, comme on l'y invitait, la décoration de la Légion d'honneur ; sans complaisance, il l'accueillit en 1893 lorsqu'on lui rendit cette tardive justice. Il mettait la même vigilance à ne point consentir qu'on lui forgeât certaines chaînes, et à ne point risquer gratuitement la rupture de certains liens ; et, n'admettant jamais qu'on le traitât en captif, il ne jugeait point nécessaire de faire claquer les portes pour proclamer son droit à demeurer libre.

Il convient d'envisager avec soin ces qualités de son caractère et ces maximes de son attitude, elles nous expliqueront pourquoi M. Ollé-Laprune fut constamment « l'homme d'une cause », non « un homme de parti[1] », et comment il put être, — donnons à ces deux mots toute leur force, — un universitaire chrétien. Tout en lui, nature, habitudes, culture, amitiés, semblait le prédestiner à cette fonction sociale ; il fallait,

---

[1]. Nous empruntons cette nuance si juste, exprimée en termes très heureux, à une conférence faite au collège de Juilly par M. Eugène Dubois (Abbeville, Paillart, 1898, p. 5).

pour n'y point rester inférieur, beaucoup de foi et beaucoup de charité, une ferme conviction et une inaltérable douceur, un égal respect de soi-même et des autres : M. Ollé-Laprune, réunissant et conciliant en lui-même ces diverses vertus, était, quelques jours après son élection à l'Institut, salué par M. Trogan, — un jeune qui connaît bien les jeunes, — comme un impeccable modèle de « la prudence dans la recherche de la vérité » et de « l'ardeur à la défendre une fois conquise[1] », et il donnait ainsi, suivant le témoignage que lui rendit en 1898, au Congrès de la jeunesse catholique de Besançon, son ancien élève, M. Jean Brunhes, un « exemple typique de ce que doit être la vraie attitude des catholiques vis-à-vis des non-catholiques à l'époque présente et dans la société présente[2] ».

Comment serait-on surpris, dès lors, que son sens catholique l'eût conduit, tout naturellement et de vieille date, à professer, en politique, certaines sympathies et certaines répulsions, que justifièrent et qu'encouragèrent, dans la suite, les retentissantes instructions du pape Léon XIII. Il détestait, dès 1883, qu'on laissât s'accréditer cette idée, que « monarchiste et catholique c'est la même chose »; et dès 1871, il souhaitait que les Français, sous l'égide de leurs institutions nouvelles, « rapprissent à respecter la patrie et la loi[3] ».

Il avait, d'ailleurs, emprunté au commerce de la

---

1. Trogan, *Catholiques de France*, p. 160 (Tours, Mame, 1898).
2. *Compte rendu du Congrès*, p. 590, (Besançon, Bossanne, 1899). Tout le rapport de M. Jean Brunhes est à lire ; c'est l'exposé d'un système d'action catholique justifié par le récit d'une vie féconde. On pouvait dire de M. Ollé-Laprune, en entendant M. Jean Brunhes : *Defunctus adhuc loquitur*.
3. Blondel, *Léon Ollé-Laprune*, pp. 48-49.

Grèce[1] un certain sens de la mesure, de la convenance, de l'harmonie ; et les innombrables fausses notes qui, durant l'âge de crise où nous vivons, sont l'indice de nos précipitations et l'écho de nos intransigeances, l'étonnaient et le choquaient. Qu'on relise son livre sur la *Morale d'Aristote*, que couronnait en 1881 l'Académie des sciences morales, et que le cardinal Perraud appelait récemment « l'un des plus beaux commentaires qui aient jamais été faits des enseignements d'Aristote[2] », et qu'on y cherche, en particulier, son chapitre sur le génie grec : il y a quelque chose de lui-même, beaucoup de lui-même, dans le Grec tel qu'il le dépeint ; et, dans ses leçons sur l'hellénisme, on sentait, sans pouvoir le définir, tant il était subtil et discret, je ne sais quel parfum de christianisme. Ce qu'il aimait dans l'antique génie grec, c'est le Grec tel qu'il eût dû être d'après l'idéal des philosophes, un Grec dont Aristote eût dit qu'il était plus vrai que le Grec réel, puisque la poésie est plus vraie que l'histoire. A l'école du génie grec, M. Ollé-Laprune avait appris l'art des nuances : mais il est plusieurs façons de pratiquer cet art. Certains hommes d'esprit, prompts à méconnaître la

---

1. « M. Ollé-Laprune savait, et si j'ose dire, sentait admirablement le grec. C'était plaisir d'expliquer avec lui un texte de Platon ou d'Aristote, d'Aristote surtout, qu'il avait étudié de près. Il y discernait et y faisait goûter les nuances les plus subtiles de la pensée et de l'expression. » (Henry Michel, *Temps*, 15 février 1898). — Cf. Thamin, *Revue philosophique*, avril 1889, p. 442 : « Nul mieux que ce chrétien n'avait compris et restitué une doctrine morale, disons plus, une forme de la conscience aussi peu chrétienne que possible. Une rare connaissance de la langue grecque, une extrême souplesse dans le maniement de sa propre langue, lui avaient permis de traduire l'intraduisible et d'exprimer des idées antiques pour lesquelles il n'est pas de mot moderne. »

2. Cardinal Perraud, *le Prix de la vie* (Autun, 1897), p. 22.

dignité de la pensée humaine et le sérieux de l'activité intellectuelle, déguisent élégamment, sous le chatoiement des nuances, leur indifférence absolue à toute vérité : l'art des nuances, pour eux, aboutit au dilettantisme, sinon au nihilisme. Rien de semblable chez M. Ollé-Laprune : son tact intellectuel lui servait à préciser la vérité, non à l'estomper, et à définir les exactes lignes de sa conduite, non à faire, par amusement, des prodiges d'équilibre; et cette subtile délicatesse, qui fournit à quelques modernes un prétexte pour se dispenser d'agir, lui permettait, à lui, d'agir avec plus de sûreté. Il cherchait, dans l'humanisme hellénique, des leçons de noblesse, de haute et bonne tenue intellectuelle et morale, de finesse courtoise, de fructueux voisinage, enfin, avec les intelligences proches ou lointaines de la sienne; et cette sorte de civilité intellectuelle, dont il puisait, dans le commerce des Grecs, le goût et l'exemple, s'associait à merveille avec les dispositions de son âme, avec le tour de son tempérament chrétien.

La connaissance du philosophe est accessible à tous : ses livres sont sous la main, et l'âme de leur auteur devient tout de suite familière à quiconque les lit. Mais nous donnerions une idée très incomplète de la manière et de l'influence de M. Ollé-Laprune, si nous n'évoquions pas ici le souvenir de son enseignement et de sa façon de prendre contact avec les jeunes esprits qui lui étaient directement confiés.

Il y a pour un professeur de philosophie plusieurs façons d'écouter une leçon d'élève ou de corriger un travail. On peut, ayant une idée ferme et une doctrine fixe, mesurer, au fur et à mesure que l'élève déroule ses pensées, leur degré d'analogie avec celles dont on est pénétré soi-même; on peut, tout au contraire, traitant cet essai philosophique comme une façon d'œuvre d'art ou, pour mieux dire, de composition littéraire, apprécier exclusivement la manière dont les idées se présentent, s'enchaînent, s'ordonnent, abstraction faite de la justesse des principes fondamentaux qui sont comme à la base de cette juvénile architecture. M. Ollé-Laprune, lorsqu'il jugeait ses élèves, ne pratiquait ni l'une ni l'autre de ces maximes : encore qu'il ne fît point bon marché du fond même de la pensée, il n'aimait pas que, par l'effet d'une certaine complaisance, l'argumentation qu'il entendait ou la copie qu'il lisait parût surtout soucieuse de coïncider avec la propre pensée du correcteur ; mais, d'autre part, encore que son intelligence, éprise d'ordre et de lucidité, d'élégance et de cohésion, fût très attentive à l'attitude et à l'allure des développements philosophiques, il ne lui suffisait point qu'un système fût bien construit pour que l'architecte fût assuré de son suffrage. Derrière la leçon qu'il entendait, derrière la composition qu'il étudiait, M. Ollé-Laprune épiait le travail sincère des jeunes gens dont il était le maître ; il se plaisait à les chercher eux-mêmes et à les retrouver tout entiers sous le voile parfois opaque de leurs paroles ou de leurs écrits ; c'est en eux-mêmes qu'il voulait lire ; dans ce qu'ils disaient ou dans ce qu'ils écrivaient, il voulait saisir et noter une projection loyale et adéquate de leur intelligence et de leur conscience, le résultat d'un labeur intérieur, d'un labeur qui fût une vie. Soupçonnait-il chez quelqu'un le parti-pris de se calquer sur lui, ou constatait-il, au contraire, le parti-pris de le contredire, il en ressentait une égale tristesse, dont parfois il ne pouvait étouffer l'expression : d'autres s'en fussent amusés comme d'un paradoxe ou d'une gageure ; il en souffrait, lui, comme d'une défaillance commise envers le devoir fondamental de la pensée, qui est de se respecter. C'était là le secret de ses rares sévérités, de sa perpétuelle largeur de jugement, de son inaltérable équité[1]. Il exigeait que ses élèves fussent avec lui ce qu'il était lui-même avec eux : le droit qu'il affirmait de leur apporter toutes ses convictions lui paraissait créer, pour eux à leur tour, le droit et le devoir de se présenter à leur maître avec toutes les leurs ; et c'est au nom même de son dogmatisme qu'il appelait la liberté. De même qu'entre le chrétien et l'universitaire il n'y avait pas, chez lui, cloison étanche, et que dissimuler son christianisme eût équivalu, pour lui, à mutiler sa philosophie, de même il réclamait de chacun de ses élèves que l'attitude philosophique adoptée sous les yeux du maître correspondît en toute loyauté à la conviction personnelle recélée dans l'intimité de la conscience.

Nous voilà bien loin de ce faux idéal de neutralité, toujours gauche et souvent trompeur, où plusieurs générations d'hommes politiques ont rêvé d'emprisonner l'esprit universitaire : au nom de cet idéal, on prétendait opérer toutes sortes d'amputations, commander beaucoup de réticences, imposer même quelques lâchetés. M. Ollé-Laprune, lui, concevait l'Université comme un terrain largement hospitalier, où les consciences et les cœurs, participant au travail des esprits, en garantiraient la probité, et où toutes les initiatives intellectuelles, contiguës en même temps qu'autonomes, se prêteraient un mutuel concours pour faire le siège du Vrai. Et sur ce terrain, que nulle considération ne lui eût fait abandonner, M. Ollé-Laprune ne demandait point aux autres âmes quelque sacrifice ou quelque abdication, mais seulement de se montrer à lui dans

---

1. « Il excellait dans l'appréciation des travaux d'élèves », écrivait, au lendemain de sa mort, M. Henry Michel. (*Temps*, 15 février 1898.)

leur intime réalité : l'Université, pour lui, c'était l'endroit où l'on se voyait et où l'on se comprenait, où l'on s'écoutait et où l'on s'entendait. Un de ses anciens élèves, M. René Doumic, écrivait en 1891 : « M. Ollé-Laprune s'applique à être très près des jeunes gens, et à entrer autant qu'il se peut dans l'intimité de leur vie intellectuelle. Il y arrive, parce qu'il est le plus charmant, le plus captivant des causeurs, celui dont l'entretien appelle le plus aisément la confiance. Il est donc mieux éclairé que personne sur les tendances d'esprit de la jeunesse qui étudie et qui pense[1]. » On ne saurait marquer plus finement l'échange de services que se rendaient M. Ollé-Laprune et ses jeunes auditeurs de l'École normale ; il leur faisait entrevoir, avec assez de discrétion pour qu'ils n'en fussent point opprimés, la logique et l'élévation de l'idéal chrétien ; et eux, de leur côté, s'ouvrant à ce maître qui ne leur demandait que la franchise, le renseignaient, parfois à leur insu, sur les malentendus entre sa doctrine et l'époque contemporaine, et sur les moyens les plus opportuns d'acheminer la pensée de son temps vers l'intelligence de sa doctrine.

Ainsi leur vie commune était une collaboration ; la maison de la rue d'Ulm était comme une image raccourcie, en même temps que très flattée, de ce monde d'hommes du dehors sur lequel M. Ollé-Laprune se proposait d'agir.

1. *Moniteur universel*, 6 février 1891. — Cf. (*Journal des Débats*, 16 avril 1899) le témoignage d'un des plus jeunes parmi les anciens élèves de M. Ollé-Laprune, M. Haguenin : « Je doute que beaucoup de professeurs aient été doués comme lui de la vue claire et droite des esprits, de l'appréciation rapide des qualités et des défauts intellectuels, et capables comme lui de diriger des jeunes gens en toute sûreté, sans préoccupation de parti, dans les libres voies de leur progrès individuel. »

« Peut-il sortir quelque chose de bon de Samarie? » disaient au temps du Christ certains esprits dédaigneusement chatouilleux. Si quelques critiques plus ombrageux qu'apostoliques eussent, en présence de M. Ollé-Laprune, repris cet archaïque langage pour l'appliquer à l'Université, il eût pu leur répondre que ses cours devenaient des livres, et que les impressions du professeur guidaient l'infatigable activité de l'écrivain...

IV

Il fut une époque, en notre siècle, où l'incroyance était l'indice et le fruit d'un certain excès de confiance de l'intelligence en elle-même : la superbe rationaliste considérait la révélation comme une superfluité, comme une offense aux droits de la pensée, réputés absolus, comme une atteinte à la puissance de la raison, réputée sans limites. Alors surgit une généreuse élite de catholiques qui, frappés de cet état d'esprit et désireux d'y trouver un remède, eussent volontiers envisagé sous l'aspect d'une négociation diplomatique les rapports entre la foi et la raison, entre l'Église et le siècle, et qui, volontiers, eussent brigué l'onéreuse mission de jouer, entre ces deux puissances, le rôle d'État-tampon, rôle souvent stérile, à vrai dire, mais toujours méritoire parce que toujours ingrat. Les affinités universitaires de M. Ollé-Laprune, certaines de ses tendances premières, plusieurs de ses amitiés, semblaient orienter en ce sens les opulentes et délicates ressources de son talent d'apologiste.

Mais au moment où il commença son œuvre de penseur, une génération nouvelle émergea, saturée, ou peu s'en fallait, du travail de la raison, désespérant, avec bonne humeur, d'ailleurs, d'atteindre à la réalité objective et à la vérité intrinsèque, cherchant une occupation, soit dans l'épanouissement « égotiste » de la personnalité humaine, soit dans la pratique du bien et dans l'action sociale, et tout prête à se consoler ainsi de l'insaisissable fuite du vrai. C'est à cette génération que devait s'adresser M. Ollé-Laprune : elle se souciait peu, celle-là, que l'apologétique chrétienne affectât, par complaisance, une allure scientifique ou un accent rationaliste; les hymnes à la science et à la raison, divinisées par l'époque précédente, la laissaient froide ; elle n'avait même plus assez de foi pour croire à ces idoles. Le livre de *la Certitude morale*, discret, chaleureux, pénétrant[1], commença de guérir les esprits fatigués et malades ; M. Ollé-Laprune, de plain-pied, prit ainsi contact avec une catégorie d'intelligences singulièrement différentes de celles qu'avait fréquentées sa propre jeunesse.

Que l'homme est en quelque mesure responsable de ce qu'il pense, voilà la vérité que rappelait si opportunément M. Ollé-Laprune, et qui corrigeait, tout à la fois, les erreurs du cartésianisme rationaliste[2] et les exagérations du déterminisme positiviste. Son livre affirmait, à l'encontre des premières, que le vouloir et le cœur ont une part dans l'adhésion à la vérité et dans la préparation à cette adhésion ; il élargissait, à l'encontre des secondes, la fissure que le libre arbitre peut et doit créer dans le bloc parfois épais des habitudes

---

1. Le P. Semeria, *op. cit.*, p. 23, l'appelle « une des plus belles œuvres du siècle ».
2. Descartes, sans doute, faisait à la volonté sa part dans le jugement, mais cela n'empêche pas sa philosophie, dans l'ensemble, d'être une philosophie intellectualiste.

mentales, des idées reçues, des prédestinations et des fatalités intellectuelles [1].

Et, par cette double démonstration, le livre de *la Certitude morale* restaurait, dans un certain nombre d'esprits, la vraie notion de la liberté de la pensée, ou, pour mieux dire (car c'est là un terme inexact par imprécision), de la liberté du vouloir et du cœur dans l'œuvre de la pensée. Pascal parle quelque part de ces raisons du cœur que la raison ne connait point ; M. Ollé-Laprune, étudiant la genèse psychologique de la croyance, était tout naturellement amené à mettre en relief ces raisons, les seules qui aient quelque portée pour des esprits qui se targuent de subjectivisme. Et, par là, son livre marquait une date dans l'histoire même de l'apologétique catholique ; il ouvrait un sillon où, depuis vingt ans, théologiens et philosophes chrétiens se sont engagés à l'envi [2]. Les discussions récentes sur la démonstration du dogme, de quelque côté qu'on les observe et si acharnées que parfois elles aient

---

[1]. M. Albert Bazaillas a excellemment analysé les théories de M. Ollé-Laprune sur la certitude dans deux articles de la *Revue des Deux Mondes* (1ᵉʳ novembre 1899) et des *Annales de philosophie chrétienne* (décembre 1899), que l'on retrouve dans son livre : *La Crise de la Croyance* (Paris, Perrin, 1901) ; il y met en relief la « double inspiration » dont elles sont le résultat. « M. Ollé-Laprune, écrit-il, a un goût trop vif du développement de la vérité pour ne pas signaler la croissance morale qui accompagne ou qui détermine toute certitude ; mais il a aussi un sens trop sûr des réalités spirituelles sur lesquelles la connaissance repose, pour ne pas redouter de les ébranler. »

[2]. C'est ce qu'indiquait fort bien, au lendemain même de sa mort, M. Albert Lamy. « En introduisant, dans la connaissance même naturelle, une *foi*, obscure en quelque manière, *comme toute foi* et, par conséquent, comme la foi religieuse et positive, M. Ollé-Laprune préparait cette apologétique de l'harmonie et de la convenance dont il était, aux yeux de notre génération, le représentant par excellence. » (*Le Sillon*, 10 avril 1898, p. 235.)

paru, ont mis en relief, pour tous, cette vérité de fait, qu'à côté de l'apologétique classique, plus spécialement déductive et transcendante, qui fait descendre la vérité vers l'homme et la propose au cerveau humain, il y a place, efficacement, pour une sorte de demi-apologétique, inductive celle-là, se qualifiant volontiers d'immanente, ayant peu de prétentions à la rigueur et se consolant, par les succès mêmes qu'elle remporte, de son caractère d'approximation, sur lequel elle n'aspire point à donner le change; elle fait monter l'homme vers la vérité et livre à cette vérité l'âme humaine tout entière [1]. Sans combattre ni critiquer la première méthode, qui fournira toujours à beaucoup de croyants des raisons d'être satisfaits et de se confirmer dans leur foi, M. Ollé-Laprune, par son livre de *la Certitude morale*, fut le précurseur de la seconde. On a dit qu'il ignorait le kantisme : on a conclu cela, fort témérairement, du peu d'affection qu'il avait pour ce système. Tout au contraire, cette sorte de maïeutique religieuse (car nous préférons réserver à l'ancienne méthode le nom d'apologétique) à laquelle il a donné le branle est, non point une concession, certes, mais un essai de contact avec le kantisme ; son livre de *la Certitude morale*, en invitant les esprits et en les habituant à ne point seulement étudier la vérité relativement à l'homme, mais l'homme relativement à la vérité, a été comme une première satisfaction pour beaucoup de cerveaux dans lesquels les argumentations classiques de certaines écoles théologiques s'efforçaient vainement de faire brèche. Nous ne sommes plus au temps où l'on avait à défendre la foi contre la raison, et où la raison

---

1. Comparer, à ce sujet, les conclusions si pénétrantes du livre de M. Victor Giraud : *Pascal, l'homme, l'œuvre, l'influence* (2ᵉ édit., Paris, Fontemoing).

demandait superbement à la foi : Quels sont tes titres ? Aujourd'hui, la raison, se niant elle-même, flottante, oscillante, accepterait volontiers la foi comme la porte de sortie du scepticisme, et volontiers elle dirait à cette foi jadis évincée : « Je ne te demande plus tes titres, retrouve les miens. »

De là l'impuissance fréquente de l'apologétique qui fait appel à la raison raisonnante : il n'y a pas de terrain commun entre les représentants de cette apologétique et les nombreux incroyants qui sont déchus du haut de l'exaltation rationaliste jusqu'à la dépression du subjectivisme. M. Ollé-Laprune, en indiquant à l'apologétique, — nous n'osons point dire, en ce qui le regarde lui-même, une méthode nouvelle, — mais, du moins, des avenues nouvelles, que d'autres ont continuées, a bien mérité de la foi. « Tous les chemins mènent à Rome », disait le proverbe. A l'origine du chemin, souvent abrupt en ses pentes, rétréci parfois entre deux fossés, mais sûr en son tracé, pourtant, et ferme en ses assises, qu'ont prolongé, par un commun travail, et sous leur responsabilité propre, M. Maurice Blondel[1] et M. George Fonsegrive, le R. P. Laberthonnière et le R. P. Brémond, M. l'abbé de Broglie et M. l'abbé Denis, c'est M. Ollé-Laprune qui, par son livre de *la Certitude morale*, a planté le poteau indicateur, et dessiné, sur ce poteau, la flèche directrice et décisive[2].

Sorte d'introduction psychologique à la connaissance

---

1. M. Maurice Blondel a lu, à l'Ecole normale supérieure, sur M. Ollé-Laprune, une pénétrante notice, déjà citée, qui a été publiée dans l'*Annuaire de l'Association des anciens élèves de l'Ecole normale* et réimprimée à part à la librairie Dumoulin.

2. Le P. Semeria, dans sa suggestive brochure : *Gente che torna, gente che si muove, gente che s'avvia*, p. 19 et suiv., émet des réflexions fort intéressantes sur la nature et les conditions

des vérités supérieures, le livre de *la Certitude morale*, en même temps qu'il préparait certaines consciences à la familiarité avec le dogme révélé, réveillait dans beaucoup de cerveaux, lassés des arides et imparfaites déductions du rationalisme classique, l'intelligence et le goût de la philosophie.

Les philosophes de profession, à vrai dire, furent un peu déconcertés par les préoccupations inédites qui perçaient dans l'œuvre de M. Ollé-Laprune et qui semblaient convaincre d'insuffisance le vieux dogmatisme philosophique universitaire; et, parmi eux, beaucoup mirent du temps à rendre justice à M. Ollé-Laprune; quelques-uns même s'y refusèrent toujours. Dès 1868, à l'Académie des sciences morales, M. Paul Janet, après avoir accordé un bel hommage à la « lumière pure et aimable » que portait M. Ollé-Laprune dans l'exposition de Malebranche, et à ce « ton de simplicité et de sincérité » qui faisait penser à Fénelon, manifestait à l'endroit des préoccupations religieuses de l'auteur une sorte d'étonnement intellectuel qui n'excluait pas, du reste, je ne sais quel respect appro-

---

de l'apologétique. Il montre qu'à l'origine, avant d'être *écrites*, les apologétiques furent *vécues*, qu'elles étaient « des guides vers la foi, des itinéraires vers le Christ », que les apologies, dans les premiers temps, avaient une empreinte individuelle, que chacun des apologistes cheminait à sa façon vers Dieu. Puis lorsque se furent multipliées ces œuvres personnelles d'apologétique, un travail de réflexion, d'abstraction, de généralisation, s'opéra : l'on chercha, parmi toutes ces voies, la *voie maîtresse*, et l'on fit des apologétiques purement intellectualistes. Le P. Semeria, sans contester le mérite de ces doctes constructions, sait gré à M. Ollé-Laprune d'avoir rappelé le rôle de la volonté dans la croyance et d'avoir indiqué, par là même, qu'« aucune conversion ne peut être une œuvre purement intellectuelle, et qu'aucune apologétique qui veut être décisive, qui veut être adéquate au mouvement instinctif des âmes vers Dieu, ne peut se limiter aux pures déductions intellectuelles ».

bateur; et le langage de M. Janet était l'exacte image de la disposition que témoignèrent continûment à M. Ollé-Laprune tous les philosophes de l'ancienne école spiritualiste. Vingt-sept ans après, M. Lévêque, présentant à l'Institut *Le Prix de la vie*, disait très nettement : « Par le point de vue et la méthode, les trois derniers chapitres sortent des limites de nos travaux académiques ; je n'ai donc ni à les blâmer, ni à les louer. Mais dans les vingt-sept premiers l'auteur reste sur notre terrain, et je signale la haute valeur de cette partie de son œuvre. » Nous croyons être fidèle, pleinement fidèle, à la volonté de M. Ollé-Laprune en marquant, une dernière fois, par ces citations mêmes, ce que nous appellerions volontiers sa position à l'endroit du spiritualisme classique. Il ne prétendait point sortir de la philosophie, lorsqu'il dépassait cette doctrine incomplète; et rendant aux adeptes de ce spiritualisme timoré, dont plusieurs avaient été ses maîtres et demeuraient ses amis, surprise pour surprise, il se demandait pourquoi, une fois acquis un certain capital, ces philosophes condamnaient la philosophie à l'indigence. Son livre : *La Philosophie et le Temps présent*, dans lequel une âme chrétienne contemplait à travers le prisme de la philosophie les horizons chrétiens, put étonner certains d'entre eux ; mais leur étonnement coïncidait avec une fin de règne. A mesure que disparaissent, à l'Institut, les représentants de l'antique déisme, ils ne sont plus remplacés : cette moitié de dogme est finie, et les dogmes dont Jouffroy saluait la fin sont encore en fleur... Pour n'avoir point accepté de niveler son âme au gré du « spiritualisme officiel [1] », M. Ollé-Laprune, en plusieurs heures de sa

---

1. M. Lachelier, dès 1864, signalait, à l'occasion du livre de Caro, la « secrète impatience de beaucoup d'esprits, qui n'at-

carrière, encourut l'infortune dont Gratry lui-même s'était autrefois enchanté, et qu'Augustin Cochin, dans une de ses lettres à Montalembert, définissait en ces termes expressifs : « Être couronné de silence. » Alors il acceptait cette couronne, comme l'avait acceptée Gratry, et peut-être l'aimait-il comme un trait lointain de ressemblance avec le Maître divin : ne sont-elles pas innombrables, les âmes dans lesquelles le Christ se laisse couronner de silence? Il attendait, patiemment, que les suspicions universitaires ou académiques désarmassent d'elles-mêmes : n'était-ce point assez des joies morales de l'apôtre pour consoler le philosophe de certains dénis de justice, d'ailleurs éphémères?

V

Ils sont nombreux aujourd'hui, ceux qui cherchent dans l'action morale et sociale un échappatoire au scepticisme, et, dans la plénitude du dévouement, un correctif du vide intellectuel : ils se créent une sorte de raison pratique, faite de désintéressement et de charité, pour réparer les déceptions de la raison pure et rendre un prix à leur vie. M. Ollé-Laprune observait autour de lui cet état d'âme; il aimait ces aspirations généreuses, il déplorait que, trop souvent, elles méconnussent leur véritable source, et que le christianisme héréditaire, dont elles étaient la suite naturelle, demeurât longuement assoupi dans la pénombre des consciences. Il lui semblait que beaucoup d'hommes de bonne volonté pratiquaient la vérité sans la connaître, et sa pensée, toujours

---

tendaient qu'un signal pour secouer le joug du spiritualisme officiel ». (Cité dans Giraud, *Essai sur Taine*, p. 300.)

soucieuse d'entente et de conquête, se rappelait avec espoir le mot de l'Evangile: *Qui facit veritatem venit ad lucem.* « Entre sa philosophie spéculative et sa philosophie pratique, a dit très justement M. Henri Joly, il avait établi un lien étroit : c'était son idée de la vie, dont il voulait que tout jeune philosophe eût ce qu'il appelait l'expérience totale [1]. » Que, pour atteindre la vérité, il fallût, en quelque mesure, s'en faire l'artisan, par la conduite même de sa propre existence, et que l'accomplissement du bien, par une sorte de mystérieuse aimantation, imprimât à l'âme un élan vers la vérité, c'est la conclusion pratique qui ressortait du livre de *la Certitude morale*. Les livres et discours successifs de M. Ollé-Laprune développèrent cette conclusion sous ses aspects les plus divers ; ils forment, tous ensemble, une synthèse précieuse, qui enseigne immédiatement à vivre et conduit indirectement à croire. Retenons bien ces deux termes : vie morale et croyance, et gardons-nous de les séparer l'un de l'autre : ce serait ne rien comprendre à l'œuvre de M. Ollé-Laprune. Le philosophe dont la subtile analyse, entre 1867 et 1878, épiait l'origine « subjective » de la croyance, et le moraliste qui, surtout de 1890 à 1898, cherchait à développer les germes de l'action, étaient un seul et même homme et accomplissaient une seule et même besogne. Et c'est justement l'homogénéité de cette besogne qui en faisait l'originalité.

Lorsque parurent le livre du *Prix de la vie* [2] et ce tout

---

1. H. Joly, *Léon Ollé-Laprune* (*Revue du clergé français*, 1ᵉʳ avril 1898, p. 222).
2. Peu de temps après la mort de M. Ollé-Laprune, S. Em. le cardinal Perraud, évêque d'Autun, membre de l'Académie française, adressant à ses diocésains une instruction pastorale sous ce titre : *le Prix de la vie*, y rappelait le très beau livre « qui lui avait suggéré l'inspiration dominante et le titre même de

petit écrit : *Les Sources de la Paix intellectuelle*, que M. Gounod appelait « l'une des productions les plus opportunes de notre temps », le groupe qu'avait fondé M. Paul Desjardins, sous le beau nom d'*Union pour l'action morale*, était dans tout son éclat ; un certain nombre d'esprits, naturellement fascinés, s'installaient avec enthousiasme sur ce large terrain de l'action morale, où l'on pouvait, en s'aidant pour le bien, oublier les divergences confessionnelles. N'était-il point à craindre qu'un jour ou l'autre, au lieu de considérer comme un pis aller ce morcellement des consciences et cette absence de trait d'union intellectuel entre les hommes de bonne volonté, on en vînt à regarder l'action morale comme un substitut de la foi, et l'abdication de toute foi positive comme un idéal profitable à l'union ? Sous la poussée du protestantisme libéral, l'*Union pour l'action morale*, en ces dernières années, a rapidement descendu cette pente, et la généreuse initiative de M. Paul Desjardins a perdu, par cela même, un certain nombre des concours qui, dès la première heure, lui avaient été discrètement acquis. Cette malencontreuse destinée d'une belle tentative montre combien était opportune la position prise par M. Ollé-Laprune dans cet ordre de questions [1]. Ses écrits de philosophie pratique, ses appels à l'action morale, s'adressaient à tous, croyants et incroyants ; et les uns et les autres y trou-

cette instruction ». M. Michel Salomon (*Etudes et portraits littéraires*, p. 198 et suiv., Paris, Plon, 1896) a donné une analyse de ce livre de M. Ollé-Laprune.

1. Voy., sur l'unification de l'être humain par la croyance et sur les rapports de la croyance et de l'action, quelques pages de M. l'abbé Besse (*Revue néo-scolastique*, août 1898, pp. 249-250). M. George Fonsegrive, dans les pages émues qu'il a consacrées à M. Ollé-Laprune, apprécie très finement la position de l'auteur du *Prix de la vie* à l'endroit de l'*Union pour l'action morale* (*Quinzaine*, 16 avril 1898, p. 22).

vaient le langage qui leur convenait. Montrer aux uns, à ceux qui croient, que l'action morale, — cette pratique de la vérité, — est la conséquence de la lumière, que leur volonté doit infatigablement déduire cette conséquence, qu'« un catholique est et doit être un homme, et un homme supérieur aux autres [1] »; et montrer aux autres, ceux qui ne croient pas encore, que l'action morale peut être une étape vers la lumière, que la grâce les peut soutenir à travers le prolongement de cette étape et qu'il y a, dès lors, connexité et répercussion constante entre le bon usage de la pensée et le bon usage de l'existence; établir ainsi la valeur de l'action morale, soit qu'elle précède la foi, soit qu'elle la suive; convier ensuite les uns et les autres, dûment informés du prix de leur vie, à une communauté d'action, mais maintenir fermement que cette action ne saurait éternellement se suffire à elle-même sans une racine doctrinale, qu'elle est pour les uns l'épanouissement de la lumière et qu'elle en est pour les autres comme le premier scintillement, que l'unité des bonnes volontés est le prélude de l'unité des croyances, et que, bien loin d'y suppléer avantageusement, elle la prépare et finit par la postuler : tel était le but constant auquel tendait M. Ollé-Laprune. D'un mot original, le R. P. Roure a écrit quelque part [2] que la philosophie de M. Ollé-Laprune est une philosophie *continue*, qu'elle est dominée par l'idée de « la loi de continuité ou de relation dans l'échelle des êtres et dans les divers aspects de l'être », et que les doctrines de M. Ollé-Laprune sur la parenté du vrai et du beau, sur la liaison de l'intelligence et de la volonté, sur les rapports de la pensée et de l'action, sont des explications diverses de cette loi de « continuité ». On ne saurait

---

1. Paul Gaultier, *Le Sillon*, 10 mars 1898, p. 142.
2. *Etudes religieuses*, 20 octobre 1898.

mieux dire, et M. Ollé-Laprune, en effet, persuadé que le vrai et le bien s'appellent et s'enchaînent, tenait fermement, tout à la fois, à ne décourager aucune bonne volonté dans la recherche du bien et à ne laisser aucune intelligence s'arrêter dans la recherche du vrai ; il ne voulait ni qu'on jugeât les incroyants incapables ou indignes d'être des hommes de charité ni qu'on en usât avec la vertu de charité comme avec un mol oreiller sur lequel s'accouderait, insouciant et presque satisfait de lui-même, l'agnosticisme sceptique et béat. Le vieil Abelly raconte, en un endroit, que saint Vincent de Paul, sentant un jour la foi défaillir en lui, prit la résolution de s'adonner toute sa vie au service des pauvres pour l'amour de Dieu, et que cette décision lui rendit la foi. L'action morale et sociale avait donc été, pour Vincent de Paul, une sorte d'introduction à la *reconnaissance* de Dieu. Il faut relire cette histoire dans le texte naïf du bon chanoine : elle nous semble illustrer, à la façon d'une leçon de choses, la doctrine de M. Ollé-Laprune.

Point de départ pour les incroyants, l'action morale et sociale lui apparaissait comme un point d'arrivée pour les croyants ; il les pressait de se hâter vers ce terme, de travailler au bien de leurs semblables d'une façon digne de leur foi ; et les objurgations d'agir, que M. Ollé-Laprune prodiguait aux catholiques, n'étaient pas des épisodes dans son activité de penseur, mais bien plutôt la conséquence naturelle de sa philosophie doctrinale.

J'ai deux ou trois travaux dans l'esprit, écrivait-il en 1884 ; je voudrais bien les entreprendre et les mener à bonne fin.

L'un, c'est ce qui est le sujet même de mon cours à l'Ecole normale.

Je voudrais bien voir quel est l'objet de la philosophie,

ce que l'on prétend faire quand on se met à philosopher, quel est aujourd'hui le rôle de la philosophie. Comme cette étude m'a amené à considérer de près ce que c'est que précision et exactitude, je voudrais insister sur ce point, et cela pourrait donner lieu à un article.

Mon autre travail, d'une nature moins proprement philosophique, consisterait à caractériser ce grand fait, fait singulier et éminent, le catholicisme. Je voudrais montrer que c'est un fait incomparable, et je voudrais insister sur ceci : unité, stabilité, rigidité, si l'on veut, et, avec cela, variété, mouvement, et une sorte d'heureuse souplesse et facilité d'accommodation. Je voudrais tirer tout cela au clair. Je montrerais ce que la foi laisse à l'esprit de vraie liberté. Je ne diminuerais en rien la vérité, je voudrais montrer que, vue telle qu'elle est, prise telle qu'elle est, avec toutes ses impérieuses exigences, nullement amoindrie, nullement abaissée, nullement arrangée, sans aucun compromis, sans aucune transaction, par sa seule vertu, alors qu'elle est exacte, nette, précise, elle est large, elle laisse ou donne à l'esprit de l'élan. Etudier les exigences de la foi, montrer en quoi elles consistent, à quoi strictement elles se réduisent, — et cela sans rien perdre de la sève chrétienne, tout au contraire, — ce serait faire une œuvre qui répondrait bien aux besoins de ce temps.

Enfin, j'ai dans l'esprit un troisième travail, plus pratique, plus près des détails de la vie et de la conduite. Ce serait sur l'esprit chrétien.

La commune inspiration de ces trois travaux semble être le besoin de voir clair et d'avoir des idées précises et nettes pour avoir une conduite ferme. Le premier revient à ceci : Qu'est-ce que philosopher? Le second : Qu'est-ce que croire en chrétien catholique? Le troisième : Qu'est-ce qu'agir en chrétien catholique?

Je me mets au pied de la croix de Jésus-Christ dans ce jour du Vendredi saint.

On voit par ces lignes, datées du vendredi saint de l'an 1884, que M. Ollé-Laprune estimait encore faire œuvre de philosophie en déduisant clairement et en faisant nettement comprendre les lois de l'action chrétienne. Soit qu'il rapportât de Rome, en même temps qu'un souvenir durable, un opuscule qui fit du bruit et qui demeura comme une sorte de méthode pour comprendre et appliquer la pensée romaine; soit que, s'adressant à des auditoires jaloux de se défendre contre le « mal social », il leur indiquât, du haut de la morale chrétienne, leur responsabilité dans l'avènement de ce mal[1]; soit qu'il proposât à ses concitoyens des Basses-Pyrénées, sous le titre: *Attention et courage*, des conseils d'action pratique, il partait de cette idée que les catholiques doivent se conduire en fils de lumière, et c'est en vertu des mêmes principes qu'il était, tout à la fois, très exigeant pour ses coreligionnaires, qui devaient mériter incessamment d'avoir été les élus de la vérité, et très accueillant pour les bonnes volontés du dehors, qui pouvaient à peu de frais, Dieu aidant, mériter d'en devenir les élues.

Son attachement à toutes les conséquences morales et sociales du christianisme catholique et la confiante tolérance qu'il témoignait aux consciences exotiques, et qu'attesta, parmi tant d'autres preuves, son article sur le jubilé de M. Naville, se rattachaient au même

---

1. « J'étais aux côtés de M. Ollé-Laprune, écrit M. Charles Huit, le jour où, dans une réunion organisée au quartier Latin par le *Comité de défense et de progrès social*, il fit une éloquente conférence sur la responsabilité de chacun devant le mal social; l'auditoire était houleux; des interruptions injurieuses ou saugrenues couvraient à tout instant la voix de l'orateur; et lui, aussi calme, aussi maître de sa pensée que s'il eût parlé devant ses chers élèves de l'Ecole normale, il ne descendit de la tribune qu'après avoir poursuivi jusqu'au bout sa courageuse démonstration. La fermeté du citoyen s'alliait naturellement chez lui à la sérénité du philosophe. » (*Enseignement chrétien*, 16 mai 1898, p. 294.)

fondement. Méditons, pour nous en convaincre, ces lignes qu'il adressait un jour à M. Secrétan :

> Je suis catholique dans le sens précis et rigoureusement exact du mot : je suis d'esprit et de cœur catholique, et le vrai et complet christianisme est là pour moi. Je crois ce que croit l'Eglise catholique romaine. Je n'ai aucune arrière-pensée, aucune réserve, aucune hésitation dans ma soumission à l'infaillible autorité de l'Eglise et de son chef infaillible, le Souverain Pontife. J'accepte toutes les définitions du Concile du Vatican. Je sais, Monsieur, que votre foi n'est pas la mienne. Mais je suis persuadé que ce profond dissentiment entre nous ne peut nous empêcher de nous rapprocher affectueusement l'un de l'autre. Je reconnais avec bonheur ce qu'il y a dans votre pensée, et, laissez-moi le dire, dans votre âme tout entière, de sève chrétienne.
>
> Je salue respectueusement en vous le philosophe dévoué de cœur aux vérités morales et religieuses, le chrétien décidé à servir courageusement la cause du christianisme. Certes, quand on se sent incliné d'esprit et de cœur (pour reprendre vos belles expressions) vers un homme, un penseur, un écrivain, on souhaiterait que l'accord sur les grandes choses aimées et poursuivies en commun fût complet. Mais l'aspiration commune vers ce que vous appelez l'excellence véritable et l'entente établie sur plusieurs points peuvent entretenir la sympathie après l'avoir provoquée. C'est mon espoir qu'il en sera ainsi entre nous.

Ainsi sa tolérance était une forme de sa foi. Elle ne laissait jamais transparaître cette arrière-pensée, qui jadis passait pour distinguée, qu'intrinsèquement tous les systèmes se valent, et qu'aux regards d'une justice supérieure, toutes les formes religieuses auraient, sinon la même vérité, du moins la même vertu. Elle était un acte de double confiance, confiance à l'égard de l'âme d'autrui, confiance à l'égard de la vérité; elle était la conséquence de l'idée qu'il se faisait de la vérité religieuse. La foi, pour lui, n'était pas un meuble de l'âme, mais une atmosphère où l'âme baignait. La foi, pour lui, ne se séparait pas de la vie ; et nous avons ici l'explication des services qu'il rendit à la philosophie, des bienfaits dont un certain nombre d'incroyants lui furent redevables, de l'efficace impulsion qu'un certain nombre de catholiques trouvèrent auprès de lui ; nous avons ici l'idée maîtresse de sa pensée, l'idée directrice de son rôle public, et l'idée mère, enfin, de sa propre existence intime.

VI

Il est des voiles qu'on ne peut soulever qu'à demi ; toute piété a sa pudeur. Dans toute vie intérieure fortement conduite, on pressent une part de mystère, d'indéfini, ou tout au moins d'inédit ; la mort donne-t-elle le droit de violer des secrets et d'interrompre des silences où Dieu seul savait lire et se plaisait à lire ? Et puisque, sans nul doute, il eût répugné à la discrète nature de M. Ollé-Laprune de faire étalage de son âme, n'est-ce pas notre premier devoir, en l'espèce, d'accepter l'héritage de cette délicatesse et d'en tenir compte ? Une série de livrets ont été retrouvés dans ses tiroirs, écrits au jour le jour ; ils nous font d'autant mieux connaître son âme qu'il y cherche moins à la faire connaître. Nous ne les entr'ouvrirons que d'une main légère. Rien de commun entre ces carnets et le « journal intime » où les amateurs d'analyse se complaisent trop souvent à amuser leur esprit et à disséquer leur cœur. Ce n'est point en présence de lui-même que se mettait M. Ollé-Laprune durant ces quarts d'heure de recueillement : c'était en présence de Dieu ; et ce n'est point avec lui-même qu'il dialoguait, mais avec Dieu. Plusieurs textes évangéliques reviennent fréquemment à travers ces petits cahiers : *Quid vis me facere?... Christianus, alter Christus... Porro unum est necessarium... Oportet illum regnare... Glorificate et portate Deum in corpore vestro... Dei adjutores sumus... Suavis Dominus universis.*

Ils sont présents à l'âme de M. Ollé-Laprune, alors même qu'il ne les répète point ; ils sont comme le sel de sa pensée, le ferment de son action. L'on pourrait suivre, année par année, jour par jour, à l'aide de ces carnets, le travail presque religieux auquel s'assujettissait cette conscience d'élite à l'origine de toutes ses initiatives, — initiatives de penseur, d'écrivain, d'orateur et d'apôtre ; avant de vivre sa vie devant les hommes, il la mûrissait devant Dieu.

Lorsque la finesse de l'esprit devient l'auxiliaire de la bonté du cœur, je ne sais quel sens des nuances vient perfectionner et parachever la vertu de charité ; il en résulte une délicatesse de conscience, spécialement instructive et aimable chez les méditatifs qui ont le sentiment de vivre sous l'œil de Dieu et qui rendent à Dieu regard pour regard. C'était le cas de M. Ollé-Laprune, et c'est dans cette délicatesse si sûre et si droite qu'il trouvait tout à la fois, suivant les circonstances, la force d'âme nécessaire pour pousser l'aménité jusqu'à la clémence, et la force de vouloir qui suscite les invincibles fermetés. Ses papiers intimes enseignent, en une leçon perpétuelle, la science chrétienne de concerter une résolution, de la discuter avec soi-même, de l'épurer, de l'offrir à Dieu et de l'épuiser. On l'y voit sans cesse en quête du devoir, accessible aux influences et aux avis pendant la période de recherche, prisonnier de lui-même et de Dieu dès qu'il a trouvé ; scrupuleux à connaître la volonté d'En Haut et scrupuleux à la remplir ; mais les premiers scrupules s'attardaient et s'épanchaient en réflexions, en prières, en amicales causeries ; les seconds, au contraire, se condensaient, inflexibles, en une décision prompte et tenace. Les tourments de volonté sont de deux sortes : les uns préparent la détermination, les autres retardent l'action ; M. Ollé-Laprune ne donnait accès qu'aux premiers. De tourments de pensée, au sens qu'un Jouffroy eût attaché à ces mots, on peut croire qu'il n'en eut jamais ; ses papiers intimes n'en conservent aucune trace. Si quelque crise intellectuelle lui fût advenue, qui eût mis en péril sa foi, bien loin de s'en vanter comme d'une explosion d'originalité, il eût considéré cette crise comme une menace de faillite morale : « penser par soi-même », à la façon dont un certain rationalisme entendait cette expression, lui eût fait l'effet de penser contre soi-même : ayant dûment étudié les fondements de sa foi, en ayant constaté la solide valeur, il les maintenait avec jalousie comme la première assise de son esprit ; il voulait aller, avec *toute sa pensée* intégralement outillée, jusqu'au terme de *toute sa pensée* intégralement professée ; ainsi comprenait-il le travail philosophique et la jouissance philosophique ; et cette disposition d'âme ne lui apparaissait pas seulement comme « un trait de caractère personnel, mais comme la vertu suprême du philosophe [1] ».

L'intelligence, chez lui, était toujours sereine, et la conscience toujours éveillée, toujours aiguisée. Vous entrevoyez, derrière cette page de prière ou de débats avec lui-même, une incertitude, une oscillation ; est-ce

---

[1]. Maurice Blondel, *Léon Ollé-Laprune*, p. 21.

une lutte de la volonté contre une défaillance menaçante ? Nullement, le but final de l'action demeure toujours clair et stable ; c'est au sujet des meilleurs moyens à prendre pour approcher de ce but que des doutes s'élèvent et qu'un conflit s'engage, conflit d'arguments et conflit de scrupules. Mais Dieu est là, tout proche, pacificateur de cette âme naturellement pacifique, et les doutes s'affaissent, et le conflit s'apaise.

Je passerai cette journée dans le recueillement, écrit-il un matin ; je reverrai ce discours sous vos yeux, ô mon Maître ; je le prononcerai ce soir pour vous, et, s'il paraît accueilli avec faveur, vous me défendrez contre la vanité, ce venin corrupteur de tout bien...

Inscrivons ces lignes dans notre souvenir, comme préface aux divers discours qui composent ce livre ; et contemplant alors dans chacun de ces discours l'expiration d'une prière, nous serons des auditeurs moins indignes de l'orateur.

Aujourd'hui, saint Jérôme, docteur, écrit-il une autre fois. Je veux l'implorer tout spécialement. J'ai à enseigner. Que ma vie soit toujours d'accord avec ma foi : *Cœpit facere et docere.*
Quel honneur d'avoir à enseigner ! Enseigner. Exercer une action sur les esprits, sur les âmes. Communiquer la vérité. Que je le fasse avec respect, avec amour pour la vérité et pour les âmes. Je vous le demande, ô mon Dieu, par l'intercession du docteur dont nous célébrons aujourd'hui la fête.
O Jésus, ô Maître divin, enseignez-moi à enseigner.

Ainsi méditait-il, avant de former les jeunes esprits à la méditation ; et face à face avec lui-même, il renouvelait son don personnel à la Vérité, avant de demander à d'autres, à ceux dont il voulait faire ses disciples, une pareille donation. Et comment n'eût-il pas été éloquent, d'une éloquence débordante de vie, lorsqu'il abordait un auditoire après avoir jeté sur des calepins intimes ces phrases brûlantes qui semblent d'un hymne :

O mon Dieu, je vois d'ici le soleil qui commence à illuminer les cimes des montagnes. J'en aperçois une surtout qui est déjà toute brillante. Les montagnes moins élevées se revêtent d'une teinte bleuâtre, légère vapeur lumineuse, qui annonce que le soleil va bientôt les atteindre. Le bas des montagnes, dans cette gorge étroite, est encore dans l'ombre. Ce spectacle est beau. Et c'est pour moi l'image de votre grâce, ô mon Dieu.

Omne datum optimum et omne donum perfectum desursum est, descendens a Patre luminum, apud quem non est transmutatio nec vicissitudinis obumbratio.

Desursum. Entends-tu, mon âme ? *Desursum.* Ne cherchons pas en bas, dans ce qui est purement de l'homme, les principes qui doivent être notre lumière.

Desursum, descendens a Patre luminum. Eclairez-moi, ô Père des lumières, illuminez mon intelligence, pénétrez jusque dans les replis les plus intimes de mon être. Que je me connaisse faible, misérable, impuissant, mais semblable à vous par la faculté de connaître et d'aimer, racheté du sang de Jésus-Christ, animé de votre Esprit vivifiant. Que je vous connaisse, ô mon Dieu, si grand, si bon ; mon Créateur, mon Rédempteur, mon Sanctificateur : le Saint des Saints. *Omne datum optimum... desursum est, descendens a Patre luminum.*

Il s'en allait alors, là où il était attendu, parler comme il avait écrit, d'une âme débordante ; les « paroles qu'il tirait du fond de la poitrine avaient un éclat contenu et comme un tressaillement sonore d'émotion discrète[1] » ; il réchauffait par cet éclat, communi-

---

1. Maurice Blondel, *Léon Ollé-Laprune*, p. 14.

quait cette émotion, et puis rentrait à son foyer, sanctuaire digne de son âme. Au lendemain de pareils essors, se pressaient sous sa plume, avec une instance qui n'acceptait ni trêve ni merci, une série de plans de travaux éventuels, convergeant tous vers une même fin, la fin souveraine ; témoin ce fragment, recueilli dans l'un de ses cartons, et qui semble dater de la fin de sa vie :

Il y aurait à étudier :
L'enseignement de la philosophie, le rôle de la philosophie dans notre société moderne.
Science et religion.
Philosophie.
Ce que M. Georges Picot, dans son discours d'Amiens, a appelé « les Mœurs de la liberté ».
Je voudrais étudier « l'apprentissage de la liberté » intellectuelle et politique.
Montalembert.
Etude sur les nouveautés des lettres à Lucilius.
Etude sur saint Léon le Grand.

Et encore, en un autre de ses feuillets :

Puisque je ne pourrai pas me reposer l'année scolaire prochaine 1897-1898, il faut penser au cours que je pourrai faire. Pourquoi pas une sorte de résumé des principes de ma philosophie : idées directrices, esprit, méthode, résultats, en métaphysique, en psychologie, en logique, en morale, en théodicée : ce que l'on peut considérer comme acquis, et puis les hypothèses, et les soupçons, et les désirs... Les points fixes, l'évolution.

M. Ollé-Laprune commença ce cours en novembre 1897, cours synthétique, effort d'un esprit qui voulait se ramasser sur lui-même pour s'élever ensuite plus haut encore. Il faisait, en présence de son jeune auditoire, une sorte de condensation philosophique, un sommaire de tout ce qu'il y avait de plus intime en sa pensée. Et, précisément à cette date, l'Académie des sciences morales l'appelait au milieu d'elle, comme philosophe. Cette élection ne lui fit point l'effet d'une récompense, mais, si l'on peut ainsi dire, d'une conquête; l'Institut pour lui n'était point une retraite, mais une étape. S'il eût accepté de n'être qu'un moraliste, il aurait pu, depuis longtemps, franchir la porte de la section de morale : au nom même de sa foi, il avait prétendu être philosophe avec toute sa foi; c'est dans la section de philosophie qu'il voulait, tel quel, être introduit; il se réjouit de son élection comme d'une leçon pour ceux qui déniaient à un chrétien la possibilité d'être philosophe. Et de ce succès, d'autant plus précieux qu'il fut plus disputé, lui-même ne triompha point; mais il voulait que sa foi en triomphât. Trois lignes, trouvées dans son tiroir, écrites le jour même de son élection, nous montrent avec quels sentiments il accueillit cette victoire tardive de sa doctrine philosophique :

Dieu soit loué :

Et que cela serve à faire sanctifier son nom, promouvoir son règne, à accomplir et faire accomplir sa sainte volonté.

Son succès devant les hommes n'avait de prix à ses yeux qu'autant qu'il pouvait être interprété comme un succès du christianisme.

Découvertes par les siens, peu de semaines après, sur un modeste morceau de papier, ces fortes et belles paroles brillèrent, devant leurs yeux mouillés de larmes, comme une sorte de *Nunc dimittis*. Le Seigneur, dans l'intervalle, avait renvoyé son serviteur : M. Ollé-Laprune avait à peine survécu à un honneur qui était en quelque mesure une réparation. Il avait écrit, autrefois, sur l'un de ses carnets intimes : « Que le Maître me trouve prêt à paraître devant lui, comme il voudra, quand il voudra ! » La mort, en février 1898, le saisit à peu près soudainement; cette aspiration résignée fut pleinement exaucée. Jaloux de suivre le Christ dans le sacrifice comme il l'avait suivi dans l'action, il fit son sacrifice : le mot est de lui, et c'est l'un des derniers qu'il ait prononcés. Sur ses lèvres déjà pâlies, des demi-phrases survinrent, toutes pleines de pensées et toutes pleines de foi ; et, jointes au spectacle qu'il donnait, elles étaient comme une philosophie vivante de l'immolation. Ayant toujours rêvé et voulu que tous les battements de son cœur fussent profitables à Dieu et aux hommes, il voulut que l'arrêt même de son cœur fût de quelque prix pour le salut d'autrui, et ce qu'il voulut, il l'obtint. Il offrit à Dieu sa douleur, la douleur des siens, lui laissant le soin souverain d'appliquer les mérites de l'offrande ; et Dieu les appliqua. Il avait admiré, sur l'un des livrets auxquels il confiait le meilleur de son âme, cette phrase d'Amiel : « La mort elle-même peut devenir un consentement, donc un acte moral. » Sa mort, à lui, fut mieux qu'un acte moral, elle fut un acte de religion. C'est en sage du christianisme qu'il expira.

Georges Goyau.

BIBLIOGRAPHIE

Discours prononcé à la Distribution des Prix du Lycée de Nice. Nice, Gilletta. 1862.

Discours prononcé à la Distribution des Prix du Lycée de Douai. Douai, Adam. 1865.

Discours prononcé à la Distribution des Prix du Lycée de Versailles. Versailles, Aubert. 1868.

La Philosophie de Malebranche. 2 vol. in-8 de xii-532 et 506 pages (collection Ladrange, 1870). Paris, Alcan. (Le chapitre premier : *Origines de la Philosophie de Malebranche*, a paru dans le *Correspondant* du 10 mai 1869.)

Ouvrage couronné par l'Académie des sciences morales et politiques et par l'Académie française.

Discours prononcé à la Distribution des Prix du Lycée Corneille (Henri IV). Pau, Vignancour. 1872.

Madame Swetchine, sa vie et ses œuvres, par le Comte de Falloux. Article du *Français* du 2-3 janvier 1873.

Les Harmonies providentielles, par M. Charles Lévêque, Membre de l'Institut. Article du *Français* du 17 avril 1873.

La science et la foi. Article du *Correspondant* du 25 juillet 1873.

Spiritualisme et matérialisme. A propos du livre de M. Paul Ribot : *Étude sur les limites de nos connaissances.* Article du *Français* du 1er septembre 1873.

Le P. Gratry. Souvenirs de ma jeunesse. Article du *Français* du 20 janvier 1874.

Article sur trois volumes de Conférences du P. Lescœur, de l'Oratoire. *Français du 2 mars 1874.*

Les Méditations inédites du P. Gratry. Article du *Français* du 3 avril 1874.

La morale sociale et les nouvelles écoles dites scientifiques. Article du *Correspondant* du 10 janvier 1877.

M. Saint-René Taillandier. Article du *Correspondant* du 25 mars 1879.

DE LA CERTITUDE MORALE. 1 vol. in-8 de VI-424 pages. Paris, Belin, 1880. 2º édition, avec Préface nouvelle, 1892. 3º édition, 1898. (Thèse de doctorat.)

Ouvrage couronné par l'Académie française.

DE ARISTOTELE ETHICES FUNDAMENTO. 1 vol. in-8 de 98 pages. Paris, Belin, 1880. (Thèse de doctorat.)

ESSAI SUR LA MORALE D'ARISTOTE. 1 vol. in-8 de XVIII-316 pages. Paris, Belin, 1881.

Ouvrage couronné par l'Académie des sciences morales et politiques.

Édition du livre VIII de la *Morale à Nicomaque*, précédée d'une étude sur la théorie de l'Amitié dans Aristote. 1 vol. in-12 de IV-148 pages. Paris, Belin, 1882.

Traduction du livre VIII de la *Morale à Nicomaque*. 1 vol. in-12 de IV-32 pages. Paris, Belin, 1883.

Édition du livre II de la *Recherche de la Vérité* de Malebranche, avec une longue introduction. 1 vol. in-12 de VIII-364 pages. Paris, Belin, 1886.

Éloge de Malebranche. Discours prononcé au Collège Oratorien de Juilly le 10 juillet 1887. Paris, Dumoulin, 1887.

Rapport sur la situation morale et financière de l'Œuvre de Saint-Nicolas pour l'éducation des jeunes garçons de la classe ouvrière, lu le 15 avril 1888 à la séance générale annuelle de l'Œuvre. Paris, Téqui, 1888.

L'art de discuter. Allocution prononcée à la Société de Saint-Thomas d'Aquin le 20 juin 1888, publiée dans les *Annales de Philosophie chrétienne* d'août 1888.

La Philosophie et le Temps présent. 1 vol. in-12 de x-380 pages. Paris, Belin, 1890. 2ᵉ édition, avec Préface nouvelle, 1894. 3ᵉ édition, 1898.

Le Jubilé de M. Ernest Naville. Article du *Correspondant* du 25 décembre 1890.
Étude sur le Positivisme. Préface à la traduction française du livre du P. Gruber : *Auguste Comte, sa vie, sa doctrine.* Paris, Lethielleux, 1892.

Les Sources de la Paix intellectuelle. 1 vol. in-12 de viii-130 pages. Paris, Belin, 1892. 3ᵉ édition, 1899. (Cet ouvrage a d'abord paru en articles dans le *Correspondant* des 10 et 25 juin 1892.)

Discours prononcé à la Distribution des Prix du Collège Stanislas. Paris, Belin. 1893.

Le Prix de la vie. 1 vol. in-12 de viii-490 pages. Paris, Belin, 1894. 3ᵉ édition, avec Préface nouvelle, 1896. 7ᵉ édition, 1900. (Le chapitre xxix : *Notre tâche aujourd'hui et demain*, a paru dans le *Correspondant* du 10 juillet 1894.)

Le Devoir d'agir. Discours prononcé à la Distribution des Prix du Collège Oratorien de Juilly. Paris, Dumoulin. 1894.
De la Responsabilité de chacun devant le mal social. Conférence du 15 mars 1895, Paris, Comité de progrès social, 1895. (Cette conférence a paru dans la *Réforme sociale* du 16 mai 1895.)

Ce qu'on va chercher a Rome. 1 vol. in-16 de 73 pages. Paris, Armand Colin (collection des *Questions du Temps présent*), 1895. 2ᵉ édition, 1895. (Cet ouvrage a d'abord paru en articles dans la *Quinzaine* du 15 avril 1895.)

Caro. — Son enseignement à l'École. Paris, Belin. Extrait du livre : *Le Centenaire de l'École normale* (1795-1895),

II⁰ partie, III (*L'enseignement*), chapitre deuxième; Paris, Hachette, 1895.

Le Clergé et le Temps présent dans l'ordre intellectuel. Conférence donnée à Issy, le 19 juin 1895, aux élèves des Grands Séminaires de Paris et d'Issy, publiée dans la *Revue du Clergé Français* du 1er juillet 1895.

La Vie intellectuelle du Catholicisme en France au dix-neuvième siècle. Chapitre I du livre X⁰ de : *La France chrétienne dans l'histoire*; Paris, Firmin-Didot, 1896. (Ce chapitre a d'abord paru dans la *Quinzaine* du 1er décembre 1895.)

Notice sur Auguste Geffroy, Membre de l'Institut, Directeur de l'École Française de Rome, Paris, Dumoulin, 1896. Notice lue le 12 janvier 1896 à l'Assemblée générale annuelle de l'Association amicale des anciens élèves de l'École Normale Supérieure, publiée dans l'Annuaire de l'Association, et dans la *Quinzaine* du 1er février 1896.

Éloge du P. Gratry, Paris, Téqui, Lecoffre, 1896. Discours prononcé au Collège Oratorien de Juilly le 8 février 1896, publié dans la *Quinzaine* du 1er mars 1896.

De la Virilité intellectuelle, Paris, Belin, 1896. Discours prononcé à Lyon le 20 mars 1896, publié dans la *Quinzaine* du 1er avril 1896.

Autour du Catholicisme Social, par M. Georges Goyau. Article écrit pour le *Bulletin de la Conférence Hello* de juillet 1897.

Lettre au Président du Congrès scientifique international des catholiques tenu à Fribourg (Suisse) du 16 au 20 août 1897, publiée dans le *Compte rendu* du Congrès, Introduction, III ; Fribourg, librairie de l'Œuvre de Saint-Paul, 1898.

Attention et courage. Articles du *Patriote des Pyrénées* des 20, 21 et 22 octobre 1897, reproduits dans la *Réforme sociale* du 16 novembre 1897, et réunis en brochure, Pau, Broise, 1897.

ÉTIENNE VACHEROT (1809-1897). 1 vol. in-16 de VIII-104 pages. Paris, Perrin, 1898. 2⁰ édition, 1898. (Les parties essentielles de cette Notice ont été lues le 8 janvier 1898 à l'Assemblée générale annuelle de l'Association amicale des anciens élèves de l'École Normale Supérieure, et publiées dans l'Annuaire de l'Association; sous sa forme actuelle, c'est-à-dire complétée par des notes déjà jetées sur le papier en vue de la Notice pour l'Institut, cette étude a été publiée une première fois par la *Quinzaine* du 1er avril 1898, comme œuvre posthume.)

THÉODORE JOUFFROY. 1 vol. in-16 de XII-234 pages. Paris, Perrin, 1899. (Cet ouvrage a d'abord paru en articles dans la *Quinzaine* des 16 juin, 1er septembre, 1er et 16 octobre 1898.)

LA VIE INTELLECTUELLE DU CATHOLICISME EN FRANCE
AU DIX-NEUVIÈME SIÈCLE

M. Ollé-Laprune avait écrit cette étude pour la publication collective : *La France chrétienne dans l'histoire*, qui parut en 1896, à l'occasion du quatorzième centenaire du baptême de Clovis.

Pour en discerner à l'avance l'idée générale, le lecteur nous saura gré de lui mettre sous les yeux, tout d'abord, les premières notes que M. Ollé-Laprune jetait sur le papier, en novembre 1894, avant d'aborder la préparation détaillée de cette vaste synthèse : en leur brièveté précise, elles résument les sentiments de ce penseur à l'égard de son siècle ; elles nous mettent immédiatement dans l'état d'esprit qui convient pour le lire avec pénétration et avec fruit.

PREMIÈRES VUES

Passer par dessus le XVIII° et le XVII° siècle même et leurs établissements :

Pour retrouver l christianisme intégral ;

Non plus correc ment assis et régnant de par les rois, — et d'ailleurs très intérieur ;

Mais luttant, agissant d'une action sociale, plutôt que politique, — et d'ailleurs vivant d'une vie intérieure intense ;

Non plus défiant à l'égard du Pape et se gardant de lui, mais au contraire confiant;

Non plus ayant une sorte de morgue aristocratique à laquelle échappent seuls les saints et un ou deux grands hommes, mais populaire;

Et, devant la raison humaine et la science moderne, non plus en défiance, ou timide, mais hardi, hardi pour se poser lui-même, hardi aussi pour accepter dans ce moderne l'acceptable; allant donc là aussi, par delà l'établi, jusqu'à l'intelligence humaine même, jusqu'à l'âme humaine même, pour se trouver d'accord avec elle, même en la contrariant, même en la dépassant.

Voilà l'œuvre intellectuelle catholique au XIXe siècle.

Se détacher du passé proche, qui a fait son temps;

Retourner à un passé plus lointain, et aux origines mêmes, sans rien répudier de tout l'héritage;

Se dégager de l'étroit, du temporaire, du partiel, de l'abstrait, pour retrouver l'humain et le divin.

Alors un sens plus vif, une intelligence plus complète de la réalité humaine, historique du Christ et du Christianisme, les toucher de ses mains — critique historique, etc.

Sentir son cœur d'homme battre;

Le Sacré Cœur;

La sainte Vierge et les Saints;

N'est-ce pas le caractère de la vie intellectuelle du catholicisme au XIXe siècle?

Et qu'entrevoyons-nous pour le XXe?

La paix dans la vérité rayonnante viribus unitis.

26 novembre 1891.

Avant de reproduire le chapitre dont ces *Premières Vues* étaient comme l'esquisse, nous tenons à remercier la librairie Firmin-Didot, qui nous en a gracieusement donné la permission.

Le dix-huitième siècle avait exilé le Christianisme du monde poli, du monde pensant : ce devait être l'œuvre du dix-neuvième de l'y ramener. Le dix-huitième siècle avait prétendu que, dans l'ordre des choses sociales et politiques, le Christianisme n'avait rien à faire : le dix-neuvième devait montrer que, dans cet ordre même, sans le Christianisme rien ne se fait. L'idée chrétienne, et plus précisément l'idée catholique, c'était une proscrite ou une étrangère, et ses adhérents mêmes la voilaient : la rétablir dans tous ses droits, en restaurer la souveraineté, en proclamer la bienfaisance, lui rendre dans tous les domaines le rôle salutaire et indispensable qui lui appartient, c'est la tâche que le dix-neuvième siècle, au milieu de luttes sans cesse renaissantes, en présence d'une opposition plus profonde, plus systématique, plus acharnée que jamais, devait entreprendre et poursuivre, avec des succès divers si l'on considère le détail, d'une façon heureuse et propre à faire concevoir les meilleures espérances, si l'on regarde l'ensemble et la suite.

A cette œuvre des écrivains de marque ont travaillé, et ç'a déjà été un premier succès pour l'idée catholique, après l'effacement du dix-huitième siècle, d'être représentée, en ce siècle-ci, par des hommes dont quelques-uns avaient du génie et plusieurs un talent supérieur : un Chateaubriand, un Joseph de Maistre, un Montalembert, un Lacordaire, un Ozanam, un Gratry, sont-ce des gens à qui l'on puisse refuser, dans le monde qui pense, le droit de cité? Et de l'idée qu'ils servent et qui les anime, comment dire, si contraire qu'on y soit, qu'elle ne compte pas et qu'avec elle il n'y a pas lieu de compter?

I

Le *Génie du Christianisme* a paru en 1800. La Révolution avait rempli la fin du siècle qui venait d'expirer, et elle durait encore. Une secrète aspiration poussait les âmes vers la religion : à la religion tout ce qui est puissant semblait hostile; la force, celle des gouvernements et des armes, celle aussi des idées, était contre elle.

Chateaubriand vient dire que le Christianisme est beau et qu'il est excellent; que les fruits qu'il porte sont exquis; que cette civilisation dont ses modernes contempteurs sont si fiers, n'est ce qu'elle est que par lui; que l'affinité est profonde entre lui et l'âme humaine, et que celle-ci trouve en lui de quoi être plus et mieux elle-même.

Et c'est dans une langue merveilleuse que l'auteur du *Génie du Christianisme* dit tout cela. Grand écrivain, poète, encore qu'il use de la prose, mais quelle prose, et, quand il veut, combien savoureuse et chantante! il a de Rousseau le charme, et plus que Rousseau même, il est neuf : neuf par la façon d'aimer et de peindre la nature, et il a visité les savanes de l'Amérique ; neuf par l'émotion, par l'accent; neuf par le mal dont il souffre, ce mal qu'on appellera le mal du siècle, une mélancolie noble, singulièrement insinuante et attachante.

C'est un chrétien très imparfait, précisément à cause de cette maladie et aussi parce que l'humilité lui manque : il se sait trop bon gré de ce qu'il fait, il garde trop de rancune à qui ne l'en remercie pas comme il voudrait. Mais, outre que cet orgueil n'éclatera que plus tard, ses faiblesses mêmes, dans les premiers jours, contribuent à son succès. Tel qu'il est avec ses qualités souveraines et ses défauts, il protège de son génie Dieu et le Christ. Il commence à réconcilier avec l'idée catholique, avec l'Eglise, ce monde où la délicatesse littéraire du dix-huitième siècle persiste et où les événements récents font passer un frisson inconnu. Il semble se lever dans l'assemblée des esprits pour crier : Vous aimez le talent, le génie, la beauté littéraire : eh bien, il y en a là comme ailleurs, plus qu'ailleurs. Il y en a dans le passé : voyez ces monuments de toutes sortes que j'étale devant vos yeux ravis ; et la source n'en est pas épuisée : voyez ces jeunes poèmes où ma muse, une muse chrétienne, ressuscite l'art antique et sait encore découvrir, pour exprimer les pensées plus hautes et les sentiments plus purs qu'inspire l'Evangile, le secret d'une harmonie que l'antiquité n'a pas connue. Et, en même temps, puisque tant de ruines brusques et d'étranges menaces ont jeté en vous je ne sais quoi de bouleversé et comme de haletant, grâce au Christianisme encore, car les révolutions humaines ni ne l'entament ni ne le prennent au dépourvu, vous aurez de quoi vous refaire. L'idée chrétienne civilise les sauvages et le Nouveau Monde, comme elle a civilisé les Barbares, ces formidables héritiers de l'Empire romain : elle raffermira le monde moderne secoué jusque dans ses fondements par la

Révolution : elle a créé la chrétienté, elle la renouvellera.

« Les fidèles se crurent sauvés par l'apparition d'un livre qui répondait si bien à leurs dispositions intérieures. » C'est Chateaubriand qui le dit dans sa *Préface* de 1828, et c'est l'exacte vérité. D'un autre côté, le Premier Consul, occupé du Concordat, reconnut dans le *Génie du Christianisme* un auxiliaire pour sa politique nouvelle : il le jugea propre à apprivoiser l'opinion politique encore résistante sur plus d'un point. Il fit bon accueil au livre et des avances à l'auteur. Cette faveur devait être courte. L'âme de l'auteur était d'essence trop fière : dans un esprit qui ne se courbait point, Bonaparte voyait un ennemi. Et le livre, né du dessein de ranimer les âmes et d'y raviver la source des « nobles sentiments », n'avait-il pas une tout autre portée que de relever la religion juste assez pour en faire un instrument de règne? « La littérature, comme dit encore Chateaubriand en 1828, se teignit en partie des couleurs du *Génie du Christianisme*... La chaire emprunta et emprunte tous les jours ce que j'ai dit des cérémonies, des missions et des bienfaits du Christianisme. »

Il n'exagère pas, il était devenu un des maîtres de la pensée chrétienne. Le genre d'apologie qu'il avait inauguré présentait des dangers : on risquait d'énerver le Christianisme en voulant le faire agréer, et les continuateurs ou imitateurs indiscrets ne manqueraient pas de se complaire trop « dans ces routes fleuries que Dieu ne défend pas quand il s'agit de revenir à lui ». Mais Chateaubriand, exposant l'objet de son livre dans le chapitre d'*Introduction*, avait raison de dire : « Le Christianisme sera-t-il moins vrai parce qu'il paraîtra plus beau? » Et il avait raison d'ajouter : « Ce n'était pas les sophistes qu'il fallait réconcilier à la religion, c'était le monde qu'ils égaraient. » Or, pour cela, il le voyait bien, il fallait « appeler tous les enchantements de l'imagination et tous les intérêts du cœur au secours de cette même religion contre laquelle on les avait armés »; et il fallait « prouver, non que le Christianisme est excellent parce qu'il vient de Dieu, mais qu'il vient de Dieu parce qu'il est excellent[1] ».

Voilà le dessein de l'apologie nouvelle. Il était fécond. Chateaubriand, je crois, rêva autre chose encore : il eût voulu être l'initiateur d'une méthode nouvelle dans le gouvernement même à l'égard des esprits. Cette préface de 1828 que je citais tout à l'heure est instructive, si l'on a soin de lire entre les lignes, ce à quoi d'ailleurs tous les mots paraissent inviter. Chateaubriand, après avoir rappelé l'accueil fait à son livre par le Premier Consul, et puis et surtout la *crainte* persistante de l'Empereur pour sa personne et ses idées, se plaint que plus tard la Restauration n'ait pas profité de ses avis. Il regrette « qu'on n'ait pas suivi le chemin qu'il avait tracé pour rendre à la religion sa salutaire influence ». On en a suivi un autre. Lequel ? Il n'est pas malaisé de deviner ce que Chateaubriand reproche à la politique religieuse de la Restauration. Il dit qu'on n'a su ni « entrer dans l'esprit de nos institutions », ni « se pénétrer de la connaissance du siècle »; qu'on a encouragé « une soumission servile », et qu'ainsi on a fait fuir « une jeunesse généreuse qui était prête à se jeter dans les bras de quiconque lui eût prêché les nobles sentiments qui s'allient si bien aux sublimes préceptes de l'Evangile ». Qu'est-ce à dire, sinon que,

---

1. *Génie du Christianisme*, 1ʳᵉ partie, liv. I, chap. I, Introduction. (Œuvres complètes, édit. Furne, 1837, t. XI, pp. 14-17.)

contente de remettre en place les vieilles formes et comme l'étiquette, cette politique négligea de rechristianiser les esprits et les mœurs? Il eût fallu favoriser le réveil des âmes et les conduire bien éveillées au Christianisme, seul capable de les satisfaire : on voulut les figer dans une religion officielle et de commande, elles se raidirent, et échappèrent, méconnaissant la religion devenue pour elles un épouvantail.

Chateaubriand semble avoir entrevu et même essayé toutes les directions où devait s'engager la pensée chez les catholiques du dix-neuvième siècle. Ne serait-ce pas résumer sa multiple action que de dire qu'il a pressenti que l'histoire, avec la résurrection du passé lointain, est pour l'Eglise une apologie; que le présent, avec ses agitations, en est une autre ; et l'avenir, avec ses espérances ou ses craintes, une autre encore? Que n'a-t-il pas aperçu, ou du moins indiqué, rêvé, chanté par avance !

Rome, vers qui le Catholicisme, en France, devait au dix-neuvième siècle se porter avec un croissant amour, a reçu de l'auteur du *Génie du Christianisme*, au début même de ce siècle, quand tout était sombre, désolé, menaçant, un hommage superbe et prophétique. Il salue, dans un grand chapitre du livre VI, la « Ville véritablement éternelle »; il célèbre l'action bienfaisante des Souverains Pontifes dans le monde où ils ont su tant de fois « contenir les fidèles dans leurs devoirs, ou les défendre de l'oppression »; dans la cité papale où ils ont accumulé tant de chefs-d'œuvre et tant fait pour la civilisation. Puis il montre « qu'ils vont chercher maintenant d'autres moyens d'être utiles aux hommes ».

On est en 1800. Pie VI est mort, exilé et prisonnier. Le Saint-Siège est encore vacant. « Une nouvelle carrière attend les Papes », s'écrie Chateaubriand, et il ajoute : « Nous avons des présages qu'ils la rempliront avec gloire. Rome est remontée à cette pauvreté évangélique qui faisait tout son trésor dans les anciens jours. Par une conformité remarquable, il y a des Gentils à convertir, des peuples à ramener à l'unité, des haines à éteindre, des larmes à essuyer, des plaies à fermer et qui demandent tous les baumes de la religion. Si Rome comprend bien sa position, jamais elle n'a eu devant elle de plus grandes espérances et de plus brillantes destinées. Le monde dégénéré appelle une seconde prédication de l'Evangile. Le Christianisme se renouvelle, et sort victorieux du plus terrible des assauts que l'enfer lui ait encore livrés. Qui sait si ce que nous avons pris pour la chute de l'Eglise n'ait pas sa réédification ! Elle périssait dans la richesse et dans le repos ; elle ne se souvenait plus de la croix : la croix a reparu : elle sera sauvée [1]. »

Ainsi chantait Chateaubriand. Il n'a lui-même achevé qu'une œuvre : la démonstration de la vérité de la religion par sa beauté et par son génie civilisateur. Mais si de tout le reste il a laissé le programme, ou l'ébauche, ou l'esquisse, ou la vision, n'est-ce pas beaucoup pour sa gloire et un grand titre à notre reconnaissante admiration ? Pour être le véritable auteur d'un mouvement catholique, il n'avait sans doute pas l'âme assez complètement chrétienne : au moins, de tout ce que penseront les catholiques dans la suite du siècle qui s'ouvre par le chef-d'œuvre signé de son nom, il fut le héraut ou le chantre magnifique, le hardi et séduisant précurseur.

---

1. *Génie du Christianisme*, 4ᵉ partie, liv. VI, chap. VI. (Œuvres complètes. édit. Furne, 1837, t. XIII, pp. 190-191.)

II

Au même temps, Joseph de Maistre, dans l'ordre social et politique surtout, ouvrait, lui aussi, des voies nouvelles. Dès 1796, il avait publié les *Considérations sur la France*. Deux idées éclataient dans ce petit livre : la Révolution, objet d'un fol enthousiasme pour les uns, d'une profonde horreur pour les autres, est un événement providentiel, plein de leçons pour qui sait le *considérer*, et Maistre, renouvelant la philosophie de l'histoire de Bossuet, l'applique toute vive aux choses présentes ; rien ne s'improvise dans le monde social et politique, une *constitution* est l'œuvre du temps et de Dieu, non d'un homme ou de quelques hommes, et Maistre, devançant la philosophie dite de l'*évolution* et la façon dont Taine concevra l'histoire, a sur les *origines de la France contemporaine* des vues saisissantes. Dans les *Soirées de Saint-Pétersbourg*, il reprendra, il développera sa théorie de la Providence. Dans son livre du *Pape*, il usera de sa méthode historique, il ira consulter, bien au delà du dix-huitième siècle et du dix-septième même, les actes et les paroles des Papes, il fera voir le merveilleux développement du souverain pontificat, tout entier dans les paroles du Christ à Pierre, mais prenant dans l'histoire sa croissance, il montrera la Papauté à travers les âges et son action vivante et vivifiante.

Et il fera cela, heurtant de front les préjugés, froissant les passions contraires, brisant les résistances : hautain, incisif aussi, mordant, impitoyable ; sententieux comme Montesquieu, railleur comme Voltaire :

Voltaire, c'est pour lui l'ennemi par excellence, l'ennemi que sans cesse il a en vue, et, pour combattre Voltaire, il a l'esprit de Voltaire : alerte comme lui, comme lui ironique, sarcastique ; plus que lui peut-être, déconcertant, étonnant. Le paradoxe est une arme qu'il manie avec une sorte de coquetterie. Il en use et abuse pour venger la vérité des attentats de la raison banale et mesquine. Il se plaît à faire peur aux prudents, il aime à mettre en déroute leur timide sagesse. Il a le sentiment que les amis des bonnes causes en sont parfois presque les pires ennemis, par l'étroitesse de leurs vues ou leur manque de cœur. Lui qui, en produisant dans le monde l'idée chrétienne, l'idée catholique tant bafouée, se garde bien de demander grâce pour elle, mais tout au contraire l'impose en souveraine; lui qui, en parlant de la Providence, si oubliée, de la Papauté, si méconnue, dédaigne l'art de couvrir habilement une retraite, mais tout au contraire prend une offensive hardie et a toujours une allure triomphante : comment aurait-il autre chose que du mépris pour ces demi-chrétiens dans l'ordre intellectuel, pour leurs demi-mesures et leurs vérités diminuées ?

Grande devait être l'influence de cet esprit haut et violent. La douceur qui rend si charmantes ses lettres intimes et qui çà et là répand dans ses grands ouvrages une grâce exquise, ne se communiqua point à ses admirateurs, à ses imitateurs, à ses disciples, je dis bien, à ses disciples : car il fit école, non pas tout de suite, assez tard même.

Il avait quarante-trois ans quand parurent les *Considérations*, en 1796 ; le *Pape* est de 1819, et les *Soirées* ne furent publiées qu'en 1821, après sa mort. Il n'y eut, chez cet impétueux écrivain, aucune hâte dans la production, et, quoique les *Considérations* aient eu un grand succès, son influence fut surtout posthume. Le clergé avait adopté Chateaubriand comme un maître : l'auteur du *Pape* et des *Soirées* en fut un autre. Il inspira plus d'un discours, il fut cité dans plus d'un sermon, et une nouvelle politique tirée du Christianisme s'autorisa de son nom. Intransigeante, tranchante à l'excès, elle desservit sa mémoire. Une vogue qui tenait en partie à ses intempérances de langage, voilait ses admirables qualités : les non-chrétiens réglaient leur compte avec lui sans façon en le traitant de fanatique, et parmi les chrétiens, les modérés qu'il avait tant fustigés, tendaient à méconnaître les réels services qu'il avait rendus à l'idée catholique. Maintenant on sait faire la part du paradoxe, et l'on n'est plus frappé ou touché que de l'éclat que ce très grand penseur et écrivain a su donner à deux ou trois vérités maîtresses.

Plus modeste est le mérite de Louis de Bonald, plus apparente fut, de son vivant, son influence. Publiciste aussi, mais plus en philosophe, ses calmes et un peu lentes *recherches* lui concilièrent l'attention, l'approbation, l'admiration même. On avait en lui quelqu'un à opposer à ceux qui avaient accaparé le titre de philosophes. On lui en sut un gré particulier. Plus tard, les sectateurs du spiritualisme officiel organisé par Victor Cousin ont laissé dans l'ombre ce spiritualisme chrétien, et cela lui a fait tort dans l'opinion. Maintenant, si on ne le lit guère, du moins on lui rend justice. Dans le mouvement catholique, il a une place considérable. Quelle est, en effet, l'idée maîtresse qui a présidé à ses spéculations ?

C'est une idée bien chrétienne, que le dix-huitième siècle avait méconnue : à savoir que la raison humaine n'est point la source de la vérité, qu'elle n'en est que l'organe, et un organe faible, trop souvent vicié. D'où il suit que les inventions de la raison individuelle ne sont pas tout, et que, dans la possession des vérités essentielles au genre humain, il faut considérer la part de la tradition et de l'autorité. Bonald développe avec insistance cette idée, et l'approfondit ou peut-être plutôt l'étend : il veut la retrouver dans la constitution même de la pensée, et il s'applique à l'étude de la parole pour y montrer ce que l'homme n'a pas fait, ce qu'il a reçu de Dieu et ce qui, se transmettant d'âge en âge, perpétue le don primitif, indispensable, sans lequel la pensée serait vaine et aucune vérité ne serait accessible à l'homme.

C'est tout un système que Bonald entend construire ainsi, et, exagérant une idée juste, il prépare, il commence cette philosophie *traditionaliste* qui ôte à la raison toute valeur et que l'Église a condamnée. Mais le premier dessein était bon. C'était bien ramener dans le monde une idée catholique indûment bannie, que de montrer dans les sociétés et dans la pensée même le rôle de la tradition ; et c'était aussi anticiper les résultats de cette philosophie de nos jours qui, au milieu de tant d'erreurs, établit à juste titre que rien ne s'improvise nulle part et que la raison *a priori*, voulant tout renouveler sur ses plans sans tenir compte de l'évolution des choses, aboutit à de risibles ou pitoyables avortements.

III

Ainsi trois écrivains bien différents inaugurent le mouvement catholique au dix-neuvième siècle. Inégale est leur valeur ; différente était leur provenance. Chateaubriand était de Bretagne, Joseph de Maistre de Savoie, Louis de Bonald d'Auvergne. Les différentes provinces de la France (la Savoie étant dès lors française par la langue et par l'esprit) semblaient contribuer à l'œuvre de rénovation. Tous les trois étaient nobles. La noblesse frivole du dix-huitième siècle avait défait, en se jouant, les idées chrétiennes. Le vicomte de Chateaubriand, le comte de Maistre, le vicomte de Bonald venaient, comme de preux chevaliers, combattre pour l'antique foi. Aucun d'eux n'était prêtre.

Quand le premier volume de l'*Essai sur l'Indifférence en matière de religion* parut, ce fut un événement. Il y avait donc enfin en France un prêtre écrivain éloquent, grand écrivain. Lamennais rappelait Bossuet. Lacordaire a dépeint en termes très vifs cette explosion d'admiration et de gratitude.

Rousseau, que Lamennais prenait sans cesse à partie, semblait revivre dans son puissant réfutateur. La nécessité de la religion positive, de la religion chrétienne, catholique, était démontrée avec la même passion que Rousseau avait mise à établir la suffisance de la religion naturelle. L'idée du surnaturel rentrait dans les esprits, dans la littérature, dans les institutions, grâce aux études et à la dialectique de ce prêtre qui se montrait érudit, philosophe, théologien, publiciste déjà par moments, et toujours écrivain éloquent.

Les autres volumes de l'*Essai* édifièrent une théorie de la certitude qui rencontra des oppositions. Le traditionalisme de Bonald se retrouvait là, plus fort et comme plus animé. Mais pour une bonne partie des lecteurs, les critiques, les défiances disparurent dans la joie de trouver en ce grand ouvrage tant d'aliments substantiels, semblait-il, et variés. On en rapportait surtout l'impression ou l'idée qu'il y avait à faire, beaucoup à faire, et que le Christianisme, que le Catholicisme, que l'Eglise avaient à conquérir, à transformer ce monde renaissant issu de la Révolution. Chateaubriand avait indiqué cette pensée ; ici, elle était partout. Comme elle s'accordait bien avec les aspirations d'une époque si jeune, si ardente, si généreuse ! On a maintes fois marqué les traits de la Restauration dans l'ordre intellectuel. Caro, entre autres, l'a fait de main de maître. Lamennais entrait, au nom de l'idée catholique pure, intégrale, impérieuse, dans ce concert des intelligences. Au Catholicisme il montrait, dans ce monde si diversement remué et porté d'un tel élan vers les nouveautés fécondes, une place à prendre, et c'était la première : à l'idée catholique de présider au mouvement !

Que de secrètes ambitions, nourries dans des âmes de prêtres, trouvaient enfin leur objet ! L'*Avenir* (titre significatif) vint bientôt leur fournir un aiguillon incessant et une direction. Lamennais se jetait et jetait les catholiques dans la mêlée, écrivant peu lui-même, inspirant tout, sorte d'oracle vivant, de voyant, de prophète, unissant à l'autorité du génie celle d'un zèle intellectuel, si je puis dire, qui rayonnait avec je ne sais quel sombre éclat.

Lamennais, dans l'*Essai*, parlait du Roi avec amour. Il mettait sa confiance dans les princes, comme c'était l'usage ; il appuyait le trône à l'autel et l'autel au trône, les yeux d'ailleurs tournés vers Rome : le gallicanisme royal que Maistre, malgré son attachement à la cause des rois, malmenait si rudement, trouvait dans l'ultramontanisme de Lamennais un adversaire non moins violent et encore plus retentissant. Bientôt les princes n'excitèrent plus que sa défiance et ses colères : de l'autorité vivante de l'Eglise, seule capable de maintenir la vérité entière et de procurer le salut aux sociétés comme aux individus, leur ambition mesquine ne savait pas tenir le compte qu'il fallait ; ils employaient leurs ressources à la brider, voulant bien profiter de sa force pour eux-mêmes, mais non se mettre avec désintéressement à son service pour le plus grand bien de l'humanité. Lamennais les maudit et se tourne vers « les peuples ». Nouveauté étrange, bien faite pour étonner ses contemporains. Le grand adversaire de la Révolution semble s'allier à la Révolution même pour faire triompher l'Eglise. Il sépare ce que l'opinion était accoutumée à unir, la cause des rois et celle de Dieu. Il place dans la liberté sa confiance. Que la Papauté se mette à la tête de ce mouvement nouveau si conforme à l'aspiration des « peuples », elle reconquerra le monde qui lui échappe, et l'Eglise renouvelée redeviendra la maîtresse des sociétés renouvelées. *Instaurare omnia in Christo.*

Dans les dernières années du dix-neuvième siècle, n'est-ce pas la même ambition que nous portons dans le cœur ? Lamennais était donc un précurseur ? Pourquoi, en 1832, a-t-il été frappé, alors qu'en 1893 nous avons le Pape pour nous, ou plutôt que c'est le Pape qui marche devant nous ? Car l'audace maintenant est du côté de Rome.

Mauvaise façon de juger des choses. Rome condamna, parce que c'était faux. Le Pape actuel n'a pas repris, il ne continue pas la politique religieuse de Lamennais : car elle était pleine d'erreurs ; mais l'Eglise ayant exterminé ces erreurs, le germe a pu éclore, et le voilà qui s'épanouit sous le vivifiant soleil de Rome.

Lamennais était un génie impérieux et intempérant. Pour les idées qui s'emparaient de son esprit, il ne pouvait souffrir le moindre obstacle, le moindre arrêt. Il voulait qu'elles dominassent partout et tout de suite, comme il en était lui-même dominé. Rome y trouvant à redire, il rompit avec Rome, et, s'il eût pu briser Rome, il l'eût brisée. C'est lui qu'il brisa.

Il ne convenait pas de faire des avances à des nouveautés qui n'avaient point fait leurs preuves ou plutôt dont les aspects compromettants étaient les seuls ou les plus connus. D'ailleurs, proposer à l'Eglise d'ériger en un principe sacré une liberté immodérée, coupable déjà ou capable de tous les excès, c'était lui demander de méconnaître son propre esprit en même temps que la jeter dans les aventures. Lui parler de renouvellement comme si elle fût enveillie et décrépite, c'était faire injure à sa divine vigueur, démentir presque les promesses que son fondateur lui a faites, la confondre avec les institutions humaines qui ont besoin de changer pour se corriger et se refaire. Il fallait que ces erreurs fussent condamnées : elles le furent, et l'Encyclique *Mirari vos*, sans nommer ni Lamennais ni l'*Avenir*, nota, censura, flétrit toute assertion contraire à la vérité catholique.

Lamennais s'écrie, dans son livre *Des Affaires de Rome*, que par là l'Eglise se condamnait elle-même à la mort. Non, elle se libérait de toute fâcheuse connivence avec de séduisantes erreurs. Il dit que « la Papauté déclarait sa cause inséparable de celle de l'absolutisme européen »; que « les peuples, sans même détourner la tête, ont poursuivi leur route », et que « le monde a continué d'aller comme il allait »; que « la rupture s'est faite entre la société et Rome », complète, irrémédiable; que désormais « il y a d'un côté le Pontificat, de l'autre la race humaine », et que « si les hommes s'avançant dans les voies nouvelles qui s'ouvrent devant eux, redeviennent chrétiens, il ne faut pas s'imaginer que le Christianisme auquel ils se rattacheront puisse jamais être celui qu'on leur présente sous le nom de Catholicisme[1] » : l'Eglise, en condamnant leurs légitimes aspirations, les a tournés contre Dieu même et s'est interdit à jamais le droit et le pouvoir de les ramener à soi. Elle les a méconnus, contrariés : ils se passeront d'elle.

Lamennais est mort, en 1854, dans un triste isolement. L'Eglise, aujourd'hui, dans cette dernière partie du dix-neuvième siècle, attire, groupe autour d'elle, dirige un très grand nombre d'hommes soucieux des intérêts populaires, préoccupés des questions sociales, amis de la démocratie. Elle est en train de redevenir la maîtresse des « peuples ». Lamennais avait entrevu de grandes choses, et son regard avait été ébloui. La parole de Rome, qui rappelait les vérités par lui méconnues, avait produit sur lui un effet foudroyant, et l'orgueil de sa pensée l'avait rendu impuissant à en discerner la divine justesse, à en saisir la divine opportunité. Pourtant, ce qu'il y avait de noble, de généreux, d'heureusement fécond, de vrai dans sa pensée, « l'âme de vérité » mêlée à ses erreurs, a pu demander grâce pour lui. Avec l'aide des prières de ces trois vieilles demoiselles et de cette religieuse dont le comte d'Haussonville, dans son récent *Lacordaire*, peint si bien la fidélité attristée à Lamennais, pourquoi à l'heure dernière, l'humilité qui avait toujours manqué à ce grand esprit triomphant ou désolé, ne lui aurait-elle pas été accordée par une suprême grâce ? Qui oserait dire que c'est impossible ? Si les effets des mauvaises paroles et des

---

1. *Affaires de Rome* (*Œuvres complètes*, XII, 1836-1837, pp. 277, 286, 302).

mauvaises actions, se propageant, se multipliant par une affreuse fécondité posthume, semblent en charger les auteurs d'une effroyable et indéfinie responsabilité, pourquoi les bons effets d'une pensée, même incomplète et viciée bientôt par une coupable méprise, ne pourraient-ils point, je ne dis certes pas mériter, mais attirer et comme implorer, en faveur de celui dont la volonté en fut l'auteur, un excès d'indulgence divine, cette indulgence s'en faisant, si l'on peut ainsi parler, une arme contre les révoltes de l'âme pour vaincre enfin son obstination dans un dernier instant de la vie présente, et une sorte de titre peut-être pour alléger et abréger les peines expiatoires dans l'autre vie ?

On ne peut pas ne pas remarquer que non seulement les *Réflexions* jointes à la traduction de l'*Imitation*, et qui n'en déparent point le texte, non seulement le *Guide du premier âge*, ce petit livre qui a, je le sais, raffermi et guidé tant de jeunes âmes, ont continué, après la chute de Lamennais, le bien qu'en des heures meilleures il avait conçu et voulu ; mais qu'encore, des idées mêmes qui l'ont fait condamner, ce n'est pas l'exagération, ce n'est pas le venin que ses anciens disciples et amis ont répandu, c'est plutôt, malgré quelque mélange, ce qu'elles avaient de sain, de juste et de bon. Ainsi ce nouveau Tertullien témoigne encore pour l'Eglise qu'il a abandonnée. Ne se peut-il pas que par un de ces miracles intimes dont la miséricorde de Dieu a le secret, après s'être fermé tout retour au Christ et toute voie de salut, il ait, dans une dernière lueur, aperçu et par un dernier mouvement reconnu, avec un indicible regret et un amour repentant, qu'il s'était trompé ?

Il s'était trompé en voulant que la liberté, pour assurer le progrès de l'humanité, fût sans frein, que la puissance temporelle fût à jamais séparée de la puissance spirituelle, et que l'idéal du règne du Christ sur la terre changeât sous l'influence des idées modernes. Il s'était trompé en voulant que l'Eglise, pour redevenir maîtresse du monde, se modifiât, se corrigeât, s'animât d'un nouvel esprit, tandis que les plus hardies nouveautés dans la conduite de l'Eglise ne sont jamais que la vérité, toujours vieille et toujours jeune, parce qu'elle est éternelle, envisagée d'une façon plus complète, pénétrée plus profondément, peut-être, ou appliquée avec plus de résolution. Il s'était trompé enfin en voulant imposer à l'Eglise, avec ses vues propres, ses impatiences. Il ne s'était pas trompé en disant le moment venu de séparer en fait la cause des rois et celle de l'Eglise, et de pratiquer ainsi, au milieu de circonstances nouvelles, la vieille maxime qui met les intérêts de Dieu et de son Christ au-dessus de tout établissement politique. Il ne s'était pas trompé non plus en croyant que quelque chose de nouveau se préparait dans le monde et pour l'Eglise même.

Quand il déplorait « certaines résistances opiniâtres aux instincts, aux tendances, aux aspirations des hommes », et que cela lui faisait dire que « l'Eglise peut souffrir longtemps et souffrir beaucoup des fautes de ses ministres »; quand il se plaignait qu'une façon étroite d'entendre la religion amenât les hommes à « fuir Dieu pour ne pas cesser d'être hommes »; quand il dénonçait l'imprudence de faire ou de laisser croire que « Dieu s'oppose à Dieu » et que, pour « se frayer un passage » en suivant de légitimes aspirations, l'humanité n'a d'autre moyen que de « renverser le temple même » : avait-il tort? et si malheureusement ces paroles se trouvent dans cet opuscule, *Des maux de l'Eglise et de la Société*, inséré lui-même dans le volume *Des Affaires de Rome*, où déjà gronde la haine et se prépare et enfin se consomme presque l'apostasie, est-ce une raison toutefois pour en méconnaître la valeur et la portée ?

De même, quand il disait « qu'au moment décisif où tout un monde ébranlé cherche son équilibre, et s'agite convulsivement pour trouver sa voie, c'est à l'Eglise, à l'Eglise seule qu'il appartient de la lui montrer » ; puis quand il ajoutait « qu'il faut pour cela qu'elle précède, qu'il faut qu'elle marche » ; quand enfin il voyait et déclarait que « dans ces circonstances solennelles, le chef de la société chrétienne, attentif à ces graves symptômes, fait lui-même ce qui doit être fait, opère lui-même les changements inévitables[1] » : si par ce mot de « changements », on n'entend que l'ordre des choses contingentes, — le dogme, les maximes fondamentales, l'esprit demeurant immuables, — où est ici l'erreur ?

Non, en cela il ne se trompait pas. Il compromettait, il gâtait ces grandes prévisions par sa chimère d'une liberté sans limites, idole nouvelle pour lui et d'autant plus aveuglement servie, par sa chimère aussi d'un renouvellement total et foncier de l'Eglise, erreur qu'avec un peu plus de théologie ou de soumission, il eût vue et évitée. Mais enfin la vue initiale, l'espérance première étaient justes, légitimes, fécondes. C'est à cette vue initiale et à cette première espérance que le temps a donné raison.

---

1. Toutes ces citations sont tirées de l'écrit : *Des maux de l'Eglise et de la Société et des moyens d'y remédier*, datant de 1831 et inséré dans le livre : *Affaires de Rome* (Œuvres complètes, XII, 1836-1837, pp. 190-196).

IV

Avec Montalembert, l'idée catholique entra au Parlement; Lacordaire la porta, sous des formes inaccoutumées, dans la chaire de Notre-Dame; Ozanam la fit respecter et applaudir en Sorbonne.

Trois hommes très différents, mais qu'il faut rapprocher comme ils furent rapprochés dans la vie et par l'amitié ou la sympathie : Charles, comte de Montalembert, un noble encore comme Chateaubriand, comme Maistre, comme Bonald; Henri Lacordaire, un plébéien, de bonne race, mais obscure, né dans une petite ville de cette Bourgogne qui a produit saint Bernard et Bossuet; Frédéric Ozanam, un plébéien aussi, mais d'une vieille famille lyonnaise à laquelle Jacques Ozanam, au dix-septième siècle, avait donné du lustre.

Tous les trois ouverts aux souffles nouveaux et les deux premiers, amis, disciples de Lamennais, puis séparés de lui depuis sa chute, non sans douleur, mais sans retour, et des lettres récemment publiées nous font voir Montalembert s'obstinant à décider son maître à la soumission, tandis que Lacordaire presse Montalembert lui-même avec une tendresse passionnée et un sens profond, juste, merveilleusement clairvoyant de l'économie catholique. Tous les trois foncièrement et totalement chrétiens : dans tout ce que chacun d'eux a écrit, le premier caractère, ç'a toujours été « le catholicisme du livre et de son auteur; et qu'on nous entende bien, c'est d'un bon et solide catholicisme que nous voulons parler, non pas de ce vague sentiment religieux qui est à la mode aujourd'hui, qui consent à ne rien nier pourvu qu'il ne soit pas obligé de rien admettre comme incontestable[1] ». Ces mots sont de l'un d'entre eux, de Montalembert parlant de Rio et de l'*Art chrétien;* ils conviennent admirablement aux trois. Catholiques sérieux et militants, qui ne dissimulent jamais rien des dogmes, ni de l'esprit de l'Eglise, ni de ce qu'on appelle ses prétentions, n'ayant pas peur non plus des idées dites modernes, les embrassant avec ardeur, et cela pour le bien de l'Eglise même, indomptablement attachés à ces idées dont le fond leur paraît incontestable, indomptablement fidèles à l'Eglise dont les jugements sont infaillibles, et dont les démarches même quand elles peuvent étonner sont sages et salutaires; tous les trois enfin portant dans leur zèle et dans leur soumission une vraie virilité d'esprit et d'âme et je ne sais quelle fleur de délicatesse : hommes d'autant plus hommes qu'ils sont plus chrétiens, chrétiens qui sont, dans toute la force des termes, des hommes et d'honnêtes gens, en qui le Christianisme ne supprime pas la nature, mais l'achève et la parfait : le gentilhomme, le religieux, le professeur ayant, chacun à sa manière, mais à un égal degré le sentiment de l'honneur, la fermeté du caractère, la droiture hardie, la noble et triomphante franchise.

De ces trois hommes, deux sont encore des laïques. « Notre ordre, disait Joseph de Maistre dans le Discours préliminaire du *Pape*, s'est rendu, pendant le dernier siècle, éminemment coupable envers la religion, je ne vois pas pourquoi le même ordre ne fournirait pas aux écrivains ecclésiastiques quelques alliés fidèles qui se rangeraient autour de l'autel pour écarter

---

1. Montalembert, *Du Vandalisme et du Catholicisme dans l'Art*, 1839, p. 73.

au moins les téméraires, sans gêner les lévites ; » et ainsi il s'excusait de traiter des questions qui semblaient « exclusivement dévolues au zèle et à la science de l'ordre sacerdotal ».

Le Père de Ravignan devait plus tard saluer avec gratitude, dans la chaire même de Notre-Dame, « ces hommes jeunes pour la plupart, mais déjà mûrement et fortement dévoués à l'Eglise..., qui se sont vaillamment élancés dans l'arène, l'étendard catholique à la main, et l'ont arboré à la tête de leurs entreprises et de leurs nobles travaux ». Il les bénissait, au nom du Dieu des sciences et du Père des miséricordes, d'avoir compris le secours demandé par le sacerdoce à leur courage, à leur franchise, à leurs convictions éclairées. Montalembert et Ozanam étaient de ceux-là, et comme leurs chefs. Des trois grands chrétiens donc, qui dans le second tiers de ce siècle ont combattu le bon combat, deux étaient des laïques, un seul était prêtre, mais quel prêtre ! un religieux bientôt, un fils de saint Dominique, et j'allais dire un saint.

Tous les trois ont les yeux sur le passé et sur le présent. Le passé, Montalembert et Ozanam l'étudient. Lacordaire le ressuscite. Il ramène en France la robe blanche du Dominicain, et présente, unis dans sa personne, la science, l'ascétisme, l'activité ardente, l'humble fierté de ces moines du moyen âge où Montalembert déclarait avoir trouvé « l'école de la vraie liberté, du vrai courage, de la véritable dignité ». Et les uns et les autres ont sans cesse les regards appliqués sur le présent. Ils en veulent guérir ou du moins soulager les maux ; ils en veulent discerner les tendances, diriger les mouvements ; ils veulent le sauver par le Christianisme et offrir au Christianisme par ses mains un nouvel hommage, d'une incomparable saveur si je puis dire.

Et, pour accomplir leur œuvre, ils avaient tous les trois une arme puissante : ils étaient éloquents.

Montalembert avait dans la parole l'aisance noble et une hauteur souveraine. Désiré Nisard, qui n'aimait point sa politique, me disait en 1862 : « Je l'ai entendu à la Chambre des Pairs le jour où il y prit la parole pour la première fois : il lisait ce jour-là, mais quel orateur déjà ! Thiers, Guizot sont éloquents : mais combien plus Montalembert ! Thiers est toujours un peu journaliste, Guizot toujours un peu professeur. Montalembert, mon cher enfant, c'est un monsieur qui parle, un monsieur éloquent. » Et il ajoutait : « Thiers pour tous les jours, Guizot pour les dimanches, mais pour les quatre grandes fêtes de l'année, Montalembert ! »

Lacordaire a assemblé sous les voûtes de Notre-Dame des foules d'élite. Sa parole les a remuées. Elle a fait passer dans les âmes des frémissements sans précédents, elle a soulevé devant l'autel des applaudissements éloquemment réprimés.

Ozanam, sans avoir tant de puissance, était orateur aussi. Cousin, qui s'y connaissait, lui dit après sa soutenance de thèses : « Monsieur Ozanam, on n'est pas plus éloquent que cela. » Et tous ceux qui ont suivi ses cours, ont répété que sa parole, d'abord un peu hésitante et comme voilée, devenait singulièrement forte et éclatante : il « passionnait l'érudition », selon le mot de Jean-Jacques Ampère, il animait l'histoire ; « pensant en philosophe, il racontait en poète », dit un de ses historiens, M. Charles Huit ; ses leçons enfin, toutes remplies de faits, de choses, d'idées, en faisant la lumière, enchantaient et même subjuguaient. Un jour, on avait juré de troubler son cours : il fut si éloquent qu'aucun des conjurés n'osa commencer l'attaque.

Entre ces trois hommes que je viens de me plaire à

rapprocher sans méconnaître ce qui les distingue, il y a encore ce trait commun que leur œuvre, si différente et sur des terrains divers, est l'apologie du Catholicisme.

Montalembert, fils des croisés, a regardé en face les fils de Voltaire : il n'a pas reculé devant eux, il les a fait reculer. Le *Vandalisme et le Catholicisme dans l'Art* est un recueil d'articles où il vengeait l'art du moyen âge des dédains, des injures des lettrés, non moins que des démolitions ou des restaurations stupides ; la *Vie de la chère sainte Elisabeth*, son premier livre, si charmant, les *Moines d'Occident*, œuvre puissante de sa maturité, interrompue par la mort, ont vengé du mépris, de la haine, de l'inintelligence savante, la fleur de sainteté que le moyen âge vit s'épanouir et l'institution monastique féconde en grandes vertus et en grands résultats.

A la tribune de la Chambre des Pairs il inaugura, sous la Monarchie de Juillet, ce que je nommerai la politique chrétienne. Ce fut sa grande originalité. Il ne perdit pas son temps en récriminations inutiles, il ne contesta pas le gouvernement existant : il en discuta les actes, il en critiqua la conduite, il en démasqua les faiblesses, il en sut aussi encourager les bonnes velléités, il en surveilla, il essaya d'en changer l'orientation et l'inspiration même : au manque de principes ou aux prétendus principes qui régnaient, ce semble, sans conteste, il opposa les principes catholiques, et devant une assemblée de députés et de ministres se vantant d'être un gouvernement qui ne se confesse pas, il parla, en homme qui se confesse, des questions politiques, intérieures et extérieures, avec un sens des affaires non moins surprenant que sa hauteur de vues. Les catholiques avaient le droit et le pouvoir de dire leur mot de tout. Ils étaient des citoyens : invoquant le droit commun, dédaigneux des privilèges, ils prenaient la défense des intérêts religieux en usant des libertés existantes ou impliquées dans la constitution ; et aucune question ne leur était étrangère : hommes, tout ce qui est humain les regardait, et chrétiens, ils avaient jusque dans les choses purement humaines une lumière de plus et une force de plus à apporter. Le trône était détaché de l'autel : un gouvernement comme celui de 1830 ne pouvait donner à l'Eglise que la liberté, mais il le devait. L'autel était détaché du trône : mais jamais le droit des catholiques à intervenir dans les affaires de l'Etat ne s'était affirmé plus hautement. Parce qu'il n'y avait plus de religion d'Etat, le catholique ne se retirait pas sous sa tente : au contraire, il agissait, il combattait avec une ardeur jalouse de n'être point au-dessous de l'occasion ni du devoir. Moins que jamais il renonçait pour l'Eglise à l'idéal qu'elle a toujours poursuivi : conformer les sociétés à l'esprit et à la loi du Christ et faire régner le Christ sur la terre comme au ciel. N'eut-elle produit aucun résultat positif, cette action catholique dans les assemblées délibérantes sous la Monarchie de Juillet, et plus tard sous la seconde République, eut été un grand service rendu à la cause de l'Eglise, puisqu'elle faisait honneur à l'idée catholique et lui rendait sa place dans les conseils de la nation. Mais elle eut aussi des résultats précis : pour n'en citer qu'un, nous verrons la liberté de l'enseignement sortir de là.

Si l'attitude de Montalembert à la Chambre des Pairs et plus tard à l'Assemblée nationale était une apologie du Catholicisme, Lacordaire, à Notre-Dame, inaugurait un mode nouveau de prédication apologétique.

Frayssinous, sous le Consulat, avait fait à Saint-Sulpice des conférences qui avaient eu l'honneur d'attirer un sérieux auditoire et d'inquiéter Bonaparte. Il les avait reprises sous la Restauration. Sage, judicieux, modéré, son mérite avait été de voir qu'un enseignement philosophique des vérités religieuses pouvait convenir dans une église : il l'avait présenté avec talent, mais sans éclat, et il n'avait pas soupçonné qu'il y eût autre chose à faire que de fournir en bon ordre la démonstration d'un sage spiritualisme et d'aller de là progressivement aux vérités chrétiennes. Les *Conférences* de Lacordaire devaient avoir une tout autre envergure, une tout autre hardiesse.

Il se place d'emblée en plein Christianisme : le prenant comme un fait, il en montre l'importance, la singularité, l'originalité, la bienfaisance ; que dis-je en plein Christianisme? C'est plus précis encore et plus hardi. C'est l'Eglise que tout d'abord il considère. Les premières Conférences, celles de 1835, ont pour objet l'Eglise. Il ira ensuite parcourant la doctrine catholique, montrant les titres qu'elle offre à l'adhésion, l'influence qu'elle exerce sur l'homme et la société, les vertus « réservées » dont elle est le principe, ce que l'Eglise a fait dans le monde et pour le monde, ce qu'elle a fait du monde ; et alors il se mettra en face du Christ, avec quel respect, avec quelle sainte passion ! et enfin il contemplera l'impénétrable mais lumineux mystère de la vie divine. Voilà, dans le dessein, la grande nouveauté, conforme à ce qu'avait entrevu Chateaubriand ; dans l'exécution, ce qui surprenait, ce qui ravissait, c'était cette intelligence du temps présent, de ses besoins, de son indigence : *Beatus qui intelligit super egenum*, et aussi de l'harmonie qui existe entre la nature humaine et cette doctrine catholique, don de la grâce ; dans l'exécution, c'était une allure libre, dégagée, qui renouvelait le sermon, une éloquence qui allait jusqu'aux entrailles de l'homme, le remuant tout entier, parce qu'elle avait son principe dans l'homme tout entier.

Il y a dans ces Conférences plus de substance qu'on ne le dit parfois ; la pensée y est forte, la doctrine solide. Malgré quelques abus des images, malgré ces traits d'histoire qui suppléent parfois aux arguments sans les remplacer, il y a, dans l'enchaînement des idées, de la vigueur, dans les vues, de la profondeur, et c'est instructif, au meilleur sens du mot, et c'est probant, c'est nourrissant et suggestif. Mais la grande originalité, c'est une âme si moderne dans cet exposé du Catholicisme intégral où il n'y a ni réticence ni transaction d'aucune sorte, et c'est cet élan, cette passion, il faut bien répéter le mot, et, comme dit le comte d'Haussonville, ce *mouvement* qui emporte tout, les objections, les résistances, les choses et les idées, les défauts aussi ou les imperfections du discours, et l'orateur lui-même, et ceux qui l'écoutent : maître de lui d'ailleurs, car ce mouvement vient de son fond et le puissant orateur n'est jamais entraîné.

Lacordaire avait fondé un genre nouveau. Le genre a duré, il dure encore. Les continuateurs de son œuvre ont tous un nom. Je tais les vivants. Le P. de Ravignan, qui d'abord prêcha à côté de lui, le remplaça après son départ pour Rome où il allait préparer le rétablissement de l'Ordre des Frères Prêcheurs en France. Les moyens étaient différents, le succès persista : en s'y prenant autrement, Ravignan demeurait fidèle au genre de la conférence. Ce qu'il fit de propre, ce fut l'institution de la Retraite de la Semaine sainte, où il excella, retraite terminée par la Communion générale à Pâques. Cela aussi dure encore. L'idée catholique, la chose catholique, si j'ose dire, s'affirmant en public, sans ostentation, simplement, franchement, cet acte de pratique chrétienne vient de la même inspiration que tout ce mouvement intellectuel du dix-neuvième siècle : partout, avec des formes nouvelles en rapport avec les besoins modernes, rétablir le Catholicisme à sa place qui est la première.

Ravignan sut professer pour sa part, avec une simplicité admirable, ce devoir de l'affirmation franche : ayant quitté la magistrature pour entrer au séminaire de Saint-Sulpice, il avait bientôt souhaité quelque chose de plus, il avait voulu être religieux, et il s'était fait Jésuite : Jésuite, nom abhorré. Ravignan, au moment où toutes les fureurs étaient déchaînées, en 1844, écrivit ce lumineux petit livre qui a pour titre : *De l'existence et de l'Institut des Jésuites*, chef-d'œuvre de sincérité et de droiture : il confessa qu'il était Jésuite et dit ses raisons de l'être. Il ne demandait pas grâce, tant s'en faut : il protestait, il protestait au nom de l'excellence de cet Institut contre la mauvaise foi qui le défigure, au nom de la liberté et du droit commun contre l'injustice qui le proscrit. Un tel homme méritait d'avoir une singulière autorité : il l'eut. Il lui arriva « d'atteindre » dans ses discours, au témoignage d'Ozanam en 1845, « ce qui s'est jamais prononcé de plus éloquent ». Toute sa vie, il fut consulté sur les choses les plus graves par les hommes les plus divers et les plus grands; et ainsi son influence, sage, forte, douce, est partout.

Le P. Lacordaire, descendant définitivement de sa chaire en 1852, devait laisser son héritage à un autre Jésuite, le P. Félix, et celui-ci devait, à son tour, le transmettre à un Dominicain [1] dont je ne dirai rien puisqu'il vit, grâce à Dieu, et, qu'ayant quitté Notre-Dame, il n'a pas renoncé à agir encore sur les âmes par sa forte éloquence. Le P. Félix traita, pendant vingt années, du *Progrès par le Christianisme*. Toujours la même pensée maîtresse : l'idée catholique n'est pas l'ennemie de ce que le monde moderne aime et poursuit légitimement ; elle seule donne à ces légitimes aspirations leur complète, leur vraie satisfaction.

C'était Ozanam qui avait demandé à Mgr de Quélen, archevêque de Paris, la création des Conférences de Notre-Dame, et il avait prononcé le nom de Lacordaire. C'était donc lui, peut-on dire, qui l'avait introduit dans cette grande chaire. Chose curieuse, le titre des conférences du P. Félix est le titre d'un opuscule d'Ozanam, publié près de vingt ans auparavant, en 1835. Mais Ozanam n'a pas seulement le mérite d'avoir suscité à sa manière des apologistes : il a été en Sorbonne un apologiste. Il a repris en catholique l'idée de Guizot dans la *Civilisation en France et en Europe*, et les peintures d'Augustin Thierry dans les *Récits mérovingiens*. Il a voulu remonter d'âge en âge jusqu'aux origines premières de notre France contemporaine, de notre monde contemporain. Saint François d'Assise a été pour lui un objet de prédilection, et il a eu du rôle du saint et de son Ordre une vue profonde. Il a étudié Dante en philosophe et en a marqué l'influence sur la pensée avec pénétration et sûreté. Remontant jusqu'aux siècles barbares, il a montré comment l'Église a sauvé la civilisation et l'a renouvelée. Étaler ainsi l'action de l'idée catholique, l'action de l'Église, preuves en main, avec documents à l'appui, c'était, de l'érudition, de la

[1]. Le P. Monsabré.

critique, de l'histoire, choses nouvelles, modernes, faire des moyens d'apologie. Il voulait que l'érudition fût abondante, précise, que la critique fût impartiale, rigoureuse, que l'histoire fût sincère, complète, et il avait cette confiance que la cause de l'Eglise était gagnée si seulement on voulait bien la regarder à travers les âges. « Il ne faut pas croire, aimait-il à dire, que la foi... retienne les chrétiens éloignés des connaissances humaines. La religion ne leur permet pas seulement, elle leur recommande la science. »

Apologistes chrétiens, défenseurs de l'Eglise, chacun à sa manière, Montalembert, Lacordaire, Ozanam, Ravignan que nous ne pouvons plus séparer d'eux, ont été combattus et contredits, mais plus encore admirés et aimés. D'Ozanam, Caro, qui l'avait eu pour maître au collège Stanislas, a dit cette parole exquise : « On ne pouvait plus se détacher de lui quand on l'avait connu. » Lacordaire, Ravignan, Montalembert, avec des âmes de trempes si différentes, ont inspiré des sentiments semblables. On le comprend facilement, puisque, sans les avoir connus eux-mêmes, on s'éprend d'eux en les lisant, et c'est avec amour qu'on retrace leur image. On comprend aussi que leur parole ait excité tant d'applaudissements, puisqu'elle est encore si vivante dans ce qui nous reste d'eux. L'admiration leur venait de leurs amis et de leurs adversaires. Un jour, l'Académie française ouvrira ses portes à l'ancien Pair de France et au Frère Prêcheur. Une mort prématurée privera Ozanam du même hommage, et seule la sévère modestie que les règles imposent aux Jésuites empêchera d'y songer pour Ravignan. Au service de l'idée catholique ces grands hommes ont été à l'honneur, et elle y a été elle-même par eux.

V

Ainsi, vers le milieu du siècle, commençait à réussir le dessein « de tout prendre pour tout donner à Dieu », selon la forte parole du cardinal Lavigerie qui, en disant cela de Dupanloup, a caractérisé toute une époque.

On peut dire que la période de préparation s'était terminée en cette année 1835 où Ozanam avait eu vingt-deux ans, Montalembert vingt-cinq, Lacordaire trente-trois, et Ravignan quarante ; et alors avait commencé la période d'épanouissement qui vient de nous apparaître et d'enchanter nos regards. Elle ira jusqu'en 1852, et ces mêmes hommes la remplissent de leur activité et de leur nom. Mais pour bien saisir ce mouvement intellectuel inspiré, dominé par la pensée et par l'ambition dont ils sont les glorieux représentants, il faut se souvenir qu'ils ne sont pas seuls. En regardant ceux qui les entourent, nous comprendrons mieux quelle intensité, quelle richesse de vie intellectuelle il y a alors dans le Catholicisme en France, et nous aurons de plus l'avantage de faire connaissance avec des hommes qui seront un jour les chefs du mouvement.

Choisissons deux moments principaux : arrêtons-nous en 1845, puis en 1850.

En 1845, nous voyons Lacordaire dans sa chaire de Notre-Dame où, devenu Dominicain, il est remonté depuis un an. En 1845, la tribune du Luxembourg retentit encore des éloquentes revendications de Montalembert, dans la célèbre session de 1844, en faveur de la liberté des Ordres religieux et de la liberté de l'enseignement. Ozanam, dans sa chaire de Sorbonne, use, avec un succès éclatant, d'une liberté toute chrétienne. Ravignan vient de publier, en 1844, son opuscule *De l'existence et de l'Institut des Jésuites*. Et qui l'y a décidé ? L'abbé Dupanloup.

Nous n'avons pas encore nommé cet enfant de la Savoie, né en 1802, qui s'est pressé d'agir sur les âmes, non de composer des livres. Dès 1831, il méritait par ses catéchismes de l'Assomption et de la Madeleine, que Grégoire XVI l'accueillît par ces mots : *Tu es Apostolus juventutis*. En 1842, professeur d'éloquence sacrée à la Faculté de théologie récemment réorganisée par Mgr Affre, il avait paru en Sorbonne « avec un éclat extraordinaire », disaient les journaux du temps, et la grande salle s'était trouvée trop étroite pour contenir la foule avide d'entendre ses leçons sur le génie, sur les chutes du génie, sur la nécessité, pour le génie même, de la révélation religieuse. Puis, dernier succès, sa parole hardie avait causé un tumulte qu'il avait su réprimer, mais qui avait amené la suspension de son cours. Néanmoins l'abbé Dupanloup n'entrait pas encore pleinement dans le mouvement intellectuel nouveau. Effrayé dès le collège par l'*Essai sur l'Indifférence*, choqué par l'*Avenir*, il étendait aux nouveautés légitimes et fécondes sa défiance : le genre de prédication de Lacordaire l'inquiétait ; il avait peu de goût pour les allures modernes, les idées modernes lui étaient suspectes. En 1845, pour la première fois, il se place, avec circonspection, mais résolument, sur le terrain de la liberté pour revendiquer les droits de l'Église. C'est dans sa *Pacification religieuse*, son premier ouvrage proprement dit, livre de combat, mais en vue de la paix, tout plein des sentiments qui lui feront dire plus tard, à l'Académie française, qu'il cherche « non ce qui divise, mais ce qui rapproche » : et ce beau livre contient une parole bien significative qui en résume la pensée maîtresse : « La Révolution a commencé par la déclaration des droits de l'homme, elle ne finira que par la déclaration des droits de Dieu. »

Peu de temps auparavant, le vaillant évêque de Langres, Mgr Parisis, instruit par un voyage en Belgique, venait d'adopter lui-même ce terrain des libertés publiques, ce « point de vue constitutionnel et social », comme il aimait à dire, et, avec son activité et son talent, il devait faire beaucoup, en particulier pour la liberté de l'enseignement.

A cette même date de 1845, le savant Charles Lenormant, membre de l'Académie des Inscriptions, choisi par Guizot pour le suppléer à la Sorbonne, enseigne l'histoire moderne dans un esprit catholique qui est à la veille de lui valoir, en 1846, une émeute suivie de la fermeture de son cours.

Dans l'Est de la France, au seuil de l'Allemagne, à Strasbourg, un ancien élève de l'Ecole normale, remarqué, en 1813, par Cousin qui avait attendu de lui autant et plus peut-être que de son condisciple Jouffroy, Louis-Eugène Bautain, professeur de philosophie au collège royal dès 1816, avait occupé, de 1817 à 1841, la chaire de philosophie de la Faculté des lettres, et en 1838, il était devenu le doyen de cette Faculté. Il était prêtre depuis 1828. Il avait groupé autour de sa chaire un auditoire jeune, intelligent, ardent, avait vu son cours suspendu deux fois et deux fois l'avait repris avec un succès croissant; il avait créé un mouvement philosophique et un mouvement religieux, avait ébauché un système, déterminé d'éclatantes conversions, formé une école, mieux que cela, une société d'esprits et d'âmes ; et si maintenant « le professeur de philosophie de Strasbourg », comme on se plaisait à l'appeler, désireux d'établir un double institut d'hommes et de femmes pour conquérir les intelligences au Christ par la haute éducation et la science, s'était démis de sa chaire et du décanat, il faisait, à Paris, en cette année 1845, au Cercle catholique des Etudiants récemment fondé, des conférences remarquées : le *Correspondant* du 15 juillet 1843 avait donné le sommaire des premières ; et bientôt il allait, dans Notre-Dame, traiter, en 1847, de la *Religion et de la Liberté* : l'*Univers* devait reproduire ces conférences avant qu'elles devinssent un volume.

Alphonse Gratry qui, au sortir de l'Ecole polytechnique, s'était préparé à être prêtre, avait passé douze années à Strasbourg. Depuis 1841 il présidait aux destinées du collège Stanislas, et le temps n'était plus loin où, devenu aumônier de l'Ecole normale, il allait y exercer l'influence que l'on sait et préluder à ce rétablissement de l'Oratoire de France que, de concert avec un ancien collaborateur de Dupanloup à l'Assomption, l'abbé Pététot, il devait accomplir en 1852.

Cette même année 1845 trouve à Solesmes le restaurateur des Bénédictins en France, Dom Guéranger, prieur de la vieille abbaye rétablie canoniquement en 1837 : il est là, appliqué à préparer de grands travaux et d'admirables travailleurs. Ses *Institutions liturgiques* ont paru de 1840 à 1842. L'*Année liturgique* est entreprise. Plus tard, *Sainte Cécile*, entre autres, l'occupera, et avec tant d'amour qu'il ne donnera au public qu'un an avant de mourir, en 1874, le grand et définitif monument. L'érudition mise au service de l'Eglise : c'est la même pensée que celle d'Ozanam. Le célèbre érudit Dom Pitra, futur cardinal, sortira de Solesmes.

Et tous ces hommes regardent Rome, aiment Rome. Dom Guéranger, par exemple, qui, dès 1830, attaquait avec tant de verve les récentes liturgies gallicanes, s'attache à démontrer qu'à Rome est la source de la piété catholique, de la vie catholique. Il se sert des journaux pour propager son idée en même temps qu'il écrit ses *Origines de l'Eglise romaine* et songe à sa *Monarchie pontificale*. Là, comme dans ses ouvrages liturgiques, de toutes les manières, il combat le « Naturalisme » contemporain, et ramène vers Rome les esprits : Pie IX, trente ans plus tard, le louera à juste titre « d'avoir, dans le cours d'une longue vie, défendu courageusement, par des écrits d'une haute valeur, la doctrine de l'Eglise catholique et les prérogatives du Pontife romain ».

En cette année 1845, on trouverait à peu près tous les hommes que nous venons de nommer, ou à Rome, ou sur le chemin de Rome, les uns en revenant, les autres y allant. Le pèlerinage au tombeau des Saints Apôtres, la visite à celui que le moyen âge appelait lui-même « l'Apôtre », rentrent dans les mœurs des catholiques. On va à Rome pour voir « Pierre ». On se remplit de Rome et du Pape. A Rome, au couvent de Sainte-Sabine, Lacordaire vient de préparer le rétablissement des Frères Prêcheurs en France. A Rome, Bautain a trouvé, avec la fin des querelles théologiques où l'avait entraîné trop de goût pour le fidéisme traditionaliste, un regain de vie catholique, et en cette année 1845, son ami, l'abbé de Bonnechose, le futur cardinal, poursuit, auprès du Pape et des cardinaux, l'approbation des règles de sa Société de Saint-Louis. Dupanloup a, en 1841, accompli le deuxième des onze pèlerinages qu'il devait faire à Rome. Il a été reçu docteur en théologie à la Sapience avec une thèse où il soutenait l'infaillibilité du Pape. L'abbé Gerbet, l'ancien ami de Lamennais qui pour lui avait été tendre, écrit, dans Rome, son *Esquisse de Rome chrétienne*. De toutes parts est entamé le préjugé janséniste, et l'abbé Dupanloup, en 1843, peut écrire à la princesse Borghèse : « Le Gallicanisme se meurt. » A Rome, en 1838, un homme que nous retrouverons plus loin avait recouvré la foi : Louis Veuillot.

Que de noms et de faits je viens d'accumuler ! Cela montre bien toute la puissance de ce mouvement intellectuel, et, pour en parfaire le tableau, il faut encore nommer les femmes de grand sens, d'intelligence délicate, de haute et vive piété, qui ont alors guidé, encouragé, soutenu, consolé ces hommes. A Strasbourg, Mlle Humann est à côté de Bautain et de Gratry ; à Paris, Mme Swetchine est consultée par Lacordaire et par Dom Guéranger. Admirable concert, si l'on peut dire ! Les catholiques, qui plus tard se feront la guerre, sont, vers la fin de cette première moitié du siècle, unis, malgré bien des nuances sans doute, malgré des dissidences, malgré des menaces de divisions. En 1844, le ton de la polémique de l'*Univers*, aux mains de Veuillot depuis 1842, soulevait déjà bien des critiques. Néanmoins la concorde subsistait. Louis Veuillot écrivait de temps en temps au *Correspondant*. Le *Correspondant* et l'*Univers* soutenaient les mêmes causes, louaient les mêmes hommes, les mêmes écrits, par exemple Dupanloup et sa *Pacification religieuse*. Et ce n'est pas Lacordaire, c'est Ravignan, écrivant à son Général, qui disait : « La sphère d'action s'agrandit devant nous. C'est une nouvelle voie qu'il faut ouvrir, une nouvelle ère à commencer... Il faut en appeler à l'opinion, aux libertés sainement entendues de 89, non pour créer le droit de la conscience chrétienne, droit antérieur et supérieur, mais pour en assurer, dans nos temps instables, l'exercice paisible et régulier. »

Regardons maintenant l'année 1850.

La Révolution de 1848 a renversé la monarchie de 1830, et la deuxième République dure depuis deux ans.

Le mal social avait, de bonne heure, attiré l'attention des penseurs catholiques. Lacordaire n'étonnait personne parmi les catholiques engagés dans le mouvement que nous essayons de retracer, quand il parlait, à Notre-Dame, de ce cri qui s'élevait de Manchester, de Birmingham, des Flandres, « cri non pas de la pauvreté et de la misère, — ce sont des mots et des choses d'autrefois, — mais cri du paupérisme, c'est-à-dire de la détresse arrivée à l'état de système et de puissance, et sortant, par une malédiction inattendue, du développement même de la richesse ». Et l'orateur montrait « la discipline sociale brisée entre les mains de gens qui avaient voulu se passer de Dieu ». Et il concluait : « Appelons Dieu à notre secours. »

Ozanam avait, dès les premiers jours, appelé Dieu au secours de la société. Encore étudiant, il avait, et cela dit tout, inspiré, suscité, fondé avec quelques étudiants comme lui, ces *Conférences de Saint-Vincent-de-Paul*, dont le comte Albert de Mun a dit si justement que c'est « l'œuvre maîtresse et comme l'atelier où toutes les œuvres sociales vont chercher leurs ouvriers ».

Cette préoccupation des plaies sociales conduit à la Chambre le vicomte Armand de Melun : il n'accepte d'être député que pour représenter ces grands intérêts; et il parle excellemment de ce qu'il fait excellemment. Cette même préoccupation mène Ozanam à l'*Ère nou-*

velle où avec M. de Coux, avec l'abbé Maret, professeur de philosophie à la Faculté de théologie en attendant d'en être le doyen, avec d'autres chrétiens généreux, il tâche, en 1848, de raffermir les idées et les cœurs. Au milieu d'une société affolée, ces catholiques osent considérer le mal tout entier et le remède tout entier. Ils font appel à la charité, ils font appel à la justice. Ils rappellent à la richesse tous ses devoirs. Il y a dans l'*Ère nouvelle* des pages d'Ozanam sur la misère et sur le socialisme, qui semblent écrites d'aujourd'hui et que tous les chrétiens sérieux devraient relire et méditer. De son côté, Gratry, dénonçant l'iniquité sociale pour lutter contre le socialisme, écrivait, par demandes et par réponses, une sorte de petit catéchisme réimprimé plus tard sous ce titre expressif : les *Sources de la régénération sociale*.

Dès le 19 mars 1848, Pie IX avait adressé à Montalembert un Bref où, se félicitant que, dans cette grande perturbation de février, aucune injure n'eût été faite à la religion et à ses ministres, il ajoutait : « Nous nous complaisons dans la pensée que cette modération est due en partie à votre éloquence et à celle des autres orateurs catholiques qui ont rendu notre nom cher à ce peuple généreux. »

En 1850, un de ces orateurs catholiques, grande nouveauté, était assis au banc des ministres de la République. Le jeune comte de Falloux, l'historien de saint Pie V, s'était révélé puissant par la parole et par la tactique parlementaire, et l'air de distinction souveraine avec le charme pénétrant qu'avait toute sa personne avait achevé de le mettre au premier rang dans son parti et de le désigner pour le ministère. La deuxième République le vit contribuer pour une très grande part à l'expédition romaine destinée à ramener Pie IX dans Rome, et la loi sur la liberté de l'enseignement, la loi de 1850, porte son nom. Montalembert, et Dupanloup, et Ravignan, l'un dans l'Assemblée, les autres par des écrits ou des conversations, aidaient le jeune ministre. Quand la loi tant désirée fut votée, Ravignan témoigna le jour même sa joie aux combattants dont il exaltait « le zèle courageux et dévoué ».

Le même jour, 25 février 1850, on lisait dans l'*Univers* : « Nous persistons dans notre opposition, parce que le projet de loi consacre des principes faux, dangereux, contraires aux droits, à la liberté, à l'indépendance de la sainte Eglise. »

Ainsi les catholiques remportaient une victoire insigne, mais leur belle union, tant de fois menacée, était rompue. On pouvait voir depuis longtemps que parmi eux comme partout il y avait des modérés et des violents. Il y avait des hommes convaincus que recourir aux moyens humains, pourvu qu'ils n'aient rien de coupable, est non seulement permis mais bon, et d'autres hommes pour qui tout ce qui ressemble tant soit peu à une conduite habile et politique est indigne de Dieu. Pour les uns rechercher des alliances, engager dans les intérêts catholiques les honnêtes gens de tous les partis, se servir des libertés publiques pour le bien de l'Eglise, c'est un devoir : les autres nomment cela lâches accommodements, transactions honteuses, même trahison. Enfin les uns savent demeurer au-dessous de leur idéal et se borner au possible dans l'état de choses donné ; les autres ont pour devise *tout ou rien*.

Ces divergences, que l'on avait toujours senties et parfois aperçues, éclatent aux approches du terme. En 1849, Dom Guéranger, à qui l'*Univers* certes ne déplaisait pas, mais qui savait voir clair, écrivait : « La guerre est déclarée ; c'est la plus grande calamité que pût avoir à subir le parti catholique. Nous voilà donc encore une fois heurtés aux théories et victimes de nos rêves incorrigibles... J'ai trop de confiance dans nos amis de l'*Univers* pour douter qu'ils n'arrivent à voir que le rejet de la loi nous replongerait vers le monopole triomphant, et ferait peser sur eux une immense responsabilité. » L'*Univers* ne justifia pas la confiance de Dom Guéranger : à la veille du vote, il fit tout ce qu'il put pour empêcher la loi de passer ; après le vote, il maudit cette loi, sauf à trouver bon plus tard qu'on en profitât, et il en poursuivit les auteurs de sa colère. « La guerre était déclarée. »

Je ne m'excuse pas d'avoir insisté et sur les questions sociales et sur les événements politiques. Les laisser de côté, ce serait ne rien comprendre au mouvement intellectuel lui-même, car c'est l'idée catholique qui, dans cet ordre social et politique, inspire et dicte la conduite, c'est elle qui s'exprime dans les discours des orateurs : elle se traduit dans les faits. C'est elle encore qui guida Falloux dans le choix d'évêques qu'il eut à faire comme ministre : il désigna au Pape sept évêques ; parmi ces sept il y avait l'évêque de Poitiers, Mgr Pie, et l'évêque d'Orléans, Mgr Dupanloup.

Nous allons entrer dans une nouvelle période. Ozanam, qui meurt au seuil, en 1853, appelle de ses vœux « la réunion de tous ceux qui croient et qui aiment sous une même bannière où ne brilleraient plus les devises d'une école ni les couleurs d'un parti ». En attendant, les catholiques, qui vont avoir à combattre le « Naturalisme » contemporain sous des formes nouvelles, et qui, en face de l'Empire ressuscité après le coup d'État, auront à se défendre d'illusions dangereuses et d'une protection compromettante, plus tard, d'attaques dissimulées puis ouvertes, les catholiques sont divisés. Ils le sont pour des raisons que nous avons vues, et aussi par le fait même des espérances que plusieurs d'entre eux placent dans le nouveau pouvoir. La division, la lutte intestine, c'est le caractère de la période où nous entrons. Nous y retrouvons la plupart des hommes que nous connaissons : Ravignan jusqu'en 1858, Lacordaire jusqu'en 1861, Montalembert jusqu'en 1870, Dupanloup et Veuillot jusqu'au bout, et par delà encore ces luttes : luttes pénibles, mais belles par plus d'un côté, et d'ailleurs fécondes. La liberté, dans ce siècle, a effrayé, elle a séduit; on l'a servie, on s'est servi d'elle; il s'est trouvé des catholiques pour l'exalter, il s'en est trouvé d'autres pour la maudire : l'idée chrétienne, l'idée catholique va prendre plus de netteté, plus de précision; on acquerra des choses et des mots une intelligence plus pure, plus ferme, plus complète, et un jour viendra où le Pape, le 20 juin 1888, résumera avec une précision souveraine l'enseignement lumineux de la droite raison et de la foi dans une Encyclique commençant par ce mot : « *Libertas.* »

VI

Le *Libéralisme*, qui à partir de 1852 surtout occupe tous les regards, est une attitude, ou un système politique, ou une doctrine.

Devant le despotisme d'un homme ou celui des foules, se tenir debout; user de tous les droits que l'on a encore de par la constitution et revendiquer ceux que l'on devrait avoir; parler pour protester au nom de la justice et de l'idéal, au milieu du silence universel ; prendre à ses risques et périls les libertés indispensables et en proclamer la vertu salutaire et la nécessité : c'est une attitude libérale. C'est noble et beau, parce que c'est viril et fier et qu'il y a là une revanche de l'âme et des principes contre les faits. Parler et agir ainsi, non plus au hasard des occasions, mais d'une manière suivie, non plus seul, et pour assurer son indépendance et son honneur, mais en réunion avec d'autres et de façon à être un groupe politique, régler d'après ces vues un ensemble de démarches ayant aux yeux même des gouvernants une certaine portée, tâcher d'obtenir peu à peu par cette action régulière, réfléchie et concertée, une détente et des garanties, réveiller par là quelque peu la vie publique et ramener par degrés la liberté de la parole et la liberté d'association : c'est concevoir et pratiquer un système politique qui peut être appelé libéral. Enfin, méditer sur tout cela et asseoir sur la nature même de l'homme et sur les vérités éternelles la légitimité de ces revendications, et de ces démarches, et de cette ligne politique, c'est à une attitude, puis à un système libéral ajouter une doctrine.

Que des catholiques, après 1852, eussent cette attitude, comment ne pas s'en féliciter pour l'honneur du nom chrétien ? Que parmi eux les politiques vissent dans ce système un meilleur moyen de défendre l'Eglise que de s'appuyer sur un pouvoir qui, malgré de bonnes intentions, n'était guère digne de la protéger, comment les blâmer ? ou plutôt comment ne pas admirer leur prévoyance puisque, après la guerre d'Italie, l'expérience même devait leur donner raison ? Enfin, que les esprits spéculatifs trouvassent de quoi justifier cette attitude et ce système dans les principes de l'Evangile, comment s'en étonner et s'en plaindre, s'il est vrai que ce qui est noble et grand a dans l'Evangile sa source la plus haute et s'il est vrai que saint Paul devant le proconsul romain fut fier?

Cependant, ce qu'on nomme *Libéralisme* a en soi un venin qui le corrompt, et tellement que le mot « libéral », un si beau mot, est devenu suspect. De l'attitude libérale, du système libéral faire une doctrine, c'est très difficile. Pourquoi? parce que l'on risque de transformer en éternelles vérités des maximes contingentes, en règles absolues des nécessités du moment. Quand on demeure dans les hauteurs, il n'y a rien à craindre. Tout ce qu'on dit du droit à la liberté pour l'honneur même et au profit de la vérité est incontestable. Quand on commence à descendre aux applications et à entrer dans le détail, le péril commence, d'autant plus redoutable qu'il est plus caché. C'est d'abord une sorte de noble dédain pour toute façon étroite de servir la vérité ; c'est une confiance telle en la divine vertu de la vérité que pour la faire recevoir on ne veut plus compter que sur elle. C'est bien ; mais que la tentation ici est délicate pour les belles âmes! Il n'y a pas à craindre qu'elles deviennent jamais indifférentes elles-mêmes au vrai et au faux ; mais elles risquent de ne plus savoir assez, de ne plus oser assez s'armer de précautions contre l'erreur. Si elles n'y prennent garde, elles vont pratiquer la funeste maxime du libéralisme : « Laisser faire, laisser passer. » Alors va par leur imprudence s'établir dans les esprits cette idée que dans une société l'erreur comme telle a des droits, que la liberté comme telle est toujours inviolable, et que c'est toujours un attentat criminel entre tous que de limiter la liberté pour la protéger contre ses propres excès. De là à faire d'un état social troublé et transi toire l'idéal même de toute société, à estimer un progrès heureux la division intellectuelle, à traiter toute union de la puissance spirituelle et de la puissance temporelle, dans quelque condition que ce soit, comme une chimère, comme un danger, et même comme une faute, il n'y a pas loin. Et bientôt, chez les esprits moins hauts, c'est, sous prétexte de largeur intellectuelle, une méconnaissance croissante du prix de la vérité ; chez les esprits peu sûrs, une tendance soi-disant charitable à ne contrarier personne et à laisser tout le monde jouer avec le feu, et finalement, chez les esprits faibles et mous, une disposition à juger que tout peut se soutenir et que d'ailleurs celui qui dit : Je ne crois pas, je ne puis croire, est plus qu'à moitié excusé.

Le Libéralisme doctrinal a trouvé dans l'évêque de Poitiers, Mgr Pie, plus tard cardinal, sous Léon XIII, un juge d'une clairvoyance inexorable. Ses *Instructions synodales contre les erreurs du temps présent* ont une hauteur et une sûreté vraiment magistrale. On y sent l'homme de doctrine qui sait reconnaître l'erreur sous les apparences les plus séduisantes et la condamner sans faire tort aux vérités dont elle abuse. Mgr Pie voit le mal intellectuel radical de notre siècle dans ce qu'il nomme le *Naturalisme*, dont Leibniz avait dit, il y a deux cents ans, que ce serait la dernière des hérésies et la plus redoutable. Il faut lire les *Instructions synodales* pour concevoir ce qu'il y a de puissance dans cette théologie sûre et éloquente. Avec un tel coup d'œil théologique, l'évêque de Poitiers découvre dans le *Libéralisme* une des formes du *Naturalisme*, et sans cesse il le démasque, le condamne et y oppose les principes immuables, ceux de la droite raison et ceux de la foi. Les écrits de son ardent et doux ami, Mgr de Ségur, ont beaucoup servi à répandre la même doctrine : clairs, alertes, vigoureux, populaires sans trivialité, pleins aussi d'une piété persuasive, très semblables souvent aux *Tracts* des Anglais, ces ouvrages composés par le prélat aveugle au milieu des labeurs d'un ministère apostolique étendu, incessant, ont fait à tout Jansénisme, à tout Gallicanisme, à toute ombre de Libéralisme doctrinal, une guerre triomphante. Certains opuscules de Mgr de Ségur ont eu, de son vivant, plus de cent éditions.

L'évêque d'Orléans, ennemi du Jansénisme et du Gallicanisme, a, lui aussi, condamné le Libéralisme doctrinal. Dans sa *Pacification religieuse*, en 1845, il exposait déjà les dangers de la liberté mal entendue avec une heureuse vivacité, sinon d'ailleurs avec une précision que l'état de la question ne semblait pas comporter à cette date. Le jour où l'Encyclique *Quanta cura* et le *Syllabus* mettront en relief avec la vigueur propre aux décisions pontificales les vrais principes et les erreurs subversives, Mgr Dupanloup fera une œuvre que tout dans son esprit et dans son caractère le rendait singulièrement apte à accomplir. Son commentaire de l'Encyclique et du *Syllabus* aura pour but de prévenir les interprétations fausses et outrées ; il signalera les contre-sens, les contre-bon sens accumulés autour d'un texte très clair, par l'ignorance de la théologie ou de la simple logique, peut-être aussi par la mauvaise foi, et il s'attachera à montrer que dans le document pontifical, où il n'y a rien à dissimuler ni à atténuer, il n'y a pas non plus ce que, pour des raisons diverses, plusieurs se réjouissaient ou s'affligeaient d'y voir : la condamnation de toute idée moderne, encore moins de toute civilisation et de toute liberté.

On a dit qu'il avait défiguré ou transfiguré l'Encyclique. Pie IX lui a écrit qu'il avait écarté véhémentement les interprétations calomnieuses et que c'était se mettre en mesure de faire saisir d'autant mieux la vraie et pure signification des décisions papales. Les félicitations et les remerciements du Souverain Pontife vengent l'évêque d'Orléans et garantissent la valeur du service rendu. Et le cardinal Pecci, archevêque de Pérouse, le futur Léon XIII, joignant « ses congratulations à celles de tout l'univers », saluait en lui « le défenseur et le soutien du Saint-Siège ».

Maintenant considérons-le, non plus dans une œuvre doctrinale, mais dans ce qu'on pourrait appeler son action intellectuelle de tous les instants. Nous voyons une multitude d'écrits, mandements, articles de revue, réponses aux journaux, opuscules et brochures, sortir de ses mains, et autour de lui, à sa voix, nous voyons travailler, écrire, tout un groupe d'hommes animés de son esprit, dont il devient le centre, et puisque ce sont des combattants, on peut dire qu'il en est le chef.

Le *Correspondant*, avant 1852, avait beaucoup fait. Il avait été fondé en 1829, reconstitué plus fortement en 1843. Montalembert, Lacordaire, Ozanam, y écrivaient, et, avec eux, pour ne citer que quelques noms, deux des premiers fondateurs, le comte de Carné, et l'auteur des *Césars* et des *Antonins*, le comte Franz de Champagny, qui y publiait notamment, en 1843, un grand article sur l'*État de la religion catholique en France;* puis Charles et François Lenormant, et Foisset, et le comte de Falloux. Après le coup d'État, après la proclamation de l'Empire, facilitée par l'alarme générale, quand la presse est musclée et que le grand journal catholique, l'*Univers*, célèbre avec enthousiasme la ruine des institutions parlementaires et l'apparition d'un nouveau Charlemagne, l'évêque d'Orléans qui, dès le 3 décembre 1852, avait écrit une très solennelle et très fière lettre pastorale sur la *Liberté de l'Eglise*, cherchait un endroit d'où lui et les hommes pensant comme lui pussent encore s'adresser à l'opinion. Depuis que, vers 1842, il avait reconnu la puissance des journaux, il avait rêvé d'en avoir un qui fût nettement catholique sans autre intransigeance que celle des principes, et, comme disait si bien Ozanam en 1849, « véhément sans emportement, sans trivialité, sans injustice », enfin ennemi de toute licence sans cesser pour cela d'être franchement ami de la liberté. Loin de vouloir la mort de l'*Univers*, il s'était, dans certaines occasions, employé à le sauver, mais un autre organe lui avait paru nécessaire. Il avait essayé de fonder la *Paix sociale*, il avait transformé l'*Ami de la Religion*. En 1855, il sembla à lui et à ses amis que rien ne convenait mieux au but imposé par les circonstances que le *Correspondant* réorganisé.

Là les hommes politiques que l'Empire condamne au silence vont trouver la seule tribune encore permise, bien souvent menacée, sans doute, mais préservée par leur tact, encore qu'ils sachent, quand il le faut, l'exposer à des coups glorieux. Là des hommes nouveaux apporteront leur jeune ardeur. On se rencontrera dans le même lieu, on se parlera, on se concertera, quand ce sera nécessaire, et un même lieu intellectuel réunira ces hommes très divers, d'âges si différents, comme un même asile s'ouvrira à leur activité. C'est ce que l'on a nommé l'école du *Correspondant*, et c'est bien une école, en ce sens qu'on y défend et qu'on y propage des idées communes auxquelles on tient du fond de ses entrailles.

Quelle belle réunion! Montalembert, Lacordaire,

Falloux ; Champagny, Armand de Melun ; Foisset, l'ami, le confident, plus tard l'historien de Lacordaire, sage, modéré, clairvoyant, et d'une si profonde piété ; Gratry ; bientôt le jeune ami et de Lacordaire et de Gratry, Henri Perreyve, si fort et si doux ; Augustin Cochin, âme si chrétienne, esprit si lucide, si souple, si heureusement facile, caractère si noble, bon, affable, charmant avec les pauvres et les petits, ses chers clients, comme avec les hommes d'Etat et les lettrés ; écarté de la politique par l'Empire et employant dans les grandes affaires les ressources de sa vive intelligence et de sa parole clarifiante ; à sa place partout, dans un conseil d'administration, dans un bureau de charité, dans une réunion politique, dans une Académie ; écrivain excellent, sachant tout exposer comme il savait tout comprendre, et n'ayant jamais en vue que Dieu et, avec Dieu et pour Dieu, le bien du peuple et des âmes, le salut de la France et le triomphe de l'Eglise. Alexis de Tocqueville, sans être aussi chrétien que tous ces hommes, était leur ami, et ses vues sur la *Démocratie en Amérique* et ailleurs les ravissaient. Quelle réunion encore une fois ! Et combien d'autres on pourrait nommer ! On étudiait tout. Fidèle à l'exemple donné de 1835 à 1850, on tâchait d'exceller en histoire, en érudition, en philosophie, en économie sociale, en critique, en littérature pure, en esthétique ; ainsi se continuait l'apostolat des esprits par le savoir et par le talent. Et, quand il le fallait, on abordait la politique militante, les questions actuelles, brûlantes. Non seulement les lecteurs avaient là l'écho de ces Congrès de Malines où Montalembert, muet depuis 1852, retrouvait, avec la liberté de parler, sa grande éloquence et un magnifique auditoire, où Dupanloup déployait sa puissante parole. Le *Correspondant* surveillait l'Empire et la politique religieuse de l'Empire, et en signalant les périls de la Papauté, il méritait d'être frappé. Un jeune écrivain, que je ne nommerai point par la raison que dans le *Correspondant* d'aujourd'hui on lit encore sa belle prose, faisait alors ses débuts comme homme d'État. Je puis dire comme homme d'État, car, après avoir raconté en plusieurs volumes *l'Eglise et l'Empire romain au quatrième siècle*, il retraçait les phases diverses de la question romaine depuis la guerre d'Italie dans un article qui valait au *Correspondant* un second avertissement, motivé aussi par l'article de Falloux intitulé *Du devoir dans les circonstances actuelles*; et, dans ces écrits de sa jeunesse, le futur diplomate et président du Conseil sous la troisième République, le futur auteur du *Secret du Roi* avait déjà la noble et forte simplicité, l'heureuse aisance, la netteté et la sûreté, la hauteur de pensées et de sentiments qui ont toujours donné, qui donnent encore si grand air à ses récits ou à ses discours[1].

De ce groupe de penseurs et d'écrivains l'évêque d'Orléans était l'âme. Ce n'est pas faire de lui un éloge médiocre.

Infatigable était son activité. Par ses propres travaux, il consolait ou instruisait les catholiques; il atteignait les non-croyants et leur causait des troubles salutaires ou dissipait les fantômes de leur ignorance; il portait enfin aux ennemis de la religion des coups terribles et retentissants.

Rome menacée le trouvait toujours prêt à protester pour ses droits, à prendre en main sa cause. Au pouvoir temporel entamé, il voulut, par sa *Souveraineté pontificale* et d'autres écrits, ramener l'opinion, en

---

1. M. le duc de Broglie.

même temps qu'il aidait à lui recruter toute une armée de volontaires, et sa grande voix, en célébrant la victoire ou la défaite glorieuse de ces héroïques compagnons de La Moricière, rendit encore à l'Eglise un éclatant service. Il avait lui-même l'âme guerrière. Et avec cela, quelle bonne grâce attirante, et quel art de faire aimer l'idée chrétienne, l'idée catholique ! Intrépide, il affrontait les menaces impériales, et quand, défendu par Berryer, il comparaissait sur les bancs d'un tribunal, il renouvelait les triomphes de Montalembert et de Lacordaire traduits à la barre de la Chambre des Pairs pour avoir fait l'école à quelques enfants du peuple. Dans la conduite des âmes, dans la direction, il excellait. « Educateur sans rival », selon le mot de Renan, on peut dire qu'il eut l'art « d'élever » les hommes faits non moins que les enfants. Il vantait les grandes, les sérieuses études, il persuadait de la nécessité et du devoir de s'y appliquer. Il stimulait les jeunes hommes, les femmes. Bien des Vies de Saints, par exemple, qui instruisent et charment, sont nées de ses conseils qui étaient presque des ordres, et de grandes dames, qui eussent perdu leur temps dans des futilités ou se fussent bornées à une piété oisive, ont coopéré, grâce à lui, à la diffusion et au rayonnement de l'idée catholique. Des prêtres éminents ont dû à son exemple, à son instigation, de produire des livres qui illustrent leur nom : ainsi Mgr Bougaud, ainsi Mgr Lagrange. L'œuvre apologétique, si chère à notre siècle, s'étendait par ses soins. L'histoire continuait à en être un des moyens principaux. Le roman ou quelque chose d'approchant en devenait un autre. De tout ce qui fait honneur à l'esprit humain, Mgr Dupanloup voulait et savait faire un instrument pour christianiser le monde. Mme Craven, l'auteur du *Récit d'une sœur* et de tant de livres charmants, a reçu de lui des éloges et des conseils.

Bien grande est cette figure d'évêque, bien remarquable est le rôle du *Correspondant* qu'il anime et conduit à la bataille. Est-ce à dire que dans l'emportement du combat, la vaillante Revue et l'évêque lui-même aient toujours gardé l'exacte mesure lorsqu'ils invoquaient la liberté, lorsqu'à l'aide des idées modernes ils prétendaient servir l'Eglise, lorsque dans ces idées mêmes ils croyaient ne s'attacher qu'à ce qu'elles ont de sain et de bon ? Qui oserait le dire ? On parle *oratorio modo*, on ne songe à définir ni en théologien ni même en philosophe, on n'a pas dans toutes ses paroles une irréprochable précision. Fasciné par la beauté de certaines idées,

Decipimur specie recti,

on s'éprend d'elles jusqu'à ne plus voir ce qu'elles peuvent recéler de mauvais, et l'on avance alors des assertions téméraires, dangereuses, inexactes, même fausses, si elles sont prises au pied de la lettre.

C'est ce qui est arrivé au *Correspondant* et à Dupanloup lui-même. C'est ce que Louis Veuillot dans l'*Univers* n'a cessé de dénoncer et de poursuivre. Quand, après 1859, les périls de la Papauté ouvrant enfin les yeux à Veuillot, son journal redevenu fort contre l'Empire pour défendre le Pape s'attira les foudres impériales et eut l'honneur d'être supprimé, le même dévouement à la même cause aurait dû le rapprocher des écrivains du *Correspondant* que sa disgrâce d'ailleurs émut et attrista. Il n'en fut rien. Reparaissant sous un autre nom, puis redevenu l'*Univers*, il demeura l'adversaire acharné de l'évêque d'Orléans et de ses amis. Aux approches du Concile et pendant le Concile, il fut plus violent que jamais. Dans une opposition, légitime en soi avant la définition, opposition à l'opportunité de cette définition d'ailleurs, et non à l'infaillibilité, dans certaines démarches fâcheuses que l'on peut regretter et même blâmer, l'*Univers*, poursuivant les conséquences du Libéralisme, suspectait, attaquait les intentions mêmes, et sa colère finit par n'avoir plus de bornes.

Ainsi nous avons dans Louis Veuillot un laïque, un journaliste, qui prétend en remontrer à un évêque en fait d'orthodoxie. C'est nouveau. Aussi bien cet homme a une physionomie sans pareille.

Plébéien, il a dans le génie je ne sais quoi de robuste et de sain. Du temps où il fut incrédule, il rapporte une haine inextinguible de l'incrédulité niaise et satisfaite. Catholique jusque dans la moelle des os, il a pour Rome une tendresse ardente. Il se constitue le défenseur de la pure doctrine romaine, et il fait la garde autour d'elle comme un chien vigilant, aboyant, et, s'il y a lieu, dévorant. Il a de la verve, une verve étincelante. Plus que Joseph de Maistre encore il rappelle Voltaire, et plus que Voltaire, il est primesautier. Il a de l'esprit, et ce n'est pas l'esprit d'un bourgeois qui s'est fait grand seigneur; c'est l'esprit de l'homme du peuple presque, qui a horreur de la petitesse bourgeoise, et qui porte dans une âme neuve, souvent violente, une noblesse et une délicatesse d'autant plus exquises qu'il n'y entre aucun raffinement.

Quel écrivain! Il a, quand il le veut, le développement ample et les grandes envolées; le plus souvent il a le trait court, rapide, incisif; et l'instant d'après, ce sont des peintures ravissantes, de larges vues ou des choses délicieuses de grâce, de douceur, de naïveté. Il a le rire ou le sourire cruel, et il est émouvant et ému, touchant et touché. Il possède, à un degré rare, le sens de la sainteté, et il trouve pour en parler des accents superbes ou pénétrants. Les fleurs parfois naissent sous sa main, un parfum enivrant s'exhale de ce qu'il écrit. Génie merveilleux et vraiment puissant : car il a toutes les armes et tous les charmes ; dans un même livre, dans une même page, il prend tous les tons, et il met au service d'une seule idée ces riches et multiples ressources.

Louis Veuillot, par l'*Univers* et par ses livres faits de son journal ou pour son journal, a exercé un pouvoir extraordinaire. Le *Correspondant* s'adressait à une élite, l'*Univers* à un public bien plus étendu, bien plus mêlé. Au *Correspondant*, il y avait tout un groupe de penseurs et d'écrivains, ce qui était une force ; l'*Univers*, c'était Veuillot surtout, Veuillot presque seul. C'était une autre force, et pour régner plus décisive. Son frère, ses amis, gens de talent, mettaient leur honneur à penser par lui. Ses collaborateurs, c'était encore lui. La maison qu'il a fondée, continue de durer, et les siens, qui ont pour lui un culte, perpétuent sa tradition.

Connu dès 1842, il devint vers 1850 l'oracle d'une bonne partie du clergé de France. Il fut une sorte de Père de l'Eglise. Un tel rôle n'est pas sans péril. Veuillot, sans fonction, sans autorité, sans autre mandat que sa conviction, prétendit courber sous sa parole tout le monde, même les évêques, surtout l'évêque d'Orléans. Il n'est pas théologien, sans doute, mais la doctrine romaine qu'il a sucée dans Rome même, qu'il aspire par tous les pores, qu'il sait retrouver dans toutes les pierres de la Ville éternelle et à toutes les pages de l'histoire, il l'a tellement rendue sienne qu'il semble participer au privilège de l'infaillibilité. On dirait une sorte d'évêque du dehors, de pape laïque, qui traduit en langue vulgaire les décisions du souverain pontificat. Il est si sûr de sa mission qu'il ne connaît plus d'autre règle que son sentiment, et le jour où Pie IX le rappelle à la modération, l'avertissement un instant l'étonne et presque le scandalise.

Cependant cet impérieux n'a pas d'orgueil, de même que ce violent, peut-on dire, n'a pas de fiel. Il s'est comme identifié avec la doctrine : c'est pour cela qu'il condamne et frappe. Frappé presque un jour, ne craignez pas qu'il se révolte. Dans le fond il est humble. Et au milieu de toutes ses colères, il n'en veut pas à ceux qu'il accable ou qu'il transperce. Venger la vérité, la pure vérité, du plus subtil de tous les périls, de celui que lui font courir ses enfants mêmes ou ses chefs quand par ignorance, par méprise, ils y mêlent quelque impur alliage, c'est le but de Louis Veuillot, c'est son unique ambition, c'est la raison de toutes ses démarches.

Dupanloup travaillait à rapprocher l'Eglise et le monde moderne, Veuillot à les séparer. L'un et l'autre avaient raison et l'un et l'autre se trompaient. Dupanloup avait raison de dire au siècle : « Vous nous parlez de progrès, de civilisation, comme si nous étions des barbares et ne savions pas un mot de tout cela : mais ces mots sublimes que vous dénaturez, c'est nous qui vous les avons appris, qui en avons donné le vrai sens, et mieux encore la réalité sincère. » Il comptait parmi ces grandes choses le « libéralisme ». Il avait raison encore, puisqu'il s'appliquait à le prendre « en un sens parfaitement chrétien ». Mais, dans la pratique quotidienne et comme dans l'entraînement des idées et des mots, il ne se gardait pas toujours assez lui-même, et il semblait favoriser ce que le Libéralisme contient si vite d'erreur et de péril. Là est son tort. Et c'est l'honneur de Veuillot d'avoir toujours su discerner, d'avoir toujours combattu et ce péril et cette erreur. C'est son honneur d'avoir ainsi aidé au complet triomphe de la doctrine romaine.

Mais Veuillot à son tour eut un tort. Il hérissa la vérité pour la mieux défendre. Il la fit terrible, froissante, contrariante à plaisir. Il lui arriva de l'outrer et d'en déformer presque les divines proportions, au moins par l'expression impropre et faite pour frapper. De l'infaillibilité pontificale, aux approches du Concile, ne contribua-t-il pas, sans y penser, à fausser un peu l'idée, et n'en donna-t-il pas à beaucoup de gens, inattentifs, je le veux bien, une sorte d'horreur que la définition conciliaire si précise réussit à peine à dissiper? Il créa ainsi autour de la vérité des fantômes qui, en faisant peur, éloignaient d'elles. Il choqua tant d'idées où il ne discernait pas la part de vérité qui y était, tant d'hommes dont il ne vit pas les bonnes et généreuses intentions, qu'il fit beaucoup de mal à beaucoup d'âmes. En même temps qu'il faisait passer l'Eglise pour l'ennemie de tout ce qui passionne ce siècle, il donnait à croire que le Catholicisme est sans entrailles. A force d'exalter la vérité, il semblait oublier la charité. Apparence trompeuse, je le sais, et quand nous le lisons maintenant, loin des luttes qui enflammèrent son zèle, nous ne commettons pas la méprise de l'imaginer sans charité chrétienne, sans tendresse humaine, ou sans intelligence de son temps, non plus d'ailleurs que nous ne supportons un seul instant que Dupanloup soit suspecté dans sa foi et dans sa piété. Mais, si les ardeurs de la bataille excusent bien des choses, nous ne pouvons pourtant pas ne pas reprocher à Veuillot tant d'acharnement contre ses adversaires, tant d'insistance, dans l'exposé de la vérité, à montrer trop souvent presque seul les côtés par où elle blesse le siècle, de même que nous ne pouvons pas ne pas reprocher à l'évêque d'Orléans des emportements aussi, et, dans l'exposé des idées qui lui étaient chères, cette espèce d'inexactitude ou d'exagération libérale qui en fait parfois le danger et la faiblesse.

A distance, les deux adversaires apparaissent unis par un commun amour de l'Eglise, et c'est bien cela qui est la vérité : l'un et l'autre, dévoués à l'idée catholique et combattant pour elle, en ont préparé le triomphe, Dupanloup vigoureux ennemi de toute erreur philosophique ou autre, mais montrant surtout par où l'idée catholique peut conquérir le monde, Veuillot, rappelant surtout comment, pour le conquérir, elle doit ne laisser approcher d'elle-même rien qui vienne de ce qui, dans le siècle, est mauvais ou suspect.

C'est une chose admirable que de voir l'Eglise depuis 1832 condamner le Libéralisme doctrinal, Grégoire XVI et Pie IX, au milieu de la lutte, et au scandale presque de beaucoup de catholiques étrangement troublés, Léon XIII dans la sérénité croissante, et finalement aux applaudissements de ceux mêmes que son exposition dogmatique convainc de défaillances ou d'excès. C'est sous cette lumière que se livre le combat. N'oublions pas que Dupanloup jeune avait accueilli avec des transports de joie l'Encyclique *Mirari vos*, qu'il a expliqué le *Syllabus*, et qu'après avoir salué avec admiration les *Lettres pastorales* du cardinal Pecci *sur la civilisation*, il a salué avec la même admiration les premières Encycliques de Léon XIII. N'oublions pas que les écrivains du *Correspondant* auraient pu tous répéter ces paroles d'Ozanam : « Je suis passionné pour les conquêtes légitimes de l'esprit moderne ; j'ai aimé la liberté et je l'ai servie ; mais soyons sûrs que l'orthodoxie est le nerf, la force de la religion. » Néanmoins, s'il est vrai aussi que le *Catholicisme* dit *libéral*, tout en voulant ne pas aller aux abîmes, se plut trop souvent sur la route qui y conduit, et qu'il fit même quelque faux pas, jusqu'où n'eût-il pas glissé un jour avec des hommes moins scrupuleux, plus imbus de politique que de foi, si, pendant que Rome veillait, Louis Veuillot n'eût pas secoué l'opinion ?

Et, d'un autre côté, où en serions-nous si l'on eût laissé « la tactique intéressée de nos adversaires ou la maladroite exagération de quelques-uns de nos frères créer un antagonisme facile entre la liberté et la justice d'une part, et l'Eglise catholique de l'autre » ? Il fallait montrer que « l'on insulte l'Eglise quand on lui conseille de se réconcilier avec la civilisation, car la civilisation, dans tout ce qu'elle a de noble, de généreux, d'élevé, c'est nous qui l'avons faite ».

Ainsi parlait en Sorbonne, il y a plus de vingt ans, le P. Adolphe Perraud, professeur à la Faculté de théologie. J'aime à répéter ces paroles en terminant un récit où j'ai essayé de faire saisir un mémorable combat d'idées, de peindre les principaux héros et de montrer ce qui dans chacun des deux camps a été fait pour l'Eglise.

VII

Durant ces années troublées, l'idée catholique avait trouvé son poète et son philosophe.

Au début du siècle elle avait dicté à Chateaubriand les *Martyrs :* le grand écrivain qui commença tout le mouvement dont nous retraçons l'histoire n'est pourtant pas, dans le sens entier du mot, un poète. Plus tard, c'est l'idée catholique qui avait été l'inspiratrice des premiers chants lyriques de Lamartine : un poète pleinement poète, celui-là, et combien grand! le plus grand de ce siècle. Mais son catholicisme, très vague, s'était vite évanoui, et si le sentiment religieux subsista, que d'écarts, et, comme dit Ozanam, quelle « défection »! Et Ozanam se demande qui saura « ramasser la lyre tombée dans la poussière et achever l'hymne commencé ». Il ajoute tristement : « Nous sommes punis, catholiques, d'avoir mis plus de confiance dans le génie de nos grands hommes que dans la puissance de notre Dieu. »

Lyon, la cité d'Ozanam, a compté, parmi les professeurs de sa Faculté des lettres, un vrai poète. Né dans le Forez, pensée haute et pure, âme fière, éprise de l'idéal, chanteur harmonieux de la grande nature et de toute chose généreuse, Victor de Laprade ne prend pas toujours l'idée catholique pour objet direct de ses chants, mais elle est toujours son inspiratrice. Le *Correspondant* fit grand accueil à ses vers et aussi à sa prose. L'Académie française le donna pour successeur à Alfred de Musset. On paraît avoir remarqué surtout sa passion pour les montagnes et les grands bois auxquels il voulait que l'homme, au contact de la nature, se rafraîchît et se raffermît ; c'est l'homme que sa muse parfois sauvage entendait ravir aux basses influences, affranchir de toute tyrannie et mener à Dieu ; et c'est avec son cœur d'homme libre et fort, avec sa foi de chrétien aussi qu'il criait à ses contemporains :

> Ne soupirons plus mollement ;
> Arrière le faux sentiment.
> Place à la foi ferme et vivante !
> Il faut de plus mâles sauveurs
> Dans l'affreux orage où nous sommes.
> Nous avons eu trop de rêveurs :
>   Soyez des hommes.

C'est à Lyon encore qu'appartiennent deux hommes, poètes l'un et l'autre quoiqu'ils n'aient pas fait de vers, philosophes aussi avec de sublimes visées, Ballanche, Blanc Saint-Bonnet. Mais ni l'auteur de la *Palingénésie*, d'une foi hésitante, et trop rêveur, ni l'auteur de l'*Unité spirituelle*, solide catholique, mais trop enfermé dans ses spéculations solitaires, un *solipse*, comme eût dit Leibniz, n'avaient ce qu'il fallait pour doter le dix-neuvième siècle d'une philosophie où la pensée catholique se reconnût et se résumât.

Bautain semblait fait pour être ce grand philosophe. Très savant en toutes choses, incapable de se confiner, comme tant d'autres, dans quelque étroite province de la connaissance, Bautain avait en lui de quoi dominer une sorte d'encyclopédie contemporaine par une pensée originale issue de la pure doctrine catholique. Le système entrevu ne se forma point. Se défiant de la raison, qui l'avait trop séduit, il avait érigé en doctrine son expérience personnelle, et il s'était engagé dans un fidéisme que Rome avait condamné. Il exerça une grande influence sur les esprits à qui il fit part de ses intuitions profondes, il leur communiqua un besoin intense d'unité. Cette unité, il ne la fit pas, et sa vie même sembla se disperser. Dévoué aux âmes, il les servit de plusieurs manières, directeur d'un collège, directeur de consciences, professeur de théologie à la Sorbonne, prédicateur très suivi, auteur de livres fort goûtés, le philosophe qui continuait de vivre au fond de ces discours ou de ces pages, avait renoncé à la grande synthèse un instant rêvée.

Gratry a fait toute une philosophie. La *Connaissance de Dieu*, la *Connaissance de l'âme*, la *Logique*, la *Morale et la loi de l'histoire*, ces titres de ses principaux ouvrages disent assez qu'il a tout abordé, et une pensée unique anime toutes les parties de l'œuvre. C'est lui qui en France est, sans contredit, le grand philosophe catholique du dix-neuvième siècle.

Par la « science comparée », selon le mot qu'il affectionne, par la philosophie comparée, peut-on dire aussi, puisqu'il convie tous les « patriciens de la pensée » (c'est encore un mot de lui) à concourir à la solution des grandes questions, il se propose de fonder mieux qu'un système : il veut préparer un concert des intelligences, grâce à une doctrine ferme et large où tous les bons esprits puissent se donner rendez-vous. Mgr Maret voulait rattacher au Christianisme ceux qu'avec une ingénieuse justesse il nommait les « penseurs séparés ». Gratry use volontiers du même mot et a le même dessein. Rien « n'aboutit » que ramené à Dieu et au Christ. Il est épris d'harmonie : en tout et partout il cherche et veut produire l'harmonie. Dieu agit, cause première, agent principal,

Deus operatur in omni operante, comme dit saint Thomas d'Aquin, mais, comme dit encore le même saint Thomas, la créature agit réellement sous l'action du Créateur. Or, qu'est-ce en définitive que la création sinon « une pluralité d'êtres destinés à aimer »? La société des esprits est la seule chose qui compte vraiment et la raison de tout. Pour eux seuls le reste existe, moyen ou obstacle, c'est-à-dire encore moyen. Eux sont destinés à aimer Dieu, à s'aimer entre eux. Fin sublime que le mal, trop réel, entrave, mais le mal n'empêche pas les dons divins d'abonder, dons du Créateur, dons du Sauveur, et la liberté créée, sans cesse aidée, réparée, soutenue par l'action divine, peut surmonter le mal et parvenir à sa fin.

Ce n'est pas le lieu ici d'examiner les théories particulières par lesquelles Gratry se flattait de renouveler la philosophie. Avaient-elles tout le prix qu'il y attachait? Il y a de ses admirateurs même qui se demandent si, par son imagination féconde et un certain usage indiscret des mathématiques, il n'était pas dupe de belles illusions quand il décrivait le *procédé infinitésimal* et en célébrait la portée métaphysique. Je crois la théorie profonde, mais à certains égards outrée, à d'autres, peut-être encore incomplète. Mais qu'importe? Le secret de la rayonnante influence de Gratry n'est pas là.

Je définirais volontiers sa philosophie une réaction contre le Jansénisme, et pourquoi? précisément parce qu'elle est toute pénétrée d'harmonie : elle croit à l'harmonie et la fait. Elle tâche de concilier, d'unir tout ce qui passionne le siècle présent, la raison dont on y est si fier et qu'on y viole si outrageusement, la foi qu'on y souhaite ou appelle avec tant d'ardeur et qu'on y méconnaît si étrangement ; à ce siècle même avec ses tendances et ses idées, elle montre le port, le salut dans l'Eglise avec ses dogmes ; en métaphysique et partout comme en métaphysique, elle affirme et veu[t] maintenir, distincts et unis, le mouvement de la vi[e] créée, et la féconde immobilité ou le « repos vivant » comme a dit Lacordaire, de Dieu et des choses divines.

Gratry sait voir l'erreur, et il la montre et la condamne impitoyablement, mais dans l'erreur même i[l] cherche et dégage la vérité qu'elle recèle, et dan[s] l'esprit qui se trompe le plus foncièrement, il cherche et découvre encore un reste d'amour du vrai. Il sai[t] voir le mal sous toutes les formes, le mal des âmes, le mal social ; il a de l'injustice, de l'iniquité dans la société, une vue poignante, un sentiment aigu ; il la décrit et la condamne avec une vigueur implacable. Sa passion même pour l'harmonie le rend clairvoyant, et tout désaccord qui blesse son regard, lui inspire, e[n] même temps qu'une immense pitié, une colère généreuse ; mais jamais il ne désespère, parce qu'il n'oubli[e] jamais « les ressources divines et humaines » qu[i] restent dans le monde ; et ainsi, sans verser dans un optimisme béat, il poursuit son rêve, la fusion harmonieuse des idées, des hommes, des choses, il travaille de toutes ses forces, par le labeur intellectuel, par les œuvres sociales à préparer la cité qu'il a entrevue, « la cité dont tous les habitants s'aimaient », le règne de Dieu sur la terre en attendant le ciel.

Cette philosophie, présentée dans une langue sans apprêt qui tenait de l'âme même du penseur une sève surabondante, une allure libre, une couleur originale, étonna, charma. L'Académie française ne tarda pas à appeler dans son sein le P. Gratry. Il avait produi[t] tard son premier grand ouvrage : il fut vite reconnu comme un maître. D'ailleurs, que sa pensée se répandî[t] par ses livres ou par des discours d'une puissance unique, c'est surtout dans le secret qu'elle opéra. Ce fut une de ces semences dont il parle si bien. Jamais philosophe n'eut plus de disciples inconnus. Il ne leur transmettait pas une théorie, il leur transmettait la vie. A l'image du divin *Paraclet*, il consolait merveilleusement, c'est-à-dire, selon la force du mot grec, il *appelait* à agir, il stimulait, il *encourageait*. A l'Ecole normale, à l'Oratoire, il a exercé sur quelques jeunes hommes de choix cette action vivifiante. Dans Henri Perreyve, déjà aimé de Lacordaire, qui avait allumé son éloquence, Gratry n'a cessé d'entretenir une généreuse énergie, et de quoi n'eût pas été capable, s'il eût vécu, ce jeune prêtre, si pénétré de l'harmonie que prêchait son maître et si vigoureusement bon ?

Dans Charles Perraud, c'est comme un autre soi-même que Gratry a cultivé : même esprit largement ouvert sur les choses, même candeur avec bien de la clairvoyance aussi, même cœur hospitalier à toutes les souffrances et bouillonnant devant toute iniquité, même passion de la justice et de la paix, même accent d'âme, presque, car nul n'approcha autant que Charles Perraud de ce je ne sais quoi qui, chez Gratry, était souverain ; même don aussi de se survivre par le souvenir bienfaisant, par les écrits consolateurs, stimulateurs, d'être tout à tous par cette action posthume comme pendant la vie, et de porter ces amis d'un nouveau genre, grands ou petits, simples ou savants, hommes célèbres ou lecteurs obscurs, à s'aimer entre eux et à aimer Dieu.

Je me souviens qu'en 1858, aux funérailles du P. de Ravignan, Mgr Dupanloup, dans une allocution qui est un chef-d'œuvre, s'écriait : « Il est là !... Il est mort, e[t] il parle. *Defunctus adhuc loquitur.* » A la fin de ce réci[t] du mouvement intellectuel catholique au dix-neuvièm[e] siècle, ce mot des Saints Livres me charme. Je l[e] trouve vrai d'une vérité si saisissante ! Lacordaire, après les belles Conférences de Toulouse, retiré à Sorèze où l'éducation était devenue sa grande affaire a suivi, en 1861, Ravignan dans la tombe où Ozanam les avait précédés tous deux. Montalembert est mor[t] en 1870, à la veille de nos désastres. Au lendemain Cochin, si jeune encore, est mort à son tour : Thiers, après avoir songé à l'envoyer comme ambassadeur auprès du Pape, s'était dit qu'à la préfecture de Versailles, résidence du Gouvernement, un tel nom signifierait apaisement, concorde, zèle éclairé et arden[t] pour panser les plaies sociales, et Cochin avait accepté la tâche, avait fait du bien et très vite avait succombé épuisé. Au même moment, au commencement de cette année 1872, Gratry mourait. Dupanloup devait mouri[r] en 1878, après s'être montré, dans l'Assemblée nationale, puis au Sénat, à la hauteur de toutes les occasions et avoir contribué pour sa très grande part à la liberté de l'enseignement supérieur établie par la loi de 1875, complément de la loi de 1850.

Ils s'en vont les uns après les autres, tous ces grands hommes, mais de tous il convient de dire que morts, ils ont parlé, et parlent encore. Je les vois susciter des hommes qui leur ressemblent. Quand, au sortir de nos désastres, un noble jeune homme, brillant officier [1], a mis sa vaillante et belle parole au service des petits et de l'Eglise de Dieu, n'était-il pas comme l'héritier de Montalembert dont il devait renouveler

---

1. M. le comte Albert de Mun.

l'éloquence et imiter l'action catholique dans cette Chambre des députés où on l'a entendu, où on l'entendra longtemps encore, je l'espère, défendre la cause du peuple et du Christ ? Et Augustin Cochin, n'a-t-il pas laissé, lui, des héritiers de son nom qui sont aussi des héritiers de son talent et de son action, en même temps qu'un livre inachevé, les *Espérances chrétiennes*, que ses fils ont recueilli et qui le place parmi les apologistes de notre siècle ? Et, d'autre part, n'était-ce pas Ozanam qui avait éveillé en de jeunes universitaires l'ambition de servir l'Église par la critique, par les lettres, et suscité dans Anatole Feugère, enlevé à la fleur de l'âge, dans Heinrich, mort après avoir beaucoup fait, et trop tôt néanmoins, des continuateurs de son apostolat dans le haut enseignement ? Mais je songe aussi et surtout à cette autre action, obscure celle-là, qui s'exerce sur des hommes dont le nom ne sera jamais connu. *Defunctus adhuc loquitur*. De Montalembert, de Lacordaire, de Ravignan, d'Ozanam, de Dupanloup, de Gratry, il faut dire que morts ils parlent encore. Ils parlent de droiture, de courage, de générosité et d'honneur ; de savoir et de devoirs intellectuels ; de foi, de justice, de charité ; ils parlent, et ils exhortent et enseignent à parler pour Dieu, pour le Christ, pour l'Eglise. Et, puisque la mort efface, avec les sentiments et les pensées périssables, les divergences et les querelles, Louis Veuillot, d'accord avec ceux dont il se crut l'ennemi, n'a plus d'action et de parole que pour nous inspirer ce qui l'animait lui-même comme eux, l'amour passionné de l'Eglise.

Cette galerie des écrivains, orateurs et penseurs catholiques se fermerait sur ces noms, si une mort tragique et prématurée ne m'eût tout récemment donné le droit d'y placer l'abbé de Broglie. Sur les confins de la philosophie et de l'exégèse, l'ancien élève de l'École polytechnique, l'ancien officier de marine a fait preuve d'un esprit vraiment philosophique. Lui dont la charité infatigable et téméraire a causé la mort, il apparaît dans la plupart de ses ouvrages comme un intellectuel pur ou à peu près. Cela étonne, et l'on est surpris aussi qu'il semble disperser sur beaucoup de choses son attention et son activité. Qu'on y regarde bien, on verra qu'il pense avec l'âme tout entière, et qu'une unité secrète préside à ses travaux si divers. Deux idées principales reliées entre elles inspirent tout. Contre le Positivisme, il établit ce qu'on pourrait appeler la transcendance de la raison; en face des religions qui ne sont pas la religion, il établit ce qu'il nomme la *Transcendance du Christianisme*. Et c'est par une étude sincère, complète, impartiale, approfondie, qu'il entend justifier sa double thèse. Il a de ce temps l'esprit scientifique, avec le souci de la vérification expérimentale, avec le maniement des plus rigoureux ou des plus délicats procédés de la méthode, et sans effort il accorde cela avec la foi. Philosophe chrétien, savant, sévère, consciencieux, loyal, il avait encore beaucoup à dire, et des choses que lui seul pouvait dire. Ce qu'il a dit lui assure une place parmi les plus remarquables penseurs de ce siècle.

VIII

Je m'arrête. J'écris un chapitre d'histoire : je devrais m'interdire, je me suis interdit de parler des vivants. Sans doute je dois montrer aussi que cette histoire se continue; mais pour cela des allusions suffisent. C'est

ainsi que, plus d'une fois, rencontrant quelques-uns de
nos catholiques d'aujourd'hui les plus considérables,
je n'ai pas manqué l'occasion de leur rendre hommage. C'est ainsi que je tiens à saluer — en silence —
quelques hommes encore : parmi les vétérans de nos
luttes parlementaires, deux infatigables défenseurs
des intérêts catholiques, l'un exclu maintenant de nos
assemblées par l'injustice du suffrage populaire en
dépit des héroïques souvenirs encore empreints sur la
terre d'Alsace [1], l'autre continuant de représenter au
Sénat, sur un siège inamovible, son Béarn [2], tous les
deux orateurs puissants, le premier plus sobre, plus
calme, mais d'ailleurs pénétrant, vivant, et, dans
les grandes occasions, animé d'un grand souffle, le
second abondant, chaud, jeune malgré son âge, habile
d'ailleurs à manier le détail des affaires et les chiffres
mêmes avec une précision éloquente; — au Sénat
encore, et à l'Institut, d'autres vieillards, vigoureux de
corps et d'esprit, l'un, homme politique surtout, dont
la claire, grave et robuste parole a une si légitime
autorité [3], l'autre, ancien normalien, ancien professeur
de Sorbonne, que son *Saint Louis* et sa *Jeanne d'Arc*
mettent au rang de nos meilleurs historiens catholiques,
et sa *Croyance due à l'Evangile* au rang des meilleurs
apologistes [4]; — à la tête d'une de ces Universités
libres, fruit des laborieuses luttes signalées plus haut,
un rare, un éminent esprit, qui a je ne sais combien
de sortes de talents, mais par-dessus tout, ce me
semble, une admirable maîtrise dans l'exposé lucide,
complet, harmonieux des vérités philosophiques et

1. M. Keller.
2. M. Chesnelong.
3. M. Buffet.
4. M. Wallon.

religieuses, soit qu'il écrive, soit qu'il parle, et que cette parole soit une allocution à des étudiants ou une *Conférence de Notre-Dame*[1] ; — à la tête d'une autre école appartenant celle-là à l'Etat et sur le territoire romain, un prêtre encore, membre de l'Académie des inscriptions, érudit que sa compétence hardie met hors de pair[2] ; — dans le domaine des sciences mathématiques ou des sciences de la nature, des savants qui, comme Cauchy et Ampère, au début de ce siècle, comme récemment l'incomparable Pasteur, sont des hommes religieux, quelques-uns avec une ardeur militante qui n'ôte rien aux sévérités de la méthode ni à l'audace des conceptions ; — puis toute une vaillante jeunesse qui, les yeux sur Rome et Léon XIII, s'est levée ou se lève pour faire honneur, à son tour, à l'idée catholique et achever de lui conquérir dans notre France la place qui lui appartient ; — enfin, et comme une sorte de trait d'union entre les temps héroïques, déjà un peu lointains, de cette histoire et le siècle finissant, un homme qui, depuis 1850 environ, a connu tous les hommes dont je viens de dire le rôle, et qui comprend et bénit leur jeune postérité, cet évêque dont j'ai cité plus haut de belles paroles[3], ancien élève de l'Ecole normale, disciple chéri du P. Gratry : sobre, mesuré, judicieux jusqu'à en être comme impeccable ; ardent sous des apparences froides ; austère et bon ; orateur haut et pénétrant ; membre de l'Académie française, comme Lacordaire, comme Dupanloup, comme Gratry ; fait pour remplir les plus grands rôles, mais incapable de s'y ingérer jamais de lui-même ; déconcertant les ambitions de ses amis, mais faisant

1. Mgr d'Hulst.
2. M. l'abbé Duchesne.
3. Le cardinal Perraud.

en toute occasion ce que Dieu demande, simplement, fermement, droitement, excellemment; grand exemple dans ce temps de fièvre, grande force et grande ressource pour la cause catholique : en lui vivent toutes nos nobles et généreuses passions, et nous savons qu'au Vatican il est estimé, aimé... Je ne cède pas à un vain désir de louer. J'avais un double devoir, celui d'être discret, et celui de montrer que l'histoire résumée dans ce chapitre n'est pas un épisode isolé et sans lendemain. Je n'ai nommé personne : j'ai dit assez pour que la suite des temps et des œuvres se laisse voir et que le spectacle des glorieuses choses d'autrefois racontées ici n'ait pour nous rien de décourageant.

Rassemblons maintenant les caractères du mouvement intellectuel catholique du dix-neuvième siècle.
L'idée catholique est entrée dans tous les domaines, elle y a paru avec honneur. Partout elle est chez elle, non pour absorber tout, mais pour régler ou parfaire tout.
Au dix-huitième siècle elle était humiliée, bien qu'elle demeurât établie dans les institutions. Au dix-septième, après une floraison de Saints et malgré le génie de Bossuet, elle semblait vers la fin comme se reposer dans la gloire : sans action presque, d'ailleurs, dans le domaine social et politique où elle était correctement ou splendidement assise, mais n'inspirait plus rien de vivant. Notre dix-neuvième siècle, la trouvant proscrite de partout, la ramène partout, dans les convictions, dans les sentiments, et il aspire à l'avoir pure, entière, et il entend qu'elle ait une action sociale, une portée publique.
Pour cela, il passe par-dessus le dix-huitième siècle,

par-dessus le dix-septième même : la voulant intégrale et voulant pour elle l'ascendant social, il remonte aux siècles où cet ascendant a le mieux paru. Il se détache du passé proche qui a fait son temps, et retourne à un passé plus lointain où la sève catholique est plus abondante, plus active, plus visible. Ce qui le frappe, c'est l'ambition que l'Église a eue toujours, qu'elle ne pouvait pas ne pas avoir, d'être présente en tout. Il se convainc qu'elle doit « tout dominer » sans « rien étouffer », comme dit si bien Montalembert dans l'Introduction à ses *Moines d'Occident;* il n'admet pas pour elle « qu'elle soit reléguée dans un coin de la société, murée dans l'enceinte de ses temples ou de la conscience individuelle ». Et, parce qu'il y a des temps où elle était « conviée à tout animer, à tout éclairer, à tout pénétrer de l'esprit de vie », parce qu'il y en a eu d'autres où, n'y étant pas conviée, elle a travaillé néanmoins et réussi à entrer partout et finalement se faire admettre, c'est de ces temps que nos penseurs catholiques s'éprennent : sans rien répudier de l'héritage séculaire, ils ont en haine les époques d'établissement tranquille et soi-disant définitif où la doctrine s'amoindrit et l'action s'affaiblit. Le moyen âge où la doctrine catholique est maîtresse, mais au prix de quelles luttes ! les premiers temps où elle conquiert le monde romain, puis le monde barbare, voilà ce qui est l'objet de leur prédilection.

Et c'est une chose remarquable que cette double aspiration à la vérité intégrale et à la vérité dominante soit le caractère d'un siècle qui, à son début, trouve cette vérité hors des esprits et hors la loi. Comme il faut que l'idée catholique reprenne de haute lutte possession de tout, la voilà, de par les conditions qui lui sont faites, mêlée à tout, active, militante, conquérante.

De cet ordre social nouveau qui lui est hostile rien ne saurait lui être indifférent, et, chassée de partout, elle prend, par cela même, intérêt à tout pour redevenir partout maîtresse.

De là sur le monde présent ce jugement qu'il le faut prendre tel qu'il est pour le Christianisme ; que l'état présent est, dans la série des mouvements par où s'effectue la marche providentielle, un état qui a ses inconvénients et ses avantages, comme tout autre, qu'il ne s'agit donc ni de le maudire comme s'il était tout mauvais, ni de le considérer comme un dernier terme ou comme tout bon ou seul bon à l'exclusion du reste, mais de s'en accommoder comme d'un autre pour l'accommoder à l'idée catholique. De là encore, par conséquent, la vue nette, qu'il faut accepter bravement les conditions nouvelles faites à l'action catholique, et y voir un moyen d'épurer les conceptions, d'affermir les convictions, d'aviver les énergies. De là enfin cette autre vue, non moins nette, que dans la lutte entreprise contre le mal et pour conquérir à Dieu et au Christ le monde moderne, il faut employer ce que le siècle aime passionnément, l'étude, la science, l'histoire du passé, l'appel à la justice et au droit, la liberté ; il faut user des moyens dont ce siècle dispose, des inventions modernes, et, en particulier, de la presse. « Rien n'est plus approprié à notre temps, rien n'est plus efficace. » C'est un mot du Pape.

La hardiesse est dès lors un des caractères de tout ce mouvement catholique. La pensée et l'action ont des allures qui déconcertent de vieilles habitudes. On est hardi devant la raison et devant la science, non seulement pour poser la doctrine catholique elle-même dans sa parfaite intégrité et dans sa majestueuse intransigence, mais pour accepter dans toutes ces idées dites modernes qui nous investissent, l'acceptable, pour aller, par delà tout établissement intellectuel, si je puis dire, jusqu'à l'intelligence humaine, jusqu'à l'âme humaine, et pour montrer par une sorte d'expérience vive que la doctrine catholique est en définitive d'accord avec cette intelligence, avec cette âme que souvent elle contrarie, ou qu'elle dépasse. On est hardi encore pour envisager le mal social, pour en signaler les causes, pour en indiquer les remèdes, et l'on sait descendre jusque dans la rue pour se rapprocher du peuple et lui faire du bien. Hardiesses assurément que tout cela. Seulement nous savons trop l'histoire aujourd'hui pour ne pas savoir ou que c'est pourtant ce qui s'est toujours fait, ou que toujours dans les grandes crises l'Eglise a trouvé dans de fécondes nouveautés, conformes à son immortel esprit, des ressources puissantes. L'attitude de l'esprit à l'égard de la science est définie d'après des règles qui sont dans saint Thomas et avant lui dans saint Augustin, et pour ce qui est de la justice sociale, saint François d'Assise, par exemple, et le Tiers Ordre franciscain, dont Léon XIII renouvelle le primitif dessein, ont eu une influence, une portée que commencent à reconnaître les historiens les moins favorables à l'Eglise.

Ainsi, de toutes les manières et partout, l'idée catholique se dégage de l'étroit, du mesquin, du convenu, de l'artificiel, du temporaire, du partiel, du pur abstrait aussi, pour retrouver les vrais principes de consistance et de mouvement, et pour rejoindre la vie sous tous les aspects et dans tous les domaines. Ainsi tombent partout les derniers vestiges de tout préjugé huguenot, ou janséniste, ou gallican. Ainsi enfin l'idée catholique rayonne, et l'expression intellectuelle qu'en donnent les penseurs est d'accord avec la vie catholique totale et aussi, dernière harmonie, avec la tendance générale du siècle.

Je n'en veux que deux exemples. L'histoire est une des passions du dix-neuvième siècle, et nous venons de voir combien les catholiques ont eux-mêmes cultivé l'histoire. Or, pendant que, dans l'ordre intellectuel, l'histoire précisément, et la critique, et l'archéologie nous procurent des anciens monuments une intelligence plus exacte et plus profonde, des premiers temps de l'Eglise une connaissance plus saisissante et plus présente, de l'Evangile et de la personne même du Christ une notion qui nous en met sous les yeux et dans les mains la réalité historique toute vive; quand, grâce à cette façon nouvelle d'interroger le passé, l'historien attentif et consciencieux voit le Christ marcher, agir, entend le Christ parler, sent le cœur du Christ battre : le chrétien, grâce à une dévotion nouvelle en sa forme encore qu'ancienne ou plutôt perpétuelle en son fond, considère le Cœur de Jésus d'une façon plus particulière, plus vive, plus sensible. D'un autre côté, la dévotion envers la Vierge Immaculée et le culte des Saints, trop assagis au dix-huitième siècle, reprennent plus de naïveté avec une intensité nouvelle, en ce temps où la philosophie catholique réintègre dans le monde les causes secondes et déclare avec saint Thomas que, si les êtres créés sont et font quelque chose, ce n'est pas impuissance en Dieu, mais c'est surabondance de bonté que d'avoir communiqué même à des créatures l'honneur d'être des causes, *ut creaturis etiam dignitatem causalitatis communicet;* en un temps où, malgré les théories déterministes en faveur pour d'autres raisons, c'est une idée dominante que très grande est dans le monde la part d'activité de l'homme et de chaque homme; en un temps enfin où l'archéologie vient apporter à la pratique de l'Eglise le témoignage des premiers temps et donner raison, au nom de l'histoire, au culte des Saints.

Ainsi tout se tient, et le mouvement intellectuel catholique n'est isolé ni de la vie catholique totale ni de la vie générale du siècle.

Et ce qui a été dès le début le souci de nos écrivains catholiques et leur espoir, se retrouve tout le long du siècle, et encore à la fin : le souci d'accorder les idées dites modernes avec l'éternelle idée catholique, et l'espoir d'un avenir nouveau et meilleur.

Ni les illusions d'où nous sommes revenus, ni les erreurs que nous savons discerner maintenant et que l'Eglise a condamnées dès le premier jour et ensuite à plusieurs reprises, ni les contrefaçons de nos adversaires, ni les abus de toutes sortes qui ont pu être faits de généreuses aspirations, ni aucune expérience, ni aucune déception ne nous découragent de chercher par où l'Eglise et ce siècle se peuvent comprendre, aimer et rejoindre.

Du passé mieux connu nous apprenons à espérer ce succès, et l'avenir nous paraît recéler des nouveautés que ce nous est un honneur et une joie de préparer par notre labeur.

Quelles nouveautés ? Nul n'oserait en décrire la forme certaine ; mais tous saluent, comme dans une vision réconfortante, l'Eglise plus que jamais, mieux que jamais, maîtresse des esprits et des âmes ; le règne social du Christ en partie réalisé, et je ne sais quelle notion sociale et politique plus profonde du prix de la vérité et des âmes, du respect dû à la conscience à cause de la vérité même, de la délicatesse infinie dont il faut user avec les esprits, coïncidant avec la restauration de l'idée catholique dans la société même ; dès lors la liberté juste, réglée, sainement entendue et loyalement pratiquée ; et enfin l'unité chrétienne, l'unité catholique, se refaisant ou se préparant, de plus en plus, de mieux en mieux, dans toutes les régions intellectuelles, dans toutes les contrées de l'univers.

Et nous avons, pour nous garder de l'erreur, un *définiteur* infaillible, nous avons, pour nous conduire à travers les écueils, un sage pilote.

Ç'a été encore un des caractères du mouvement intellectuel catholique de ce siècle en France, de se rapprocher sans cesse de la Papauté. Le siècle, au moment de finir, nous trouve groupés autour du Souverain Pontife. En dépit de certaines défiances renaissantes mais qui ne dureront pas, je l'espère, combien nous sommes loin de ces temps où l'on voulait être catholique tout juste, aussi peu romain que possible ! En revenant au Catholicisme intégral et aussi pour y revenir, nous nous sommes, en France, rattachés plus étroitement que jamais au Pape. La France a admiré et aimé Pie IX, elle admire et aime Léon XIII. C'est sous les auspices du Pape, et quel Pape ! que notre dix-neuvième siècle finissant, à la veille de ce vingtième siècle, objet de tant d'inquiétudes et de tant d'espérance, prépare à l'idée catholique, ramenée dans tous les domaines d'où le dix-huitième siècle l'avait éconduite, de nouveaux progrès et de nouvelles conquêtes.

C'était une « prophétie chérie » de Joseph de Maistre, que de « cette immense et terrible Révolution commencée *contre* le Catholicisme et pour la démocratie, le résultat serait *pour* le Catholicisme et contre la démocratie ». Certes, après cent ans bientôt (Joseph de Maistre disait cela dès 1805), nous ne voyons pas que le résultat soit *contre* la démocratie, mais nous voyons que, malgré bien des fureurs déchaînées, il est de plus en plus *pour* le Catholicisme ; et lui même va au-devant de cette démocratie grandissante, et celle-ci, à son tour, ayant besoin de se contenir et de se régler, ne peut réussir que si elle reçoit les encouragements, accepte le frein, aide au triomphe du Christ et de l'Eglise.

PREMIÈRE PARTIE

LA TÂCHE INTELLECTUELLE

I

A L'ÉCOLE DE SAINT THOMAS : LA LIBERTÉ INTELLECTUELLE

Les pages qui suivent sont un discours prononcé à la séance de clôture de la Société de Saint-Thomas-d'Aquin le mercredi 20 juin 1888. M. Ollé-Laprune s'appuie sur la doctrine et sur l'exemple de saint Thomas pour faire l'éloge et tracer les lois de la vraie « discussion » philosophique : il faut rapprocher de ce discours la conclusion de son volume sur *Jouffroy*, dans laquelle il distingue entre *examen* et *doute* et définit, par là même, le bon et le mauvais aloi de la « liberté intellectuelle ». Comparer aussi certaines pages de *La Philosophie de Malebranche*, que nous citons dans l'introduction.

« L'art de conférer » : ce vieux mot me revenait à l'esprit, Messieurs, en lisant les comptes rendus mensuels de vos séances. Avec le mot me revenait l'éloge que Montaigne a fait de la chose, et je me disais qu'il s'applique textuellement à vos travaux. Vous tenez en grand honneur ce *fructueux et naturel exercice de l'esprit;* vous aimez les *discussions vigoureuses et réglées;* vous n'y craignez pas le *heurt,* vous n'y avez pas des *allures contraintes;* vous êtes nets, fermes, vifs, sans entêtement ni contention; et dans cette *société et familiarité forte et virile, la cause de la vérité est la cause commune à tous.*

L'art de conférer, l'art de discuter est plus que jamais nécessaire en ce temps, et la discussion, pratiquée comme il faut, aurait pour effet, non pas de diviser, mais de rapprocher. J'en ai la conviction, Messieurs, et dans mes entretiens philosophiques avec mes chers élèves de l'Ecole normale, je l'exprime souvent. Plus j'y songe, moins je vois dans la discussion un principe de division. A prendre les choses dans leur essence, discuterait-on sans le désir de se mettre d'accord? On discute parce que l'on veut arriver à penser de même sur le même objet. Le malheur, c'est que chacun prétend réduire l'autre à sa propre opinion : il faudrait n'avoir en vue que de se soumettre l'un et l'autre à la vérité rendue plus claire par la discussion même. Est-ce une chimère que de tendre à cette perfection? Non, Messieurs, et vous le prouvez bien pour votre part. Mais voyez, je vous prie, comme la nécessité de discuter tient à la nature même de l'esprit. La pensée humaine est effort, travail, labeur. C'est dire qu'elle est en mouvement. Il y a une activité tranquille que l'on peut appeler repos, « repos vivant », comme dit quelque part Lacordaire, repos bienheureux et divin. Telle n'est pas notre condition actuelle : agir, pour nous, c'est nous mouvoir. Je ne dis pas nous agiter. Le mouvement réglé, c'est là ce qui nous convient. Otez le mouvement, c'est la stupeur, c'est la mort. Otez la règle, c'est l'agitation stérile, et finalement la mort encore. Qu'il importe donc d'apprendre à se mouvoir ! Et, si je ne me trompe, cet art, c'est l'art même de discuter.

Seul avec soi-même, on a le besoin, on a le devoir parfois de ne pas laisser ses idées tranquilles, et il faut ne les remuer que d'une main habile et délicate. Imaginez que par prudence l'on prenne la résolution de ne jamais toucher à ses idées : quelle précaution mal avisée ! Telle idée va se corrompre, et parce que jamais la vive action de l'esprit ne la renouvelle, la voilà qui se détériore : elle s'atténue et s'amincit, elle se réduit à une ombre, ce n'est plus qu'un fantôme; ou bien elle se désagrège, et tout ce qui en reste à la fin, c'est je ne sais quelle poussière informe. Telle autre devient méconnaissable parce que ses vêtements démodés et usés font corps avec elle. Telle autre est couverte d'une sorte de croûte épaisse formée par les préjugés. Où est le remède ? Dans une discussion intérieure qui remue, qui secoue les idées. Remuer, secouer, c'est le sens propre du mot discuter. Voilà ce qu'il faut faire, et bien faire, ce qui n'est pas facile.

Dans notre commerce avec les autres esprits, la discussion a la même vertu salutaire, avec les mêmes difficultés. Nous défierons-nous de toute pensée qui ne sera pas la nôtre ? Il y a là bien de l'orgueil; et cette excessive défiance à l'égard d'autrui cache, je le crains, une présomptueuse et injuste confiance en nous-mêmes. Aurons-nous peur de tout mouvement venant de la pensée d'autrui ? Mais qui nous dit que, les idées étant remuées par d'autres, nous ne verrons pas apparaître certains côtés de choses qui nous échappaient ? La discussion, bien entendue, bien pratiquée, met les esprits aux prises les uns avec les autres, non pas pour les briser les uns par les autres, mais pour les ajouter les uns aux autres : elle écarte ce qui les sépare, elle retient ce qui les rapproche, et elle tend à les unir dans la vérité, leur commun objet.

Mais n'y a-t-il pas une fureur de discuter qui ébranle tout? Sans doute, la critique, en ce siècle surtout, a porté sur toutes les idées des mains hardies, elle les a livrées toutes en proie à la dispute, et nous voyons dans les esprits une universelle confusion. Faut-il pour cela prendre en horreur la discussion, et s'en abstenir? Tout au contraire. J'ai cette confiance que, si tant d'audace a été permise à la critique déchaînée, c'est qu'en définitive la vérité y gagnera ; et elle y gagnera, si nous le voulons, et si nous savons avoir de l'audace, nous aussi, l'audace de porter nos regards et nos mains sur les idoles du jour, pour les renverser, sur les idées qui nous sont chères, pour les raffermir. Tout est discuté, et par tous. Discutons tout, mais ne discutons pas tous, car il faut une préparation, une discipline, une méthode, et qui n'a pas fait son apprentissage, qui n'est pas bien exercé, bien armé, n'a qu'à se taire. Mais une fois instruits et formés dans cet art, demeurerons-nous tranquilles encore, les bras croisés, les yeux fermés, blottis dans notre coin, ne protégeant nos chers trésors que de notre morne immobilité? Non pas. Et puisque la critique a touché à toutes les idées, à toutes aussi nous toucherons, mais avec respect, avec délicatesse. Nous savons bien que discuter, ce n'est pas proprement mettre en doute. C'est remuer, secouer même, disions-nous tout à l'heure. Oh! qu'il y a une manière à la fois forte et douce de vous aborder, nobles idées que votre objet rend vénérables et sacrées! Ce n'est pas vous, à vrai dire, que nous remuons : c'est la forme vieillie qui vous enveloppe, c'est la torpeur de l'esprit qui vous garde sans vous regarder, c'est le préjugé qui vous défigure; le malentendu qui vous altère; et la discussion aura pour effet de vous rendre à vous-mêmes dans votre pureté, dans votre intégrité, et de vous rendre aux esprits qui croyaient vous avoir perdues !

Messieurs, quand l'abus d'une chose devient général et dominant, ce n'est pas le moment d'en proscrire l'usage. Les esprits sont en mouvement : cela va jusqu'à l'agitation fiévreuse, furieuse. Comme au fond c'est une chose naturelle et légitime que le mouvement, il y a lieu non d'essayer vainement de le détruire, mais de le modérer en le réglant. Avec un siècle qui marche beaucoup, marchons beaucoup; mais s'il marche de travers, tâchons de marcher droit.

C'est ce qu'avait admirablement compris saint Thomas d'Aquin. Aristote troublait les esprits. Aristote, avec les commentaires arabes qui se répandaient dans la chrétienté, c'était, semblait-il, la science même et la philosophie même; et un mouvement nouveau, vif, ardent était imprimé aux esprits : mouvement dangereux, s'il n'était qu'agitation; mouvement salutaire et fécond, s'il se modérait et se réglait. Or, pour le modérer et le régler, il fallait qu'un esprit à la fois sage et hardi instituât une grande et universelle discussion. C'est ce qu'a entrepris saint Thomas, et ce à quoi il a réussi. Voyez cette série de *questions :* c'est le mot même qu'il emploie. La question posée, toute difficulté est examinée; et la réponse n'est pas une décision donnée d'autorité, c'est la conclusion d'une argumentation régulière : la question reçoit une solution fondée sur des raisons, justifiée par des preuves. Ainsi, grâce à une discussion, qui n'est pas une polémique, mais un examen et une exposition méthodique et raisonnée, se forme cette vaste synthèse qui s'appelle *Somme;* et les principes d'Aristote, bien interprétés, servent à édifier toute une philosophie où les vérités que ces mêmes principes mal entendus semblaient menacer trouvent un solide et durable appui.

D'où vient, Messieurs, à la discussion réglée cette heureuse vertu ? Vous connaissez une formule de saint Thomas lui-même, qui traduit d'une manière un peu étrange peut-être mais singulièrement expressive un principe d'Aristote : Tout mouvement est *fondé* sur l'immobile : *Omnis motus fundatur in immobili*. Otez à l'homme sa charpente osseuse : il n'aura plus ni souplesse ni agilité ; placez sous ses pas un sol mou qui cède, qui se dérobe : il ne pourra plus courir, s'élancer, bondir. Ainsi la mouvante souplesse et agilité de la discussion suppose, pour la fonder, si j'ose ainsi parler, une intelligence solide, qu'aucun vice de constitution n'ait relâchée et détendue, et, pour soutenir l'intelligence elle-même, des principes immuables. La raison les possède, ces principes ; et quand elle est fidèle à sa vraie nature et à sa vraie loi, elle les reconnaît sans peine. La discussion qui commence par supprimer ces points simples et fixes, tournoie, chancelle et s'abîme ; celle dont le premier effort est en tout et toujours de les chercher, les trouve, et les ayant trouvés, elle se meut d'un mouvement régulier, sûr et efficace.

Voilà qui est fait pour recommander à notre temps la philosophie de saint Thomas : cette libre et vigoureuse discussion, poursuivie avec tant de précision, tant de patience, tant de sérénité, tant de rigueur ; et cet invincible attachement à l'immobile, aux principes simples et fermes, qu'il pose d'une main si assurée, qu'il maintient sans réfléchir jamais. Le passé ne recommence point. Ce qui est mort, est mort. Mais, quand le passé est grand, beau, fort, il contient des germes d'immortalité; et les temps nouveaux vont chercher ces germes féconds, et la vie qui y est latente se réveille au contact de l'intelligence vivante, et de superbes choses se font, inspirées par le passé, parce que le présent lui redemande, non pas une forme morte, mais l'esprit qui l'animait. L'humanité ne rompt avec son passé que par une réaction temporaire et sous l'influence de quelque passion violente : son instinct est plutôt de s'y rattacher, mais ce n'est pas pour donner une édition nouvelle de ce qui n'est plus, c'est pour accomplir, avec le secours de ce qui fut force vive et qui le peut redevenir, l'œuvre appropriée aux besoins présents. De là ce double désir de retourner à l'école des maîtres d'autrefois et de faire autre chose qu'eux. Saint Thomas, en son temps, résume le passé : en lui revivent Platon, Aristote, saint Augustin, l'antiquité païenne, l'antiquité chrétienne. Toute la tradition est là, et néanmoins, ou plutôt par cela même, son œuvre est franchement, résolument nouvelle. Elle répond à une situation nouvelle, à des besoins nouveaux. De lui ses disciples du dix-neuvième siècle apprendront, en faisant comme lui, à faire pourtant autre chose que lui. Ils ne le reproduiront pas purement et simplement. Ils ne conserveront pas tout entières des théories que lui-même aujourd'hui abandonnerait ou modifierait; et là même où il est excellent, ils ne se contenteront pas de le répéter. Ils lui prendront surtout son esprit; et l'esprit est activité et vie.

Il est vrai que plus ils considèrent leur maître, plus ils le trouvent solide. Et ils ont raison. Sa doctrine philosophique est de celles que le temps n'entame guère. Fortement liée, elle forme, en ce sens, un système puissant et régulier; c'est comme un corps robuste et sain. Mais si l'on entend par système je ne sais quoi de particulier que le génie du philosophe tâche d'universaliser en y voulant trouver la base ou, si l'on aime mieux, la clé de l'explication totale, il n'y a ici rien de semblable. C'est une philosophie *commune* que celle-ci, en ce sens qu'elle rejette d'ordinaire les singularités, et qu'elle est, si je puis dire, *humaine* avant tout. De là il suit qu'elle laisse beaucoup à faire après elle, mais qu'en ses principales parties elle a quelque chose de définitif; et cette fixité même n'entrave pas les esprits : elle les rend au contraire capables de mouvements nouveaux, de recherches originales, de découvertes sans précédents, parce que la juste et ferme expression d'idées solides est une barrière contre l'erreur, non une borne pour l'esprit. Une philosophie de ce genre a beaucoup d'analogie avec la science proprement dite, où le définitif est la condition du progrès, bien loin d'y apporter un obstacle. Et elle a encore cette rare fortune que, née en un temps où les connaissances positives étaient peu nombreuses et entachées de beaucoup d'erreurs, elle se trouve néanmoins comme naturellement d'accord avec les exigences légitimes et les résultats certains des sciences dont elle n'a pu prévoir les progrès ; elle s'accommode d'elle-même avec le véritable esprit scientifique, avec les découvertes les plus récentes : nouveau témoignage de la solidité de ce qui est simple et sain, et nouvelle preuve aussi de l'élasticité qu'une telle philosophie laisse ou plutôt communique à ceux qui l'étudient et s'en pénètrent. Large, compréhensive en même temps que ferme, amie naturelle de la réflexion profonde et de la recherche expérimentale, elle n'exerce pas sur les esprits qui savent la comprendre une dictature, elle a une influence modératrice et féconde. Mais pourquoi tant le redire ? Vous le savez mieux que personne : vous le savez et le prouvez par votre pratique constante. Et, si je dépasse les limites de votre salle des séances, ce qui m'est permis, n'est-ce pas? c'est en des écrits signés de vos noms que je retrouve ces traces bienfaisantes. L'un [1], traitant un jour des caractères et du rôle de la philosophie, a mis dans cette étude une lumineuse fermeté, et il a joint à une parfaite entente des besoins contemporains la belle sérénité que donne la contemplation des vérités éternelles. Un autre [2], unissant à la compétence du savant l'originalité du penseur, et armé de toutes les ressources d'une dialectique serrée, puissante, sûre, avait scruté et défendu les principes essentiels de la connaissance humaine dans une œuvre qui est un monument magistral. Celui-ci, un laïque [3], esprit grave et pénétrant, avait tracé dans une vigoureuse esquisse les grandes lignes d'une *Métaphysique positive*; celui-là, un laïque encore [4], résume ou développe les thèses de saint Thomas, et surtout la théorie de la vie, avec une rare précision, une chaleur communicative, et la pleine conviction de l'accord entre la vieille philosophie et la science moderne. Un autre [5] reprend « la tradition vivante des hautes spéculations de la raison humaine » et en étudie les monuments dans les plus *illustres philosophes*. Je m'arrête, Messieurs, sans prétendre nommer tout ce qui le mériterait. Quelle diversité de tendances et de dons et d'œuvres, et néanmoins quelle harmonie ! Vraiment, vous expérimentez vous-mêmes, et vous attestez par vos exemples, chacun à sa

1. Mgr d'Hulst.
2. M. l'abbé de Broglie.
3. M. Domet de Vorges.
4. M. Gardair.
5. M. l'abbé Merklen.

façon, chacun dans sa sphère, la justesse, la profondeur, la hauteur de vues du grand Pape Léon XIII recommandant à notre siècle la philosophie de saint Thomas d'Aquin.

Permettez-moi, Messieurs, un souvenir personel en finissant. Jeune encore, j'ai consacré à la philosophie de Malebranche une amoureuse étude. Mais savez-vous quelle épigraphe j'avais choisie pour le Mémoire qui la contenait? Deux phrases de saint Thomas d'Aquin. Et pourquoi? Parce que j'y trouvais la nette et forte expression de la vérité que la philosophie de Malebranche, admirable à tant d'égards, me semblait avoir le plus compromise. Laissez-moi vous redire ces paroles; elle sont bien belles [1] : « *Sic intelligendum est Deum operari in rebus, quod tamen ipsæ res propriam habeant operationem.* Que Dieu opère dans les réalités créées, il le faut entendre de telle façon que ces réalités elles-mêmes aient une opération à elles propre... *Non propter defectum virtutis suæ, sed propter abundantiam bonitatis suæ, ut dignitatem causalitatis creaturis etiam communicet.* Et ce n'est pas défaillance de la puissance divine; c'est abondance, surabondance de la divine bonté : Dieu a voulu communiquer même à des créatures l'honneur, la dignité d'être des causes. » Ainsi, dirai-je en considérant le rôle de la philosophie dans le monde depuis le Christianisme, la solidité des principes, que le Christianisme lui-même a raffermis dans les esprits, n'empêche pas le mouvement; et le mouvement, à son tour, ne fait aucun tort aux principes. Loin de là ! Le souple et libre et fécond mouvement de la pensée, quand l'immuable vérité, fixée dans les principes de la raison et dans les dogmes de la foi, le

---

1. *Sum. theol.*, I, civ, 5; xxvii, 3.

soutient, le modère, le règle, c'est l'honneur de l'humanité ; j'allais dire : c'est l'honneur de Dieu, et je dois le dire, puisque par là l'homme imite à sa manière la causalité créatrice, et que le chef-d'œuvre de Dieu, c'est de faire des êtres qui n'aient pas seulement un semblant de vie, mais qui vivent, des êtres élevés eux-mêmes par la cause première au rang et à la dignité de causes : *ut dignitatem causalitatis creaturis etiam communicet.*

P.-S. Nous jugeons intéressant de reproduire, à la suite de ce discours, la plus grande partie des notes à l'aide desquelles M. Ollé-Laprune, le 25 novembre 1897, développa devant la Conférence Saint-Thomas le sujet suivant : « Pourquoi et comment discuter en philosophie ? »

Certains disent que discuter est inutile.
On n'est pas plus avancé à la fin qu'au début. Chacun a son parti pris : la discussion ne change rien.
Et d'autres disent : Discuter est dangereux.
La discussion ébranle la vérité à force de la remuer, elle ébranle l'esprit à force de l'agiter. On se déprend de la vérité qu'on regarde si curieusement; ou l'on s'aperçoit qu'elle s'est détachée de l'esprit trop désireux d'y toucher, et la voilà en ruines.
Non, Messieurs, discuter n'est ni inutile, ni dangereux.
Si c'est inutile, c'est donc que l'esprit est impuissant. Je pensais que l'attention débrouille. Il paraît que non. On ne connaît donc pas, même en étudiant, et les raisons d'affirmer ne font rien à l'affirmation ?
Et si c'est dangereux, c'est dire que la vérité est bien faible.
Dire cela, c'est faire injure à l'esprit; c'est faire injure à la vérité.
Si, en fait, beaucoup de discussions sont inutiles et dange-

reuses, c'est qu'elles sont entreprises à la légère et mal conduites.

Pourquoi discuter?
Ah! Si nous avions la claire vue de la vérité pleine, nous n'aurions pas à discuter.
Mais notre esprit est imparfait, borné.
Alors il faut discuter, c'est-à-dire secouer l'objet de la connaissance :
1° Pour ôter la poussière, pour faire tomber cette croûte que sans cesse le préjugé, la prévention, la passion, les mille accidents de la vie, les intérêts étrangers contribuent à y attacher, et qui finit par faire corps avec elle et la déformer.
2° Pour empêcher la stagnation. L'esprit se repose dans la formule. C'est un danger.
Il nous faut oublier, perdre nos propres vues, nos propres discours. J'avais si bien vu! J'avais si bien dit! Non. Il faut recommencer.
Qui aime sa vie la perd, qui perd sa vie la gagne.
Vous vous complaisez dans la formule trouvée: vous y périrez. La formule! oh! il y en a de nécessaires et de sacrées : la formule scientifique, le dogme.
Là, ce qui est acquis, ce qui est conquis, est fixé.
Ici, la barrière est posée, le garde-fou : à droite, à gauche, c'est l'erreur. Mais la définition qui est délimitation de frontières ne prétend pas épuiser l'objet : une carrière indéfinie s'ouvre devant vous. Théologiens et mystiques, vous aurez sans cesse matière à vos investigations, à vos contemplations.
3° Pour voir les divers aspects des choses.
Notre vue est bornée, partielle, fragmentaire, successive.
Les esprits sont divers.
Ceci m'échappe : vous le saisissez.
Grâce à la discussion, chacun se complète par autrui.
4° Pour éprouver la valeur des raisons.
Tranquille, on n'est pas difficile, on n'est pas exigeant, on se contente vite et à peu de frais.

Remuant la question, on voit les difficultés, les lacunes, les trous dans la maille, dans le réseau, les points faibles, les obscurités, les desiderata.

Et cela surtout si l'on n'est plus seul avec soi.

Enseigner, dit-on, c'est apprendre deux fois. Mais discuter? c'est prouver deux fois. Je veux dire : il faut que la preuve soit forte ; les raisons d'affirmer sont ainsi éprouvées : et c'est tant mieux.

Ainsi la discussion remue, secoue, inquiète même, et cela est bon. Vous venez de voir pourquoi.

Mais comment discuter?
D'abord il faut certaines qualités morales :
Le sérieux ;
La sincérité ;
La droiture et la loyauté ;
Le désintéressement.

1° Discuter avec sérieux :
Non pour s'amuser, pour mettre aux prises ; ni jeu ni spectacle, ni parade ni escrime.

2° Avec sincérité :
Donc avec la résolution de dire ce qu'on voit sans rien dissimuler. Avouer qu'on ne voit plus.

3° Avec loyauté :
D'où, ne jamais employer des arguments spécieux, propres à faire illusion à soi, ni aux autres, — de petits sophismes, — de petits artifices en vue d'embarrasser.

4° Avec désintéressement :
Mais qu'est-ce que cela ?
Sinon un absolu désintéressement.
Dire à l'autre : vous avez raison.
Désintéressé de soi, non de la vérité.

J'arrive à une disposition à la fois morale et intellectuelle : c'est la confiance en la vérité, qui paraîtra si l'on en prend la peine ; ferme et humble confiance. Ah ! la vraie notion de l'humilité ! Comme saint Thomas la donne : Non deficere proportione suæ potentiæ. *Mais voir les choses comme elles* sont, voir qu'on ne peut rien, qu'on n'a rien, qu'on n'est rien de soi seul.

Confiance donc, et, par cela même, défiance à l'égard des imperceptibles et involontaires partis pris.

Voilà les dispositions requises.

Passons aux règles du débat.

Il y a des points qui sont en dehors et au-dessus de la discussion.

1° Toutes les assertions ne se valent pas;
2° Le fait certain est indéniable;
3° La contradiction manifeste est insoutenable;
4° Ce qui est manifestement contraire à l'honnêteté morale est insoutenable.

Et vous qui êtes chrétiens, catholiques, vous direz:

Ce qui est manifestement contraire au dogme est inadmissible.

Ces règles ne contrarient pas la liberté de la discussion, mais l'assurent. Otez-les, c'est l'anarchie.

Celles qui paraissent restrictives sont préservatives.

Vous êtes averti de prendre garde, de recommencer. Tant mieux. Vous allez de l'avant, imprudemment. Vous emportiez tout, ébloui de votre propre lumière : flambeau plus grand qu'une étoile.

Vous êtes averti, retenu, non point gêné, arrêté.

Ainsi vous le voyez, même quand la discussion porte sur ce qu'il y a de fondamental, il y a quelque chose qui est en dehors de la discussion, tant il est vrai que sa vraie nature n'est pas d'ébranler l'esprit! Elle a au contraire pour but de raffermir les idées, et elle ne peut s'établir sans quelque chose de ferme.

Ne vous méprenez pas; ne laissez pas l'apparence vous tromper : la discussion met en question ce qui y est soumis; mais, mettre en question n'est pas mettre en doute.

Saint Thomas disait : Videtur quod Deus non est. Leibniz fait une remarque importante : Quand il s'agit de voir si les raisons d'affirmer sont valables, le doute n'y fait rien.

Ainsi, par exemple, vous ne mettez pas l'âme en doute, parce que vous en faites cette année l'objet de votre étude, de vos questions, de vos discussions.

De même que la discussion a pour but non d'ébranler, mais de raffermir, elle a aussi pour but non de diviser, mais de rapprocher.

Voyez, il faut pour discuter un terrain commun.

Il faut voir ce que l'on vous accorde, ce que l'on a de commun avec vous, et, avec cela, amener à votre avis ou vous laisser conduire à l'autre.

Il faut savoir ce qu'on demande, et ne pas demander ce qu'on sait : faire la part de ce qu'on a, et la part de ce qu'on cherche.

Et, chemin durant, il faut écouter l'autre : ne pas faire fi de ce qui nous est opposé, recueillir « l'âme de vérité », être très ferme pour condamner l'erreur, être très sagace pour la découvrir, mais très hospitalier aux idées, sachant recueillir la vérité sur quelques lèvres qu'elle soit, en quelque compagnie qu'elle soit.

Ainsi entendue et conduite, la discussion sera féconde.

Discutez donc — avec toute l'ardeur de la jeunesse.

Attentifs aux bruits du temps, à ce tumulte d'idées et de mots, à ce qui préoccupe, passionne, tourmente ce temps.

Attentifs au Maître intérieur, à l'éternelle vérité.

La discussion aura pour effet de raffermir les esprits, de les rapprocher, et, dans ces luttes courtoises, il sera visible que le but n'est pas de s'asservir, de dominer ses frères, mais de les assujettir et de s'assujettir avec eux à Celui qui seul est le Maître.

II

A L'ÉCOLE DU P. GRATRY : LA GÉNÉROSITÉ INTELLECTUELLE

Ce discours fut prononcé au Collège de Juilly, en 1896, à l'occasion de l'inauguration du buste du P. Gratry.

Éminence [1],
Mes Révérends Pères,
Mesdames et Messieurs,
Jeunes gens,

Il y a vingt-quatre ans, le 7 février 1872, le P. Gratry mourait. Au lendemain presque de ses funérailles, un de ceux qui avaient eu le plus de droit et de joie à l'appeler le Père bien-aimé racontait, en des pages d'une simplicité exquise, profondément émues et émouvantes, ses derniers jours. Je trouve là, vers la fin, ces paroles : « Quand, par un beau soir d'été, sur le bord de la mer, on voit le soleil descendre lentement à l'horizon, il vient un moment où le globe de feu s'élance dans les flots et semble s'y éteindre. Il n'y a là cependant qu'une apparence. Le soleil ne s'éteint pas; il continue sa course radieuse, et va éclairer d'autres mondes. C'est sous cette image que, bien des fois, durant ces dernières heures, m'apparaissait cette

---

1. Son Éminence le cardinal Perraud, évêque d'Autun, membre de l'Académie française, supérieur général de l'Oratoire de France.

lente et douce agonie. Cette âme « toute faite de lumière et de paix », il semblait qu'elle allait s'éteindre pour nous ; et toutefois elle allait devenir plus lumineuse et entrer dans le monde des clartés immortelles [1]. »

Vous disiez bien, Monseigneur : la mort n'éteint pas les feux allumés au foyer divin, et elle semble, même ici-bas, en augmenter parfois, en multiplier la bienfaisante action. N'est-ce pas le P. Gratry lui-même qui a dit que « les morts reprennent en Dieu toutes les forces et toutes les énergies de la vie, et que leur inspiration secrète parle aux vivants un mystérieux langage [2] » ? Que cela est vrai de lui ! Depuis vingt-quatre ans, il n'a jamais cessé d'exercer sur beaucoup d'esprits et beaucoup d'âmes son ministère. « Ce père qui », comme disait Saint-René Taillandier en lui succédant à l'Académie française, « ce père qui a enfanté tant d'âmes à la vie supérieure, ce maître qui a préparé tant d'ouvriers et armé tant de bras pour la moisson », il vit encore, il parle, il agit : si bien qu'aujourd'hui, Messieurs, que la main habile d'un vrai artiste [3] nous remet sous les yeux ses traits reproduits d'une si fidèle et si heureuse façon, nous n'avons, n'est-ce pas ? aucun effort à faire pour le ranimer, pour le croire présent au milieu de nous. Le voilà donc tel qu'il était vers le moment où s'achevait le second tiers de sa vie, alors qu'il commença d'écrire, mûr et jeune encore. Que l'on a bien fait de le représenter jeune ! c'est bien

---

1. *Le P. Gratry, ses derniers jours, son testament spirituel*, par le P. Adolphe Perraud, prêtre de l'Oratoire et professeur à la Sorbonne, 1872, p. 84. Les mots « âme faite de lumière et de paix » sont empruntés à Léopold de Gaillard.
2. *Sources de la régénération sociale*, p. 112.
3. M. H. Sobre, auteur du buste.

ainsi qu'il est dans le souvenir de ceux qui l'ont connu et aimé en personne, dans l'imagination de ceux qui l'ont connu et aimé à travers ses écrits, dans le cœur de tous ; cette sérieuse, pensive, recueillie, et ardente, et souriante, et cordiale physionomie, c'est bien la sienne : jeune quand même les années s'ajoutèrent aux années, jeune toujours, si jeunesse signifie surtout courage, fraîcheur d'âme, confiance indomptable dans le bien, heureuse, et j'allais dire divine naïveté que l'expérience instruit, mais ne rabroue pas. Et son influence aussi est toujours jeune et rajeunissante. Mort à soixante-sept ans, et depuis un quart de siècle bientôt, il paraît néanmoins du même âge que ceux qui entrent maintenant dans la vie ; il leur parle le langage qui leur convient, et, pour ce siècle jeune qui va succéder à celui-ci, il a des mots propres à y déterminer, à y soutenir, à y guider de féconds mouvements [1].

Mais qui donc serait capable, entre tous, de retracer comme il faut l'esprit et l'âme du P. Gratry, et de résumer ici ses enseignements précieux ? Qui aurait qualité, entre tous, pour parler de lui et le faire parler devant cette brillante assemblée, devant une élite qui l'a autrefois entendu, devant ses confrères de l'Oratoire et ceux de l'Académie française, devant les collégiens de Juilly ? Qui, si ce n'est vous, Eminentissime Seigneur, vous qui, élève à l'Ecole normale quand il en était l'aumônier, avez eu là avec son âme votre première rencontre ; qui, à l'Oratoire, renouvelé par lui, et par le P. Pététot, et le P. de Val-

---

[1]. M. Ollé-Laprune eût applaudi à la toute récente publication des *Pages choisies* du P. Gratry, due à l'intelligente initiative de M. l'abbé Pichot, Paris, Colin. (*Note des Éditeurs.*)

roger, avez été de ses premiers disciples, et des plus chers, et qui maintenant êtes le chef vénéré de la Congrégation ; vous, dont le frère tant aimé avait avec lui une si intime ressemblance d'âme, et qui, enfin, êtes vous-même comme son héritier. Vous avez si bien dit déjà ce qu'il fut, et vous avez le dessein, je le sais, d'en dire un jour davantage [1]. Vraiment, aujourd'hui où Juilly reçoit et fête le cardinal Perraud et ne trouve rien de mieux, pour le fêter, que de célébrer le P. Gratry, complète serait la fête si le panégyriste du P. Gratry était précisément le cardinal Perraud. On en a décidé autrement. Je le regrette. La seule pensée qui m'aide à me résigner, c'est que, n'ayant pas vécu dans l'intimité personnelle du P. Gratry, je suis, par cela même, la démonstration de l'étendue et de la continuité de son action. Il a une double prospérité, celle qui est pour ainsi dire de son sang, et celle que ses écrits lui ont suscitée : si l'une et l'autre gardent de lui la même trace et ont pour lui les mêmes sentiments, quel témoignage n'est-ce pas de sa merveilleuse puissance !

C'est une chose remarquable, Messieurs, que le P. Gratry étant né en 1805, son premier écrit, un opuscule, soit de 1848, et son premier ouvrage de 1853. A quarante-trois ans, il publie quelques pages de circonstance sous ce titre : *Demandes et réponses sur les devoirs sociaux;* à quarante-huit ans, il fait paraître la *Connaissance de Dieu*, suivie bientôt de la *Logique* et de la *Connaissance de l'âme*. De 1824, où deux disser-

---

[1]. Le cardinal Perraud a publié récemment une pénétrante et magistrale étude sur *Le P. Gratry, sa Vie et ses Œuvres*, Paris, Téqui, 1900. (*Note des Éditeurs.*)

tations couronnées au concours général contenaient déjà tant d'indices et de promesses de talent, jusqu'en 1848, jusqu'en 1853, qu'avait-il fait ? Il s'était préparé. C'est un art important, que celui de la préparation. Il se perd, je crois, et trop souvent, selon l'expression énergique du P. Gratry lui-même, les germes sont brûlés, dévorés. Pour lui, la préparation où l'idée mûrit en silence a duré bien au-delà des limites ordinaires. A ses fortes et brillantes études il ajoute l'Ecole polytechnique ; à l'Ecole polytechnique, la studieuse et pieuse retraite de Strasbourg et l'ensevelissement, si je puis dire, au Bischenberg ; quand le moment est venu de faire sa tâche, il accepte celle que ses supérieurs et les événements lui imposent : il est directeur du collège Stanislas, il est aumônier de l'Ecole normale. Il commence à avoir de l'influence, et une grande, sur beaucoup d'esprits ; il rayonne, mais il ne parle guère, et il n'écrit pas. Ce n'est pas qu'il cherche encore l'idée maîtresse de sa pensée : il l'a, bien nette, dans l'esprit, et, au cœur, une ambition immense. C'est plutôt cette idée même et c'est cette ambition qui font qu'il ne se presse pas. Si haute est l'idée, que rien ne sera de trop pour l'éclaircir encore et pour la développer ; si hardie est l'ambition, que rien non plus n'est de trop pour multiplier, pour assurer les moyens de la satisfaire.

Qu'est-ce donc que dès l'âge de dix-huit ans il voit et veut ? Il voit que la vie n'a en définitive qu'une raison d'être et qu'un but : unir les hommes à Dieu et entre eux ; il veut ôter l'obstacle à l'union, le double obstacle, l'erreur et l'égoïsme. Et il compte réussir. Cette vue, cette ambition, cette espérance, c'est lui tout entier. Qu'est-il, sinon un homme qui voit cela, qui veut cela, qui espère cela : à savoir l'union des hommes à Dieu et entre eux, suprême idéal dont il faut faire et dont il est possible de faire une réalité croissante ? Son rôle propre, c'est de dire ce qu'il voit, et ambitionne, et espère. C'est donc par l'intelligence surtout qu'il opère, et c'est à l'intelligence qu'il s'adresse : son office, à lui, c'est d'éclairer. Mais, notons-le bien, s'il a une tâche propre, il n'a pas « d'enseigne ». Comme Pascal, il aurait horreur d'avoir une enseigne. Penser est son labeur, et, je reprends le mot, son office ; mais je ne dirai pas que c'est un penseur, si être penseur, c'est accomplir à part une fonction spéciale, et se ranger comme dans une caste, et avoir une étiquette restrictive ou un domaine où l'on se cantonne. Il pense, lui, avec son âme tout entière et aussi, tranchons le mot, avec son corps ; il pense avec son être tout entier. Il pense en faisant concourir à sa pensée, et l'imagination, et le sentiment, et, d'une certaine manière, l'organisme même, car il pense en homme et humainement. Il pense en s'appuyant sur le sol qui le porte, en demeurant en contact avec l'humanité dont il fait partie, avec les vivants, avec les morts : la pensée d'autrui, la pensée du genre humain, grâce à la parole, grâce à la tradition, lui sont présentes et entrent dans sa substance. Il pense enfin, attaché à Dieu, principe, soutien, lumière, règle de toute pensée. Aussi voyez, Messieurs, comme il redoute et méprise le « penseur séparé » : c'est, à ses yeux, un monstre. Voyez comme il déteste la « spéculation isolée » : c'est une folie ou un crime. Avec l'habitude qu'il a d'aller au fond des choses et d'en juger dans la lumière des idées essentielles, il déclare que prétendre penser tout seul et à partir de soi seul, c'est se faire centre et principe, c'est se faire Dieu. De l'ombre même de cela il se garde : il est attentif à ne rejeter aucune des

« ressources humaines », aucune des « ressources divines » qui sont à la disposition de l'homme. Il travaille à déployer et à employer toute sa raison, à déployer et à employer toute sa foi. Chrétien, il ne se sépare pas de lui-même : comme il ne cesse pas d'être homme parce qu'il est chrétien, il ne juge pas non plus que, pour être bien homme, il doive faire comme s'il n'était pas chrétien. Tout au contraire. Il ne met donc pas d'un côté sa raison, et d'un autre côté sa foi : il estime sa foi bonne pour penser, pour user de sa raison comme il faut, et il laisse sa raison regarder respectueusement à sa foi et s'y mêler. Il va à la vérité totale avec l'âme totale, avec toutes les forces de l'homme, que dis-je? avec les forces mêmes de Dieu.

Dans cette disposition, il s'applique à considérer ce qui est connu, le fait connu, la vérité connue. Il est à l'aise, il triomphe, quand il peut dire : C'est connu. C'est connu, c'est-à-dire c'est *donné*; c'est existant en fait; c'est dans le monde, de par Dieu, auteur du monde, de par la nature humaine ou de par la nature des choses que Dieu a instituées ; c'est ce dont chacun vit et dont vit l'humanité ; une chose indispensable, et présente, et opérante, mais non assez aperçue. Faire voir, faire remarquer l'essentiel inaperçu, c'est la grande utilité de la philosophie, et c'est le souci perpétuel du P. Gratry. L'astronomie ne crée pas les astres, elle les découvre seulement. Ici, il n'y a même pas à découvrir, il y a simplement à remarquer, car enfin tout l'essentiel est implicitement connu, étant donné et étant précisément ce dont l'humanité vit. Dès lors, il s'agit, non d'innover, mais, en face de la vérité, vieille comme le monde ou plutôt comme Dieu, de regarder, et de regarder si bien, que d'inépuisables nouveautés surgissent sous le regard. Et cela, non pour briller soi-même, mais pour faire resplendir le vrai ; cela, non pour paraître neuf et original et qu'on nous admire : à Dieu ne plaise que ce soit là le motif ou le but de l'effort! Il faut prendre de la peine, et avancer dans les profondeurs de la vérité, et apercevoir de plus en plus, de mieux en mieux, ce qu'elle recèle, parce que la vérité, la substantielle vérité qui soutient le monde, étant mieux connue, le monde ira mieux, et il y aura un progrès du règne de Dieu sur la terre.

Pensant ainsi et parce qu'il pense ainsi, le P. Gratry parle et écrit. Et ce n'est point proprement un orateur, mais c'est un homme qui parle aux hommes de ce qui importe le plus aux hommes, et alors il lui arrive d'avoir une puissance qui égale, qui passe celle des orateurs : car il a ce don d'amener les âmes à soi où Platon voyait une sorte de magie, ψυχαγωγία τις, et c'est le triomphe de l'éloquence. Ce n'est pas un écrivain proprement dit ou un littérateur, mais c'est un homme qui écrit comme il parle, de même qu'il parle comme il pense, et son style a des beautés à faire envie aux écrivains de profession : car, en ne cherchant qu'à rendre sa pensée, toute sa pensée, qu'il essaye de conformer elle-même aux réalités visibles et invisibles, il a une façon tout originale d'écrire, et c'est sans doute la plus grande marque de talent. Il méprise ce qu'il nomme « littérature », mais non la langue : celle-ci, il la respecte, il l'aime, c'est un instrument sacré; d'ailleurs, il s'en sert librement. Parfois il est abrupt, ou négligé, ou étrange. Que lui importe? Poète, artiste, sans y penser, tout entier à son objet qu'il veut rendre tout entier, il a une manière de peindre qui n'est qu'à lui. Ce qu'il pense, il l'opère [1]. Et, pour suivre une idée

---

1. Le P. Gratry a dit de Jésus-Christ au sens littéral : « Les

dans tous les replis où elle s'engage, dans toutes les conséquences qu'elle déroule avec soi, il a je ne sais quelles richesses ou délicatesses d'expression incomparables, des tours variés, hardis, inattendus, des formules vives et frappantes, des phrases pleines, solides, qui sont superbes, ou des façons de dire ténues qui semblent saisir l'insaisissable et rendre palpable l'infiniment petit; et toujours et partout, le rythme, un rythme dont il a le secret, l'*eurythmie*, Eminence, qui vous est chère [1], celle qui vient de l'accord intime de la pensée et de la parole entre elles et avec les choses et avec Dieu. Vraiment cet homme, qui s'en voudrait d'être ce qu'on appelle un écrivain, écrit merveilleusement.

Je dirai encore que, n'étant point ce qu'on appelle proprement un homme d'action, il agit néamoins, et sans cesse, et excellemment. En lui, pensée, parole, style, c'est déjà action. C'est à l'action qu'il vise, et il suscite l'action. Il veut procurer aux hommes plus de lumière, plus de justice, plus de paix; il veut avancer le règne de Dieu sur la terre, et, pour cela, « imprimer au monde un élan [2] ». Vous connaissez, Messieurs, ces vers d'un grand poète [3] s'adressant à l'homme

  Altéré de l'oubli de ce monde agité.

paroles du Christ opèrent ce qu'elles disent. » *Commentaire sur l'Evangile de saint Matthieu*, ch. vii, l'*Action*, t. I, p. 147.

1. *Eurythmie et Harmonie, commentaire d'une page de Platon*, par le cardinal Perraud, 1896.
2. *La Morale et la Loi de l'histoire*, t. I, p. 92. Relire aussi le *Commentaire sur l'Evangile de saint Matthieu*, — surtout, si l'on a le courage de choisir, les *Forces du royaume de Dieu*, l'*Action*, les *Pouvoirs du Sauveur*, les *Ouvriers de la moisson*, la *Mission des Apôtres*, l'*Emploi de la vie*.
3. Leconte de Lisle, *Poèmes antiques*, Midi.

Viens! lui dit-il après lui avoir montré la plaine embrasée des feux du soleil en son midi;

> Viens ! le soleil te parle en paroles sublimes;
> Dans sa flamme implacable absorbe-toi sans fin,
> Et retourne à pas lents vers les cités infimes,
> Le cœur trempé sept fois dans le néant divin.

Tel n'est pas le P. Gratry. Il se plonge, non dans le néant divin, mais dans l'être divin; le soleil lui parle, non de mort, mais de vie; non d'oubli morne, mais d'ardente vigilance; non de repos, mais d'action. Il n'aspire pas à s'absorber dans une flamme implacable, il veut allumer un zèle efficace à une flamme miséricordieuse, et ce n'est point à pas lents qu'il retourne vers les cités infimes, il y court, pressé de porter en bas, là où il y a des souillures, et où l'on souffre, et où les âmes ont froid, le feu qui réchauffe, le feu qui réjouit, le feu qui purifie, le feu qui sauve. Plus il s'éprend des divines clartés, plus il est impatient de les communiquer à autrui; plus il participe à la vraie vie, plus il brûle d'en faire part aux autres. Tout, chez lui, tend, va à l'action, et à l'action sociale : la lumière d'en haut, la vie d'en haut, il veut les faire descendre et dans l'individu et dans la société, et ce sont les peuples mêmes, les nations, qu'il travaille à guérir et à sauver.

Certes, je n'oublie point qu'il n'a pas été le premier et qu'il n'est pas le seul à parler, en ce siècle, de la vertu sociale de la raison et du Christianisme. N'ai-je pas, cette année même, il n'y a pas longtemps, rappelé ce qu'ont pensé, et dit, et fait un Montalembert, un Lacordaire, un Louis Veuillot, un Dupanloup, un Augustin Cochin, un Ozanam, pour ne citer que ces grands noms ? Mais le P. Gratry a eu toute une philosophie sociale, et, par cette philosophie, une influence qu'il importe de définir.

Il s'applique à déterminer, dans la lumière des principes de la raison et du Christianisme, les conditions de l'existence normale des sociétés, partant, les conditions de leur guérison et de leur salut. Il suit de là que ses vues, très hautes, sont très hardies : il a une manière droite, résolue, de suivre une vérité jusqu'au bout, d'en faire pénétrer la clarté inexorable jusque dans le vif, puis d'enlever l'obstacle en esprit et de commander qu'en fait il disparaisse. C'est le procédé révolutionnaire, dira-t-on. Oui, mais la révolution qu'il rêve et commence, elle est dans les intelligences, dans les consciences, dans les mœurs. Là, il secoue, il bouleverse. Il veut refaire les esprits, les âmes, selon la raison et selon l'Evangile. Quand il en vient à des applications sociales, ce ne sont que les indéniables conséquences des principes que tout esprit bon et loyal doit avouer. Il ne s'attarde pas dans les généralités secondaires. Or, ce sont celles-là qui souvent sont dangereuses. N'ayant pas la certitude des principes, elles prétendent en avoir la rigueur ; hâtivement sortie des faits par une téméraire conclusion, elles aspirent à les faire rentrer dans leurs cadres étroits ; sans être antérieures ni supérieures aux choses, elles plient les choses à leurs exigences, les façonnent selon leurs formules. Certes, les généralités prudemment tirées de l'expérience sont utiles et fécondes ; même elles sont nécessaires et, sans elles, à quoi se réduirait notre savoir ? Mais, d'autre part, combien celles qui n'expriment que de très partielles, de très incomplètes, de très suspectes vues ne peuvent-elles pas faire de mal ! Ce sont ces « fausses vérités », comme parle quelque part Malebranche, qui s'étalent dans les programmes révolutionnaires. Rien de semblable dans la philosophie sociale du P. Gratry. Il laisse aux gens compétents le soin des choses dont ils font leur étude ou leur pratique : il leur rappelle seulement les éternels principes. Aux économistes l'économie sociale; aux politiques, la politique : mais, au-dessus des uns et des autres, les vérités essentielles que leurs théories ou leurs expédients risquent d'oublier ou de violer. Qu'on ne croie pas, d'ailleurs, que, parce qu'il n'est point de ces humeurs brouillonnes et inquiètes que Descartes accusait de tout bouleverser en voulant tout refaire à leur guise, il demeure pour cela dans l'abstraction. Il a du mal social et de toutes les formes du mal une connaissance vive, je devrais dire qu'il en a la vision, et il réussit à les faire voir jusqu'à inspirer l'effroi : son style devient une loupe, pour saisir jusque dans les fibres les plus intimes les traces presque imperceptibles du venin corrupteur, originel ou dérivé; un télescope, pour en suivre dans le lointain de l'histoire les épouvantables conséquences. Il signale les plaies hideuses; il entre dans le détail précis, vif; il nomme par leur nom certaines choses auxquelles on ne pense pas assez; il montre ce qu'elles font, et, devant ces réalités poignantes en nous, autour de nous, il provoque des réflexions, des examens de conscience, des résolutions[1]; et cela va loin, cela mène loin, cela suscite et prépare bien des changements. Sans participation effective aux affaires d'État ou autres, sans rien qui ressemble à un programme ministériel, électoral ou autre, sans énoncer aucun projet de loi ou de réforme proprement dite, à force

---

1. Relire en particulier les *Deux Foyers*, dans la *Connaissance de l'âme*, et puis *la Morale et la Loi de l'histoire*.

de dire et de montrer que, si la nature foncière des choses, des sociétés, des institutions, n'est pas mauvaise, mauvais est l'usage que l'homme pécheur en fait trop souvent, à force de dire et de montrer que, si ce qui est voulu de Dieu est bon et doit être conservé, développé, ce qui est voulu de l'homme en dehors de Dieu et contre Dieu est détestable et doit être changé, quand on ajoute que cela se peut et que cela commence de se réaliser si chacun commence de se réformer soi-même : assurément, on a une action sociale profonde, et l'on détermine dans le monde des changements. C'est ce qu'a fait le P. Gratry. Et sans doute il y a autre chose que des généralités vagues dans des déclarations comme celles-ci : que l'humanité, en son âge viril, se décide à mieux combattre toute brutalité ; qu'elle cesse de faire, en pleine civilisation, à ceux qu'il nomme les « hommes de proie » et les « hommes de joie » la place si grande et parfois si belle ; qu'elle prenne le moyen de réprimer, mieux que par le passé, ceux qui tuent ou volent, et cela sous toutes les formes, dans tous les domaines ; qu'elle apprenne l'usage de la liberté[1] : sans doute il est plus commode d'être défendu que de se défendre, d'être mené, je ne dis pas d'obéir, que de se conduire ; d'être protégé que de lutter ; mais tel n'est pas le plan divin : de par l'histoire, de par les faits contemporains, il est avéré que, plus que jamais, il faut lutter ; plus que jamais, l'effort éclairé, libre, énergique, persistant de chacun est indispensable, et il faut savoir, plus que jamais, enfin, s'unir les uns aux autres, renoncer aux divisions qui nous affaiblissent, qui nous perdent : ainsi se relèveront les esprits et les âmes, et, le moment venu, les sociétés, les peuples, les nations.

1. *La Morale et la Loi de l'histoire.*

Et cette belle, profonde et engageante théorie du sacrifice, sans cesse remise sous nos yeux[1], n'aura-t-elle point de salutaires effets dans la sphère sociale?

> Tu n'anéantis pas, tu délivres,

dit le poète, s'adressant à la mort[2]. Ainsi du sacrifice, qui est une mort partielle : il mortifie, pour vivifier. Il ôte l'obstacle, ce qui gêne ou ce qui simplement distrait. Que reste-t-il ? Dieu et l'homme sauvé, vivifié, divinisé par la vertu de Dieu[3]. La théorie de l'erreur a, elle aussi, une portée sociale. Ce n'est pas en vain qu'on répète aux hommes affaiblis, énervés, qu'il faut savoir reconnaître l'erreur, et la nommer par son nom, et la condamner. Cela relève les esprits en les raffermissant. Mais ce n'est pas en vain non plus qu'on leur montre que, l'erreur impliquant toujours quelque vérité dont elle est l'abus, il faut savoir briser la formule erronée pour délivrer la vérité qui y est en souffrance. Voilà la vraie et légitime largeur d'esprit : elle ne consiste point à admettre pêle-mêle toutes les assertions, vérités ou erreurs, elle consiste à dégager de l'erreur même et à recueillir l'âme de vérité qui y est, et c'est le meilleur moyen de détruire l'erreur, puisque c'est lui ôter ce qui la soutient et lui permet de séduire les esprits.

Enfin, n'est-ce qu'une utopie, que cette « cité dont tous les habitants s'aimaient », décrite avec tant de complaisance émue par le P. Gratry, qui nous déclare,

---

1. Voir surtout *Connaissance de l'âme*, liv. III, ch. vi, et liv. IV, ch. ii.
2. Lamartine, *Méditations*, iv, l'Immortalité.
3. Le P. Gratry a dit, dans *les Sophistes et la Critique*, liv. IV, ch. viii, p. 390 : « Dieu est partout présent... Otez ce qui distrait : il reste Dieu. »

et cela nous confond, qu'il y a vécu durant des mois entiers[1]? Il en a rapporté, Messieurs, des leçons efficaces et pratiques. Quand il parle de paix et d'union, il n'a jamais un doute : c'est chose possible, il le sait, car c'est chose qu'il a vue ; et jamais il n'hésite, car il sait aussi, pour l'avoir vu, à quel prix s'opère l'union. Laissez-le donc contempler sa vision bienheureuse : cela l'aide puissamment à en réaliser quelque chose parmi nous. C'est par le principal en tout homme et par ce qui est essentiel en la vérité que le rapprochement se fait entre tous les hommes. Et voyez quelle théorie profonde soutient ici les espérances et les efforts. L'amour est, « non point passion, mais acte d'âme[2] », et c'est l'acte total, si l'on peut dire. Or qu'est-ce que la création, sinon une pluralité d'êtres destinés à aimer[3]? Mais quel est le point fondamental de la morale et de la religion, sinon d'aimer, aimer Dieu et le prochain pour Dieu[4]? Il y a donc, dans les hommes, une force par laquelle ils peuvent franchir toutes les barrières qui les séparent, passions, intérêts, vues partielles des choses, et c'est l'amour ; et il y a dans la vérité un point où tout se

---

1. *Souvenirs de ma jeunesse*, p. 125 et suiv. Et il ajoute, pp. 129 et 130 : « L'impression en fut encore très forte et très fréquente pendant bien des années ; et du reste, elle n'a cessé de faire comme le fond de ma vie, de mes idées et de mes sentiments. J'élève toujours mes regards vers cette bienheureuse ville, pour comprendre la vie, la mort, le monde, l'histoire, l'Eglise, l'avenir. »

2. *Les Sources*, deuxième partie, *Conseils pour la conduite de la volonté*, les Aphorismes de la science du devoir, ch. I, 3. — Cf. *Les Sophistes et la Critique*, liv. IV, ch. VII, p. 368 : « Amour signifie acte d'âme et non langueur de sentiment. »

3. *La Connaissance de l'âme*, liv. I, ch. I, 4. « L'œuvre de Dieu, ou la création, est une société d'âmes destinées à aimer. »

4. *Les Sources*, passim, et *Commentaire sur l'Evangile de saint Matthieu*, ch. XXV, l'*Emploi de la vie*, t. II, p. 249.

récapitule, un point essentiel, qui ne dispense pas du reste, mais l'implique, et c'est encore l'amour. C'est pourquoi il est vrai de dire que « les bons cœurs sont plus près de Dieu que les grands esprits [1] ». C'est pourquoi encore la formule exacte de la vérité a beau importer tellement que sans elle la vérité fuit et se dissipe, néanmoins la bonne volonté, la bonne foi, peuvent s'en passer ; l'erreur matérielle ne prévaut pas contre l'esprit ; si des barrières invisibles retiennent une âme hors de la vérité certaine et déclarée, cette âme peut adhérer à la vérité implicite ; et quand, malgré les apparences, « on veut et pense dans le fond comme Dieu, on est avec Dieu, on est en Dieu », et ainsi « s'unissent dans un indissoluble faisceau les cœurs et les esprits unis en Dieu » : tous font partie de l'Eglise catholique, qui est « l'assemblée universelle » par excellence [2] : on peut être séparé du corps de l'Eglise et appartenir à l'âme de l'Eglise. Distinctions délicates dont il ne faut se servir ni pour s'abuser soi-même, ni pour flatter les autres, ni pour canoniser l'erreur ou la faiblesse ; mais distinctions indispensables, si l'on veut ne retrécir ni Dieu ni le bien, et donner à l'histoire de l'humanité son vrai sens. C'est d'ailleurs la doctrine commune. Ici, comme en tout le reste, le P. Gratry n'a aucune opinion singulière : il n'y a de singulier que l'insistance avec laquelle il considère ce que tous savent et répètent, et le relief des conséquences que cette considération en fait sortir.

Voyez, Messieurs, comme ces hautes vues le servent bien quand il étudie la grande misère de notre temps,

1. *La Connaissance de l'âme*, liv. IV, ch. II, 3.
2. *Les Sources de la régénération sociale*, p. 110 et suiv., et la *Philosophie du Credo*, dialogue v, l'*Eglise*.

qui est l'extrême division des esprits. Avec fermeté, il maintient que seule la vérité complète, intégrale, a le droit de régner, et que seule elle a la puissance de guérir et de sauver. C'est donc à elle qu'il faut ramener le monde. Mais avec quel respect, par cela même, ne ramasse-t-il pas les moindres parcelles de vérité répandues çà et là, et comme il sait inspirer le besoin de les replacer dans le tout ! Comme, en même temps, cela le rend capable, sans concessions, sans transactions, sans réticences, loyalement, simplement, d'appeler tous les hommes de sens droit et de conscience honnête à concourir au salut de la vraie civilisation ! Je crois qu'il n'a été tenté de découragement dans l'espérance qu'une seule fois, c'est en juin 1871, au lendemain de la Commune. Devant « cet abîme d'athéisme et de haine », il a failli trouver « les espérances » qu'il avait conçues pour la France, « difficiles à maintenir ». Il se relève vite, et à quelle pensée ? A la pensée que voici : « Les chrétiens peuvent se réveiller, les chrétiens peuvent s'unir. Tout homme qui conserve le sens moral et la raison est avec nous [1]. »

Messieurs, comment ne rappellerais-je pas ici que de la bouche la plus auguste de l'univers sortent des paroles qui ne se lassent pas de nous donner la même direction ? Ces jours-ci, « l'autorité parlante », c'est un mot de Bossuet, nous redit encore :

« Les catholiques doivent se reprendre et s'affirmer comme des fils de lumière ;... s'imposer au respect de tous par la force invincible de l'unité ; prendre avec clairvoyance et courage, conformément à la doctrine exposée dans Nos Encycliques, l'initiative de tous les vrais progrès sociaux ; se montrer les

---

1. *Sources de la régénération sociale*, p. 11.

défenseurs patients et les conseillers éclairés des faibles et des déshérités ; se tenir enfin au premier rang parmi ceux qui ont l'intention loyale, à quelque degré que ce soit, de concourir à faire régner partout, contre les ennemis de tout ordre, les éternels principes de la justice et de la civilisation chrétienne. »

Ainsi parle notre grand Pape Léon XIII, dans la lettre qu'il vient d'adresser au cardinal Langénieux, à l'occasion du quatorzième centenaire du baptême de Clovis et de la France à Reims. Ne vous semble-t-il pas que ce n'est pas, dans le P. Gratry, un médiocre mérite, que d'avoir donné des conseils qui trouvent dans un tel enseignement une telle confirmation ?

Et maintenant, que dirais-je encore? un seul mot, mais qui résume le caractère du P. Gratry et son action. Otez-le de ce siècle, quelque chose manque à ce siècle. Mais quoi ? l'esprit qu'il y a soufflé au début de la seconde moitié. Et quel esprit ? un esprit généreux.

Rien de petit, de mesquin, d'étroit; rien où l'on soit pour soi-même le but, le terme, ou encore le centre; être de bonne race, et le sentir et le savoir, et alors répugner à tout ce qui avilit et déprime, et aller vers ce qui est à terre pour le relever, vers ce qui n'est pas, s'il se peut, pour le faire être ; faire largesse et de ses trésors et de soi-même ; se dépenser, se dévouer ; être d'autant plus disposé à préférer à soi autre chose que soi, qu'on a l'âme plus haute, et se trouver d'autant plus prêt à verser son sang pour ce qui est grand ou pour ce qui souffre, que le sang qu'on a dans les veines est plus pur et plus noble : voilà, n'est-ce pas ? la générosité.

Généreuse est la doctrine du P. Gratry qui ne consent jamais à rapetisser ni Dieu, ni l'homme, ni le monde, ni l'histoire, ni la vérité, ni la miséricorde. Généreuse est sa pratique, où tout est tourné à l'accomplissement du devoir principal : coopérer coûte que coûte à l'œuvre même de Dieu. Généreux son courage, et généreuse son espérance. Entendez-le dire à chacun de nous ce qu'il s'est toujours dit à lui-même : « Prends de la force, et sois homme. Pourquoi? pour faire triompher les évidences morales qui maintenant nous pressent. » Et encore : « Deviens homme pour imposer au monde la raison et la loi de Dieu [1] ». Généreux donc est l'esprit qu'il souffle à tous ceux qui se font ses disciples. Vous voyez le but qu'il leur propose et avec quelle tranquille audace : « Imposer au monde la raison et la loi de Dieu. » Ne souriez pas d'une ambition si naïve et si vaste. C'est encore cette ambition-là qui réussit le mieux. Les Apôtres n'ont pas songé à changer les lois romaines, et, s'ils l'eussent entrepris, ils y eussent échoué : ils ont apporté de quoi changer le monde, le monde a été changé.

Aux approches du siècle nouveau, ayons, comme le P. Gratry, la volonté d'imprimer au monde un élan vers la vérité, vers la justice, vers Dieu. Arrière le pessimisme qui désole. Arrière un certain optimisme satisfait de tout et surtout de soi. Ce qu'il nous faut, c'est d'être mécontents de nous et de nos faiblesses, du monde et de ses misères, mais contents de Dieu, et de ses dons, et des forces qu'il nous prodigue. Jeunes gens qui m'écoutez, quand vous passerez dans votre galerie des bustes, ne passez jamais indifférents. Là siège l'assemblée des morts illustres, des morts immortels qui vous parlent d'honneur, de droiture, de générosité, et de reli-

---

1. *Les Sources*, deuxième partie, *Préparation*, ch. I.

gion et de patrie. Arrêtez-vous quelquefois devant la noble figure du P. Gratry et dites-vous : Voilà celui qui aimait à dire qu'il faut « imposer au monde la raison et la loi de Dieu ». Oui, imposer au monde la raison et la loi de Dieu, à force d'intelligence, à force de bonté, à force de courage, donc à force de beauté morale, car ce sont là, selon le P. Gratry, les trois rayons de la beauté. Alors, si vous êtes tristes, découragés, tentés de faire mal ou de faire moins bien, ou effrayés par ce flot d'athéisme et d'égoïsme qui monte et menace de tout abîmer, dites-vous encore : C'est là celui qui a dit : « Au nom de Dieu, il faut que le désordre cesse. Je le veux. J'y mettrai ma tête, s'il le faut[1]. » Vous ferez cesser en vous tout désordre, par un effort vigoureux, avec la grâce du Dieu Sauveur. Un jour, quand, dans la condition, quelle qu'elle soit, où vous serez placés, la société réclamera votre action, vous travaillerez, vous réussirez à faire cesser le désordre, car rien ne résiste à qui sait dire : « Au nom de Dieu, il faut que le désordre cesse. Je le veux. J'y mettrai ma tête, s'il le faut. »

1. *Les Sources*, deuxième partie, *Préparation*, ch. I.

III

DE LA VIRILITÉ INTELLECTUELLE

Nous devons à l'obligeante permission de la librairie Belin la faculté de reproduire ici ce discours, maintenu d'ailleurs sur le catalogue de cette maison. Il fut prononcé à Lyon le 20 mars 1896, sur la demande des Unions de la Paix sociale et dans un local mis à leur disposition par les Facultés catholiques.

Dès 1865, M. Ollé-Laprune, professeur de philosophie au Lycée de Douai, esquissait une théorie de la « virilité » dans un discours prononcé à la distribution des prix. « L'homme, disait-il, n'a tout son prix que si, par l'effort constant de sa libre volonté, il a fait en soi œuvre propre et personnelle. Autrement ce n'est jamais qu'un enfant : on peut admirer en lui les dons de la nature, on ne l'estime pas lui-même. La virilité vraie n'est pas là où tout se fait d'instinct; la virilité de l'intelligence, la virilité du cœur commence avec le premier effort tenté pour soustraire à la mobilité du caprice et des circonstances la pensée et le sentiment; elle s'accroît à mesure que l'effort est plus intense et plus efficace; elle s'achève le jour où la volonté, à force de labeurs et de luttes, a enfin établi dans l'âme bien réglée le règne de la justice et de la vérité. » Le discours de Lyon : « De la virilité intellectuelle », est comme le commentaire de cette définition, et il en épuise la riche substance.

Monseigneur[1],
Mesdames et Messieurs,
Jeunes gens,

Deux choses m'ont déterminé à venir au milieu de vous : le prestige de cette grande cité où l'on me faisait l'honneur de m'appeler et les circonstances au milieu desquelles cet appel m'était fait.

Un jour, l'infatigable, le dévoué secrétaire des Unions de la paix sociale, M. Alexis Delaire, me dit : « L'an dernier, vous avez pris part aux efforts tentés à Paris pour combattre les erreurs sociales et pour proclamer les nécessaires, les essentielles vérités : cette année, soyez à Lyon le propagateur des mêmes doctrines. » Et bientôt, M. Beaune, le respecté et aimé doyen de votre Faculté libre de droit, président d'honneur des Unions de la paix sociale du Sud-Est, m'écrivait des lettres pressantes. Et enfin, l'éminent recteur de vos Facultés catholiques, Mgr Dadolle, m'adressait son invitation. Des lettres de M. Beaune, de l'invitation de Mgr Dadolle, je ne perdrai pas le souvenir : de quels termes, trop flatteurs assurément, ne se servaient-ils pas, et, tout à l'heure, que ne m'a pas dit M. Beaune ? c'est trop flatteur, mais c'est si cordial, que je ne sais que m'émouvoir et remercier.

Comité de défense et progrès social, Unions de la paix sociale, Facultés libres catholiques : qu'est-ce à

---

[1]. Mgr Coullié, archevêque de Lyon.

dire, Messieurs, sinon la plus significative et la plus heureuse réunion de ce dont nous avons le plus besoin : je veux dire l'énergie de l'initiative individuelle, la libre association et l'accord de toutes les intelligences sensées et droites, de toutes les volontés honnêtes et bonnes, sans esprit de parti, sans rien qui rappelle ou qui sente la coterie, les vues étroites et mesquines, les défiances injustes, les passions exclusives ?

J'ai donc répondu : Je viendrai ; et me voici au milieu de vous, très reconnaissant et de l'appel et de l'accueil. S'il est vrai que votre existence, Messieurs des Facultés catholiques, est une liberté, et que ma présence au milieu de vous en soit, à sa manière, une autre, et si toute déclaration et tout usage d'une liberté légitime est chose bonne, excellente, hautement opportune, comment ne me féliciterais-je pas d'être ce soir au milieu de vous ? D'autre part, s'il se rencontre ici des hommes venus de points différents, mais tous dévoués aux mêmes causes, c'est-à-dire à la cause de la civilisation chrétienne et à la cause de la noble et bien-aimée patrie française, et si tout rapprochement effectif entre des hommes de sens droit et des hommes de droite volonté est chose bonne, excellente, hautement opportune, pourquoi, à ce titre encore, ne serais-je pas heureux d'être au milieu de vous ?

C'est donc comme une fête de paix et de liberté qui se célèbre dans cette salle[1], et cela se passe à Lyon : Lyon, avec ses grands fleuves, et Fourvière ! Lyon, avec son glorieux passé et ses traditions nobles ! Lyon, avec sa couronne d'hommes illustres en tous genres !... Je ne puis pas saluer Lyon sans une émotion respectueuse...

1. La salle des écoles d'Ainay retenue pour la circonstance par les organisateurs de la réunion.

Et je m'y sens à l'aise, Messieurs, car j'y ai des amis : j'en ai de nouveaux, ceux qui m'appellent ce soir, et d'anciens et de toutes sortes. Je compte dans cette ville des amis qui sont, comme moi, sortis de cette grande et chère École normale supérieure, où j'ai la joie et l'honneur d'enseigner depuis vingt années; j'en ai dans ces Facultés libres et catholiques; j'en ai dans les Facultés de l'Etat; j'en ai au Lycée de Lyon; j'en ai dans le monde des affaires, dans le monde de l'industrie, dans tous les mondes dont se compose la société lyonnaise.

Et j'en ai, Messieurs, parmi vos glorieux morts : Victor de Laprade, Heinrich, avec qui j'ai eu d'inoubliables relations, et un autre, que je n'ai point connu personnellement, mais dont je connais la famille intime et dont les écrits me sont si familiers, qu'il me semble que je l'ai connu moi-même : Frédéric Ozanam !...

Victor de Laprade, Heinrich, Frédéric Ozaman, pour ne citer que ces trois noms, laissez-moi, Messieurs, me placer sous leur tutélaire patronage.

Monseigneur, vous avez voulu assister à cette conférence : recevez, avec mon très respectueux hommage, mon très respectueux remerciement. C'est pour moi un honneur dont je sens le prix de parler en présence, sous les auspices de l'archevêque primat de Lyon.

Vous savez, Messieurs, le sujet que je me propose de traiter ce soir : je veux vous parler de la virilité intellectuelle. Je parle dans une ville féconde en hommes, *parens magna virum*, et en un temps où, plus que jamais, il nous faut des hommes : remarquez bien, je ne dis pas un homme, qui nous dispense de vouloir, d'agir, de lutter : je dis des hommes. Et je parle à des jeunes gens qui sont à la veille de devenir des hommes, et dont plusieurs sont déjà des hommes : je m'adresse à cette belle jeunesse lyonnaise. On m'avait dit d'avance ce qu'elle était : jeunesse recueillie, ardente, très sérieuse, très généreuse; je vois qu'on m'avait dit vrai. Eh bien, il n'est peut-être pas inutile de nous entretenir quelques instants de la virilité, de nous demander ce qu'est la virilité, en quoi elle consiste, à quels caractères on la reconnaît, et de rechercher ce que notre temps réclame particulièrement de vous, ce qu'il faut faire dans ce temps présent pour être vraiment des hommes; et je me bornerai à la virilité de l'intelligence : le sujet est déjà assez vaste et assez riche en conséquences.

I

Messieurs, l'âge viril est atteint quand l'être humain est parvenu à son juste développement : il pourra grandir en excellence, mais il a la taille qu'il ne dépassera plus ; sa croissance est finie. Il a la possession, la jouissance de toutes les capacités et de toutes les ressources qui sont dans sa nature. Il a alors de quoi pourvoir lui-même à sa subsistance ; il a de quoi se maintenir dans l'existence, parce qu'il est capable de se défendre contre ses ennemis et de lutter contre les obstacles ; il est capable de s'étendre et de s'agrandir, il peut faire des acquisitions et des conquêtes; et, enfin, parce qu'il a la vie pleine, il peut propager la vie, il peut produire la vie. Et voilà, Messieurs, en quelques mots, les caractères de la virilité.

Et, si cela est vrai dans l'ordre physique, cela est

vrai dans tous les autres ordres. L'homme qui a atteint l'âge viril est capable de se conduire tout seul ; il est capable de lutter, de s'étendre ; il est capable d'avoir autour de lui une action qui elle-même suscite la vie. Dans l'ordre intellectuel proprement dit, que sera la virilité ?

D'abord, Messieurs, au moment où l'on devient homme, il faut *penser par soi-même*. Oh ! que c'est difficile et qu'il y a ici un danger !... Penser par soi-même... La première fois que le jeune homme a une pensée qu'il croit sienne, il demeure ravi, et il l'admire, et tout le reste risque d'être bientôt pour lui comme non avenu ; c'est un enchantement, c'est un éblouissement : quelques esprits faibles n'en savent pas revenir. Mais s'il y a du danger dans cet apprentissage de la pensée virile, c'est un apprentissage nécessaire. Oui, jeunes gens, vous êtes à cet âge, où, pour rappeler la belle parole de Malebranche, « un flambeau paraît plus grand qu'une étoile ». Ce petit flambeau, vous pouvez l'allumer vous-mêmes par vos labeurs intellectuels, et, comme il vous semble bien vôtre, vous êtes exposés à le croire plus grand qu'une étoile. C'est dangereux, encore une fois, mais il est nécessaire de traverser cette épreuve : si vous avez l'air de vouloir l'éviter, de fuir, prenez garde, vous ne serez jamais des hommes.

En voici, Messieurs, la profonde raison. Laissez-moi emprunter à un grand philosophe qui a été en même temps un grand théologien, à saint Thomas d'Aquin, la belle formule que voici, qui va vous aider à comprendre ma pensée.

Saint Thomas remarque que « la créature raisonnable a ce privilège d'avoir une sorte d'empire sur elle-même : elle est maîtresse d'elle-même : *creatura rationalis habet dominium sui.* Tandis que les autres créatures, celles qui ne sont pas raisonnables, sont poussées et, si l'on ose dire, *agies* dans le sens de leur propre opération plutôt qu'elles n'agissent elles-mêmes : *ad opera propria aguntur magis quam agunt :* la créature raisonnable, elle, se porte, se pousse, j'allais dire *s'agit* elle-même librement pour aller à son opération propre : *libere se agens ad operationem*[1] ».

En passant, Messieurs, remarquons la beauté de ces formules latines. Qu'elles disent bien, avec une précision vigoureuse, que l'être raisonnable, étant tel, est, par cela même, maître de soi, vraiment libre ! Or, comme dit saint Thomas, « l'être qui est libre est celui qui est cause de soi : *liber enim est qui est causa sui* ». Messieurs, dans toute la rigueur du terme, cela n'est vrai que de Dieu. Il n'y a que de Dieu dont on puisse dire qu'il ne doit rien à personne. A Dieu seul appartient cette souveraine liberté, qui, en lui, se confond avec l'indépendance souveraine. Mais Dieu a voulu que la créature raisonnable lui fût semblable par le privilège du libre arbitre, et qu'ainsi elle se fît pour ainsi dire elle-même par sa liberté[2]. Nous naissons sans y

---

1. *Summa contra gentes*, L. III, ch. cxi et cxii.
2. « Il y a dans le Christianisme une idée qu'il importe de bien remarquer :

« C'est l'idée de liberté. Dieu est libre. Il crée. Il est bon. Bonté gratuite. Grâce.

« Aujourd'hui cela déconcerte les esprits entichés de déterminisme.

« Aujourd'hui on admet volontiers que tout est mouvant, — point de vérité fixe, immuable, — point d'être en soi, — rien que des phénomènes et des relations, — mais ce mouvement est déterminé.

« Le Christianisme nous montre Dieu immuable et libre. Le changement est ramené à des règles éternelles, transcendantes, à un principe réel transcendant, et ce principe est libre. » (*Extrait de notes manuscrites de M. Ollé-Laprune.*)

être pour rien ; nous trouvons en nous une foule de choses qui sont en nous sans nous. Et Dieu a voulu qu'il y eût quelque chose, avec son aide bien entendu, quelque chose qui, d'une certaine manière, fût par nous. Voilà pourquoi nous ne serons pas des hommes, nous ne serons pas dans l'ordre que Dieu veut, si nous ne savons pas, d'une certaine manière, penser par nous-mêmes. Mais penser par soi-même, ce n'est pas se réduire à soi, s'isoler en soi, ce n'est pas prétendre se passer de Dieu et des hommes ! Non, non, ce n'est pas cela.

Penser par soi-même, c'est accepter les données de la connaissance, car nous ne pouvons rien, rien, sans ce don de Dieu ; nous ne pouvons rien sans notre nature, qui est, à sa manière, un don de Dieu ; nous ne pouvons rien sans la vue et le contact des choses, sans le commerce avec nos semblables : nous devons donc recevoir. Mais, une fois que nous avons reçu, ou plutôt, recevant sans cesse, sans cesse nous devons agir et opérer.

Penser par soi-même, dans le sens que je viens de dire, voilà donc le premier caractère de la virilité intellectuelle.

Et alors, Messieurs, le jeune homme qui a commencé à penser par lui-même va faire un premier essai de ses forces vives ; il va en faire un premier emploi, en se défendant. Guizot appelle certains auteurs et certains livres des « malfaiteurs intellectuels ». Contre ces malfaiteurs, il faut se défendre, et le moyen, c'est l'attention vigilante, l'attention armée. Ah ! ne pratiquez pas dans l'ordre de l'intelligence le laissez faire, le laissez passer. Non, devant les ouvrages qui se présentent à vous, de quelques noms qu'ils soient signés, gardez votre liberté, car vous êtes des hommes ou vous êtes destinés à être des hommes. Sachez regarder en face ce livre, qui est peut-être effrayant, qui est peut-être formidable par le nom qu'il porte, par l'appareil des raisonnements et des arguments, ou encore, par les charmes, par la fascination qu'il peut exercer sur vous. Défendez-vous, Messieurs ; sachez, quand il le faut, livrer des batailles en règle : je veux dire qu'avec certains livres, il faut savoir user d'une attention qui est un travail, il faut savoir faire un examen qui est un labeur. Il faut savoir chercher la pensée maîtresse et savoir trouver dans cette pensée la première origine des erreurs dont le livre abonde. On ne devient pas, on ne demeure pas un homme, dans l'ordre intellectuel, si l'on ne sait livrer des batailles.

Mais on n'a pas toujours affaire à quelque ouvrage considérable, et on n'a pas toujours lieu de faire la guerre en grand ; du moins on a toujours lieu d'être sur ses gardes, car il y a toujours autour de nous une infinité d'ennemis intellectuels, répandus dans l'atmosphère des idées.

Laissez-moi ici vous parler un instant de ce que je nommerai l'usage des *formules*. Dans les formules se renferme et s'exprime la pensée. Il en est qui font fortune : ce n'est pas un mal, c'est une nécessité, et ce peut être un bien. Mais de quelle attention ne faut-il pas savoir user en présence de ces formules, de ces mots et de ces combinaisons de mots qui sont répandus dans l'atmosphère intellectuelle ! Il y a des formules qui sont décidément et manifestement fausses, et, celles-là, il faut savoir les déclarer fausses et les briser. Aujourd'hui, ce n'est pas la mode : devant la formule fausse, on s'arrête, on use de retenue, et on craint de dire à l'erreur : Tu es l'erreur. Non, ce n'est pas l'erreur, ce n'est pas la vérité non plus;... et l'on demeure en suspens.

Messieurs, quand la formule est manifestement fausse, dites : C'est faux, et brisez la formule fausse. Mais, en la brisant, usez néanmoins de précautions : je ne parle pas seulement de précautions à l'égard des auteurs des formules, lesquels auteurs peuvent mériter l'indulgence, mais je parle de précautions à l'égard de cette « âme de vérité », si je puis dire, qui est contenue dans la formule fausse, qui y est en souffrance et qu'il s'agit, par cette opération qui s'appelle la réflexion, d'extraire, de dégager, d'affranchir et de faire apparaître et resplendir au grand jour, en pleine lumière.

Vous savez combien, à l'heure qu'il est, le socialisme est en honneur; or, la formule qui est manifestement socialiste est manifestement fausse : sachez donc le dire. Mais, en brisant la formule socialiste, qui est fausse, usez pourtant de précautions. A l'égard de quoi? A l'égard, Messieurs, de ce que j'appelais tout à l'heure l'âme de vérité qui est contenue dans cette formule, et sans laquelle cette formule ne se soutiendrait pas un seul instant. Car, enfin, toute erreur, il y a longtemps qu'on l'a dit, « toute erreur n'est qu'une vérité dont on abuse ». Et, Messieurs, c'est de cette vérité que l'erreur tient son apparence; c'est cette vérité qui fait que l'erreur a quelque consistance et qu'elle nous séduit. Le meilleur moyen de réfuter l'erreur, c'est donc de montrer qu'elle est l'abus d'une vérité; et, quand vous aurez ôté à l'erreur cette vérité, l'erreur tombera d'elle-même.

Lors donc que vous avez affaire au socialisme, si vous vous contentez de crier : Au feu! — ou : Sus à l'ennemi! vous ne ferez pas grand'chose, vous laisserez au socialisme ses armes, ce qui fera très bien son affaire, car, malgré vos cris, il y a toujours au fond certaines vérités dont il est l'abus : il y a des misères criantes ; il y a des inégalités iniques, et il y a des revendications légitimes. C'est là la part de vérité. Prenez-la donc à votre compte ; prenez ces vérités, mettez-les dans toute leur lumière, sans peur, et alors, combien ne serez-vous pas forts pour briser la formule erronée, pour réfuter l'erreur socialiste !

Il y a, Messieurs, des formules qui sont simplement vagues ou, si vous le voulez, suspectes. Sachez dire qu'elles sont vagues, et tâchez de les éclaircir. Si elles sont vagues, ne vous complaisez pas dans ce vague, qui est fort dangereux : le brouillard n'est pas bon pour l'intelligence, et, comme disait Malebranche, « rien n'est plus sûr que la lumière ».

Ces formules suspectes, je m'attarderais trop, Messieurs, si je voulais en faire la liste. Il y a des mots qui sont sur toutes les lèvres : on dit pour se débarrasser d'un homme : C'est un mystique ! — ou bien : C'est un clérical ! Au siècle dernier, un homme dans un certain milieu, dans un milieu analogue à celui où nous sommes, eût été perdu si on avait pu lui dire : Vous êtes un philosophe... Aujourd'hui, dans un autre milieu, un homme serait forcément perdu si on lui disait : Vous êtes un théologien. Rien de plus vague que ces mots et ces formules, dont le sens change au gré des passions, où chacun met ce qu'il veut, et que tous répètent sans que personne se demande jamais sérieusement ce que cela veut dire au juste. On semble classer, étiqueter les hommes et les choses, et l'étiquette ne répond à aucune idée nette.

Devant ces formules vagues, et, par cela même, suspectes, celui qui veut penser virilement doit s'arrêter et faire effort pour préciser. Il doit se résoudre à n'en laisser passer aucune qu'il n'examine et ne contrôle. Alors il verra que, parmi elles, il en est que décidément il faut oser ne pas employer ; on en a fait trop mauvais usage, et l'erreur les a comme accaparées sans retour... En voici un exemple : ce mot *libre pensée* est très beau. N'est-ce pas Jésus-Christ lui-même qui a dit : « La vérité vous rendra libres ? » C'est dans l'Evangile. Mais, que voulez-vous ? les mots ont leur fortune. *Habent sua fata libelli*. Vous ne pourrez pas aller contre l'usage, et vous ne pourrez pas faire que le mot *libre pensée* prenne pour vous, chrétiens, un sens acceptable. Vous pouvez, vous devez dire qu'il faut penser librement ; vous ne pouvez pas recommander la *libre pensée*. Voilà, entre beaucoup d'autres, un exemple de formule et de mot qu'il faut savoir ne pas employer.

Il y en a d'autres qu'il faut savoir employer quand même. Par exemple, il ne faut pas avoir peur du mot liberté, ni du mot justice, ni du mot science. S'il le faut, expliquez-vous, en les employant, et montrez comment vous donnez et comment il faut donner à ces mots leur sens vrai, leur sens profond, leur sens plein, qui est en même temps leur sens naturel. Mais ne renoncez pas à les employer, car ces sortes de timidités font plutôt l'affaire de ceux que vous prétendez combattre ; si vous leur abandonnez ces mots, ils les accapareront, et, comme seuls ils en feront usage, ils donneront à penser que seuls ils en peuvent et doivent user. De braves et nobles mots auront, par votre faute, comme passé à l'ennemi.

Enfin, il y a d'autres formules qui sont bonnes ; et de celles-là encore je vous dis : Sachez en user virilement. Le danger de la formule, même quand elle est bonne, c'est ce que j'appellerai la *littéralité*. En s'enfermant dans la lettre, on risque d'y croupir et d'y périr. Il faut se renouveler sans cesse ; il faut devant la formule, même bonne, savoir user de son esprit. Et je dis cela, Messieurs, même des formules infiniment vénérables de nos dogmes. Nos dogmes, grâce à Dieu, sont enfermés dans des définitions. Il y a des formules qui marquent les frontières. Et quelles frontières? celles de la vérité? Non, la vérité n'a pas de frontières ; dire qu'on la délimite, c'est se servir d'une expression équivoque. La vérité elle-même n'a pas de frontières : nos formules définissantes ont pour objet de préserver de l'erreur, non de borner la vérité ; ce sont des parapets, des garde-fous ou, si vous voulez, des haies protectrices, mais elles ne barrent jamais la route, car la vérité en elle-même est inépuisable, et jamais nous n'aurons fini de la scruter.

Nos formules, donc, nous devons y tenir, car ce sont elles qui assurent notre marche. Avec nos formules dogmatiques, nous sommes sûrs de ne pas tomber, ni à droite, ni à gauche ; nous sommes sûrs de ne pas dévier ; mais nous ne sommes pas figés, paralysés, cloués sur place. Au contraire, nous devons avancer dans la vérité, car la vérité s'ouvre devant nous, infinie, inépuisable, parce qu'elle est la vérité, la vérité divine, la vérité éternelle.

Messieurs, il reste encore autre chose à faire pour user virilement de son esprit : il faut étendre ses connaissances ; il faut faire des acquisitions, s'initier aux sciences, aux sciences de la nature, quand on le peut, aux sciences historiques, aux sciences sociales. Il faut savoir sa religion (comme on disait autrefois), — et ce n'est pas si commun que cela. Il faut, dans chaque chose dont on parle, tâcher de savoir ce que l'on dit...

Ceci encore a l'air bien peu de chose, mais c'est très considérable, et ce n'est pas non plus chose très commune.

La compétence et l'autorité qui sort de la compétence... Oh! je ne saurais trop, jeunes gens, vous recommander cela. Par exemple, dans les questions sociales qui sont à l'ordre du jour, et dont je me garderai bien de détourner votre attention, tout au contraire, — je vous supplierai d'acquérir de la compétence. Ne parlez pas de ces choses en l'air; ne croyez pas qu'on puisse en avoir une sorte de science infuse. On ne peut acquérir aucune science que par un rude labeur, et la science des choses sociales n'échappe pas à cette condition.

Voyez-vous, Messieurs, il n'y a que deux choses que Dieu mette sous nos yeux et comme entre nos mains, sans que nous ayons rien à faire pour nous les procurer : ce sont d'abord certaines vérités indispensables dont l'humanité vit, et encore faut-il les regarder et comme les manier pour en bien vivre. Et, ensuite ou en même temps, il y a les faits qui nous crèvent les yeux. A la lumière des hauts principes et à l'aide des faits patiemment observés, il nous faut établir ces généralités secondaires qui, en chaque ordre de choses donné, en constituent la science ; c'est nous qui devons, à force d'attention, à force d'observations, à force de réflexions, découvrir les rapports des choses, les lois des phénomènes, les vérités dérivées propres à chaque ordre de connaissances. Et, cela étant vrai de toute science, de la science sociale comme de toutes les autres, il importe là surtout, peut-être, de ne pas l'oublier.

Enfin, Messieurs, quand l'esprit est formé, quand il est armé, quand il est prémuni contre les dangers qui peuvent l'assaillir ; quand il est bien pourvu, bien muni de connaissances solides, il lui reste à exercer sur les autres esprits une certaine action. C'est le dernier signe et le dernier effet de la virilité. Et, Messieurs, de même que, dans l'ordre physique, c'est le vœu de la nature que le vivant qui transmet la vie la transmette saine et forte, de même le jour où, intellectuellement, vous vous sentirez en état de répandre la vie que vous portez en vous, vous êtes, songez-y bien et prenez-y garde, vous êtes tenus de ne répandre, de ne propager qu'une vie saine et vigoureuse : je veux dire des idées justes, des idées fortes, des idées fermes et raffermissantes.

Et, de plus, Messieurs, c'est le vœu de la nature que, quand l'être vivant est en état de donner la vie, ce soit vraiment la vie qu'il donne, et que ce soient, non des simulacres d'êtres, non des semblants d'êtres qui arrivent à la lumière du jour, mais des êtres réellement vivants eux-mêmes et destinés à vivre eux-mêmes, à leur tour, d'une vie propre. De même, quand vous vous sentez en état de répandre quelques idées, tâchez, Messieurs, de vous souvenir que vous devez susciter des esprits actifs et agissants, et non vous substituer à eux ; vous n'avez pas le droit d'asservir les autres à votre pensée, car, dans l'ordre de l'intelligence, il n'y a qu'un Maître, et c'est celui-là! (*L'orateur montre le crucifix placé au-dessus de sa tête.*) Personne n'a le droit de pétrir une intelligence à sa guise, ni de la façonner selon ses petites recettes, ni de prétendre penser en quelque sorte pour elle et la faire penser de tout point comme on pense soi-même. Personne n'a le droit de se faire le dominateur de l'esprit des autres ; mais tout le monde a le devoir, dans sa sphère, petite ou grande, de répandre autour de soi la vie intellectuelle, de susciter des esprits qui vivent eux-mêmes d'une vie, comme je le disais tout à l'heure, saine et forte, et d'une vie qui leur soit propre, en un mot, d'une vie pleine.

II

Messieurs, il nous reste à examiner ce que notre temps réclame particulièrement de nous et ce qu'un jeune homme qui pense en homme doit faire dans le temps présent.

Si nous pensons virilement, nous aurons, je crois, trois qualités : nous saurons voir clair, nous saurons juger, et nous saurons conclure.

Voir clair, ce n'est pas facile ; juger, c'est-à-dire, comme disait Bossuet, « prononcer au-dedans de soi sur le vrai et le faux », c'est peut-être plus difficile encore ; conclure, il paraît que, pour certains esprits, c'est la chose la plus malaisée du monde : même quand les prémisses sont là, qui appellent, qui réclament, qui imposent la conclusion, on ne peut pas se décider à conclure. Mais, Messieurs, il faut savoir oser ce que tant d'hommes n'ont pas le courage de faire : voir clair, juger et conclure. Car, enfin, suivant le mot d'un Lyonnais, que je ne nommerai pas, parce qu'il est vivant et présent [1], on ne peut pas

Dans une sombre nuit faire la traversée.

La traversée de la vie, il faut la faire, non dans une

1. M. Vignon, professeur honoraire de rhétorique du Lycée de Lyon, dans une pièce de vers intitulée : *Le Doute*.

sombre nuit, mais à la clarté du jour, autant que possible, et avec une énergie virile.

Eh bien ! ces qualités que je viens de vous rappeler : voir clair, juger et conclure, ce sont, Messieurs, les qualités qui nous manquent le plus ; en d'autres termes, la virilité intellectuelle est d'autant plus souhaitable dans le temps présent que dans le temps présent elle manque davantage. Mais j'ajoute immédiatement que jamais elle ne fut plus nécessaire, et en voici la raison :

Il y a des époques paisibles, tranquilles, qu'on pourrait dire assises : le dix-septième siècle, dans sa seconde moitié, pourrait, de loin du moins, en fournir un exemple. Alors, Messieurs, on peut se laisser vivre, alors on peut se dire que ceux qui ont l'autorité sont chargés de nous faire vivre, mais, dans le temps où nous sommes, il faut faire ses affaires soi-même.

Montalembert a dit cette belle parole : « Il ne faut pas qu'on puisse nous soupçonner de ne pas accepter les conditions d'une époque militante... » C'est beau, Messieurs, répétons ces fortes paroles et achevons le passage : « Il ne faut pas qu'on puisse nous soupçonner de ne pas accepter les conditions d'une époque militante, ni de sacrifier les nécessités urgentes des temps actuels à des chimères, à des regrets, même les plus naturels et les plus honorables, ni surtout de vouloir ramener le monde, directement ou indirectement, à un passé éteint sans retour[1]. »

Or, Messieurs, ce serait ramener le monde à ce passé éteint sans retour que prétendre se dispenser d'agir et de lutter. Dans le temps où nous sommes, il n'y a point de possession qui ne doive être pour nous,

1. *Discours*, t. III, discours prononcé au Congrès de Malines.

et par notre labeur, une conquête. Cela est vrai dans tous les ordres de choses. Vous êtes né, je suppose, avec un grand nom, vous possédez une grande et belle fortune, vous avez, par votre naissance, une belle situation dans le monde : vous ne ferez rien de cela, si cela, par votre labeur propre, ne devient pas entre vos mains comme une conquête. Et, si vous avez eu le bonheur de recevoir dans votre famille une de ces éducations viriles dont le fruit ne se perd jamais, sachez encore que ce don incomparable, il faut qu'il devienne, par votre labeur propre, une conquête.

Et je dirai cela de la foi elle-même : alors même (cela devient rare, mais cela existe pourtant), alors même qu'un homme traverserait la vie sans jamais avoir vu ni senti sa foi de chrétien entamée, il serait encore vrai de dire de cet homme que cette foi, qui est si bien assurée, est pourtant une conquête, car il lui faut la défendre contre toutes sortes d'ennemis, ennemis extérieurs, ennemis intérieurs, pour la maintenir solide et rayonnante.

Acceptez donc votre temps tel qu'il est, Messieurs, c'est faire la volonté de Dieu.

Les chrétiens ont quelquefois abusé de ce que j'aime à appeler la littérature gémissante : prenons notre temps tel qu'il est, tel que l'histoire l'a fait. Et l'histoire, il ne s'agit pas de la défaire et de la refaire, mais bien de tirer le meilleur parti possible des données que nous avons entre les mains. Prenons notre temps tel qu'il est, et d'abord tâchons de bien savoir ce qu'il est.

Messieurs, il me semble que, vous et moi, nous appartenons... comment dirai-je ?... à une minorité. Et, cette minorité, comment vais-je la nommer ?...

réactionnaire?... Non, parce que, Messieurs, ce mot est mal porté; ensuite pour une seconde raison, et c'est la vraie, il ne s'agit pas de réaction. Vous appellerai-je des conservateurs?... C'est un mot un peu démodé, et je reconnais qu'il a quelques défauts; laissons-le. Je ne suis pas très habile à forger des formules; je ne vais pas trouver un de ces mots retentissants propres à faire fortune, mais je dirai tout modestement que, vous et moi, Messieurs, et vous, jeunes gens qui m'écoutez, nous sommes des hommes ayant des principes.

Qu'est-ce que c'est que d'avoir des principes? Avoir des principes, c'est estimer que la raison d'abord nous a été donnée par Dieu pour nous gouverner, et qu'en un sens très vrai, elle doit gouverner, non pas seulement les individus, mais encore les nations.

C'est ajouter que les vérités éternelles sont les vraies règles selon lesquelles doivent se faire et refaire sans cesse les esprits et les âmes, et auxquelles doivent se conformer sans cesse les individus et les nations.

Et enfin, si aux principes de la raison, qu'il ne faut jamais perdre de vue, nous ajoutons les principes du Christianisme, avoir des principes, c'est estimer que la doctrine et la loi de Jésus-Christ ne nous ont pas été données en vain.

Ainsi, Messieurs, un homme de raison et un homme de foi ayant des principes, c'est un homme qui a la vue et la conviction que la raison et le Christianisme doivent régner dans le monde; c'est un homme toujours prêt à répéter la grande parole de l'universelle prière, du *Pater :* « Que votre règne arrive. »

Nous sommes donc des hommes ayant des principes, et il faut reconnaître tout de suite que cela est antipathique à notre temps, et que notre temps n'aime pas les principes, n'aime pas les gens qui ont des principes, parce que ce sont des gens qui gênent. Eh bien, ce temps qui n'aime pas les principes et les gens qui en ont, qu'est-ce qu'il aime ?

Messieurs, il a trois passions.

Le premier objet de sa passion, c'est ce qu'il nomme la science; le second objet de sa passion, c'est, si je ne me trompe, la justice sociale ; et le troisième objet de sa passion, c'est la liberté et la démocratie ou, si vous le voulez, la liberté démocratique. Voilà le triple objet de sa passion, et je vous assure que jusque-là je n'y vois aucun mal, ni vous non plus, je crois.

Mais voici que les choses vont se corrompre et dégénérer. La science ! on la considère surtout comme affranchissant les esprits : c'est bien; mais, pour affranchir les esprits, il faut leur donner des règles. On veut prendre l'affranchissement, la liberté et pas la règle, de sorte que voici une première dégénérescence, la passion de notre temps pour la science devient l'horreur de toute règle intellectuelle.

Et la passion pour la justice sociale ?

Dans la justice, il y a le respect pour le droit d'autrui : cela, on le laisse un peu dans l'ombre, et on considère surtout le respect que les autres doivent avoir pour notre droit. Et, Messieurs, par une dégénérescence analogue à la première, la passion de la justice sociale devient l'horreur pour toute supériorité sociale; elle dégénère en licence, et elle devient je ne sais quel appétit de nivellement, je ne sais quelle soif d'égalité niveleuse.

Enfin, la passion pour la liberté et la démocratie dégénère à son tour et devient l'horreur pour toute autorité dans l'ordre politique : et alors, Messieurs, nous marchons, notre temps marche vers ce qui s'appelle dans le sens le plus vrai du mot, dans le sens étymologiquement vrai, l'*anarchie*.

Nous sommes des hommes de principes, et notre temps semble être anarchique, ce qui est absolument l'opposé. Il faut s'en rendre compte, il faut le voir, le bien voir et ne pas s'en troubler.

Je vous prie de remarquer que cette triple horreur pour toute autorité conduit très facilement à une triple tyrannie, et on n'est jamais plus près de succomber sous l'oppression tyrannique que lorsqu'on s'est livré davantage à la licence : c'est une vérité vieille comme le monde. Notre temps se met très volontiers sous le joug : dans l'ordre intellectuel, sous le joug des soi-disant savants ; dans l'ordre social, sous le joug des utopistes et des meneurs ; et dans l'ordre politique, sous le joug des politiciens.

Messieurs, je ne fais pas de politique, mais j'entends qu'il m'appartient de faire de la psychologie et de la morale, et, si cela touche à la politique d'une certaine manière, tant pis. J'ai appris de mes vieux maîtres, je veux dire les grands penseurs de l'antiquité; j'ai appris aussi de nos maîtres chrétiens, les Pères de l'Église et les grands écrivains de nos grands siècles ; j'ai appris de ceux dont j'ai prononcé les noms tout à l'heure, Montalembert et Ozanam ; j'ai appris que la littérature et la philosophie s'étiolent et périssent si elles ont peur du grand jour de la vie publique, si elles se désintéressent des grands intérêts humains. Non, je ne vous jette pas dans la politique et je ne suis en aucune manière moi-même un homme politique ; mais je prétends que nous ne devons pas, sous prétexte de littérature et de philosophie, ne jamais avoir un regard pour les graves questions, pour les questions vitales ; et, comme aime à le dire mon éminent collègue à l'Ecole normale, M. Brunetière, que deviendraient donc la littérature et la philosophie si toutes les grandes questions leur étaient interdites?

Tout ceci, Messieurs, c'est une simple parenthèse pour rassurer les timorés, s'il y en a ici; je reviens à mon sujet. Je dis que, notre temps ayant les caractères que je viens d'essayer de retracer, nous avons, si nous voulons être des hommes de pensée virile, un très simple mais très important et peu facile devoir : c'est d'abord d'approfondir ce que j'ai appelé tout à l'heure nos principes ; or, les approfondir, c'est tâcher de bien voir en quoi ils consistent et jusqu'où ils vont, de ne jamais les faire aller où ils ne vont pas, de ne pas leur prêter, par des caprices arbitraires, des exigences qu'ils ne renferment pas; mais aussi de les faire aller jusqu'où ils vont, de savoir au juste leur portée et de la leur donner tout entière, sans jamais les atténuer, sans jamais les diminuer : voilà pour les principes.

Et puis, notre devoir, c'est encore de regarder notre temps et de l'approfondir, lui aussi, si l'on peut dire. Approfondissons ce que j'ai appelé tout à l'heure l'objet de sa triple passion. Si nous approfondissons l'objet de cette triple passion, nous verrons, Messieurs, que ni la science, ni la justice, ni la justice sociale, ni la liberté, ni la démocratie, n'ont en elles rien qui puisse ni qui doive nous faire peur ; nous trouverons plutôt que science, justice sociale et liberté, approfondies comme il faut, apparaissent comme ayant en soi de quoi ramener précisément à nos principes, et, de fait, que notre temps, au moins par intervalle, semble sentir qu'il faut revenir à ces principes eux-mêmes.

Je ne ferai point cette démonstration, parce qu'il est très tard, mais je dirai un mot de la science, parce que c'est le sujet qui nous convient le mieux, et à vous et à moi. Eh bien, Messieurs, mettons-nous bien en présence de ce qu'on nomme la science, de ce qui est de la part de notre temps l'objet d'un culte passionné, que dirons-nous? Nous dirons d'abord que nous ne sommes pas contre la science : pourquoi serions-nous contre la science? Et nous ajouterons que la science n'est pas contre nous. Nous ne sommes pas contre elle, elle n'est pas contre nous, et nous n'avons pas peur d'elle; mais nous n'avons pas non plus à lui faire la cour. Nous n'avons pas à redouter que ses découvertes et ses conclusions vraiment scientifiques ébranlent nos principes; mais nous ne devons pas attendre non plus de ses découvertes la certitude de nos principes : c'est d'un autre ordre.

J'ajoute que nous devons nous appliquer à la science quand nous le pouvons et de la manière que nous le pouvons. Nous devons nous dire qu'elle est un perfectionnement de l'esprit et qu'elle est une extension de l'intelligence de l'homme et de sa puissance sur la nature, que, par conséquent, elle est dans le sens de Dieu, elle est voulue par Dieu. Ainsi, non seulement nous n'avons rien à craindre de la science, mais nous devons aimer la science, la pratiquer à notre manière, dans notre sphère, tant que nous le pouvons, et nous devons surtout nous pénétrer du véritable esprit scientifique.

Quelquefois les chrétiens, les catholiques, s'emplissent la bouche de louanges à l'égard des méthodes scientifiques : il est bon de les prôner, mais les pratiquer vaut beaucoup mieux encore. Il faut les pratiquer tout de bon, avec toutes leurs exigences. J'aime à dire que les chrétiens doivent exceller en tout : ils doivent exceller dans le maniement de la science, dans la pratique des méthodes scientifiques les plus rigoureuses, les plus sévères, les plus ardues. Voilà ce que nous devons faire à l'égard de la science, et, lorsque nous aurons ainsi approfondi l'idée de la science, que trouverons-nous? Nous trouverons que, si nous aimons véritablement la science, nous devons avoir en horreur le joug des faux savants, la fausse science, la prétendue science qui n'est pas la science ; et alors nous remarquerons que notre temps n'est pas si éloigné que cela de penser comme nous.

Seulement les pauvres esprits sont comme affolés et vont un peu à la dérive. Quand on voit que la science est insuffisante, on dit du mal d'elle, et alors on se réfugie, vous savez bien cela, jeunes gens, vous qui faites votre philosophie ou qui venez de la faire, on se réfugie dans la foi. Jamais on n'a parlé davantage de foi que dans ce temps ; ce n'est pas la foi chrétienne la plupart du temps, c'est une foi morale, ou je ne sais quelle foi sans objet, qui est plutôt un espoir, un sentiment, un rêve ; on se réfugie dans une sorte de fidéisme étrange et vague, parce qu'on n'a pas le courage de prendre la peine de juger et de conclure, parce qu'on ne sait ni ne veut user de sa raison. Ne tombez jamais dans ce défaut, et faites effort virilement pour vous garder de cette mollesse intellectuelle.

C'est une bonne chose, Messieurs, que notre siècle comprenne que la science est insuffisante, qu'elle ne suffit pas à tout ; mais c'est une mauvaise chose, parce qu'on est déçu de certaines espérances qu'on avait fondées sur la science mal entendue, de se réfugier dans une foi vaporeuse, dans un fidéisme mortel pour la raison et mortel pour la vraie foi chrétienne.

Messieurs, tâchons donc d'avoir des idées nettes et

des idées fermes ; il le faut, si nous voulons être intellectuellement des hommes. Mais, si nous avons des idées nettes et fermes, allons-nous donc nous cantonner pour ainsi dire en nous-mêmes?... et ne présenter aux autres hommes que des faces hérissées?... Non, Messieurs, non. Et laissez-moi vous dire en finissant que je conçois que la vérité, précisément quand elle est nettement et fortement proclamée, est unissante, la vérité est élargissante, la vérité est conciliante ; mais, Messieurs, à une première condition, c'est qu'elle soit la vérité, la vérité avec ses arêtes vives, avec ses angles, s'il le faut, quand il s'agit de l'opposer à l'erreur ; la vérité avec ses affirmations consistantes, vigoureuses, solides, robustes ; la vérité immuable, oui, et intransigeante, étant intégrale, mais, par cela même, attirante, pacifiante.

Vous me direz : Mais comment cela se peut-il faire ?

Si, voulant penser virilement, nous nous attachons à n'avoir que des idées nettes et fermes, comment ne serons-nous pas intolérants et bientôt intolérables ?

La netteté de l'esprit, Messieurs, la vraie, je ne parle pas de la netteté de surface, je parle de la netteté profonde, qu'est-ce que c'est ? C'est la vérité mieux vue, c'est la vérité mieux possédée. Or quand, à force de netteté, on va pour ainsi dire jusqu'au bout de la vérité, savez-vous ce qu'on trouve ? Un mur ? Non, pas un mur, mais comme un point d'attache à une autre vérité que la première appelle et dont elle a besoin pour se compléter. Car enfin, nous sommes des esprits faibles, quelque effort que nous fassions pour être vraiment forts ; nous sommes des esprits faibles et des esprits dispersés ; nous ne voyons que des fragments de la vérité. Mais, quand nous possédons bien une vérité, Messieurs, ne croyez pas que nous allions nous y enfermer; tout au contraire, cette vérité que nous possédons bien nous pousse vers les autres vérités auxquelles nous ne pensions pas d'abord, et c'est ainsi que la vérité bien connue, la vérité ferme, la vérité nette, ne nous cantonne pas, ne nous renferme pas en nous, mais, au contraire, elle nous élargit, et elle prépare l'union entre les esprits. Sans doute, avec des idées nettes et fermes, nous saurons dire à l'erreur : Tu es l'erreur; mais, avec des idées nettes et fermes, nous saurons aussi recueillir la moindre parcelle de vérité que nous rencontrerons; nous aimerons la vérité découverte, déclarée par d'autres que nous et nos amis; nous l'apercevrons et la saluerons dans les camps adverses; nous la reconnaîtrons même mêlée à des préjugés, à des erreurs. C'est ainsi que nous serons larges et conciliants de la bonne manière : prenant, ramassant avec respect la vérité, si défigurée qu'elle soit, sur les lèvres d'hommes qui n'en comprennent pas toute la portée, qui la limitent, qui la mutilent, qui en abusent de mille manières, nous la rétablirons en sa propre forme, et la compléterons : et peut-être aurons-nous la joie d'amener ceux mêmes qui ne pensent pas comme nous, à se corriger et à se compléter peu à peu eux-mêmes. Voilà comment la vérité est unissante, comment la vérité est pacifiante, mais à la condition, encore une fois, qu'elle soit d'abord la vérité bien nette, bien vigoureusement affirmée.

J'ai fini, Messieurs, je ne vous ai déjà que trop retenus : permettez-moi un souvenir, le souvenir d'une phrase d'un chroniqueur du moyen âge : elle est très belle, cette phrase, et dans un très beau latin; c'est un chroniqueur anonyme, je ne peux même pas vous livrer le nom de ce moine bénédictin. Il s'agit d'un saint qui a été évêque d'Autun. Permettez-moi une parenthèse : Autun !... Quand je prononce ce nom : Autun, je ne peux pas ne point penser à mon très vénéré ami le cardinal d'Autun, un normalien, un camarade d'Ecole, et l'homme que vous savez, et né à Lyon... Eh bien ! Messieurs, un de ses lointains prédécesseurs, Léodegaire, saint Léger, pour parler français, eut le malheur de déplaire à beaucoup de gens, si bien qu'il fut martyr ; et le chroniqueur, après avoir parlé de sa mort, de son martyre, écrit cette phrase : « La virilité de ce citoyen céleste : *Virilitatem cœlestis civis.* » Je vais traduire un peu librement : « La virilité de cet homme, qui fut vraiment un citoyen, qu'on avait vu si occupé des affaires de son temps, qui fut vraiment un citoyen de la terre, un citoyen de la cité d'alors, mais avec des principes venant du ciel : *Virilitatem cœlestis civis.* Eh bien ! la virilité de ce citoyen, qui était un homme céleste, le monde d'alors qui était vieux... (déjà, à ce qu'il paraît...) *mundus senescens,* qui succombait sous le poids de ses vices (déjà !...) *gravatus vitiis,* ce monde si vieux, si vicieux, se trouva incapable de supporter la virilité de cet homme, *non valuit sustinere.* »

Oh ! Mesdames, laissez-moi reprendre cette phrase latine ; elle est si belle, et elle est d'un pauvre chroniqueur inconnu : *Virilitatem cœlestis civis mundus senescens, gravatus vitiis, non valuit sustinere.*

Jeunes gens, je ne vous souhaite pas le martyre, mais je vous souhaite que votre virilité soit insupportable au monde vieillissant et succombant comme sous le poids des vices, qui est le monde de notre temps, et j'espère que cette virilité que ce monde ne pourra pas supporter amènera ce monde à se convertir et à vivre; et c'est pour cela que je vous répète : Soyez des hommes.

Messieurs, pour finir, j'abandonne le langage de la prose, et j'emprunte à un de vos grands poètes, à Victor de Laprade, dont j'ai déjà prononcé le nom, ce viril conseil, cette virile exhortation, qui, ce me semble, terminera bien cette conférence. Il vient de dire qu'il y a des gens qui soupirent mollement, qui, au lieu de foi ferme et vivante, n'ont que de faux sentiments, et alors il s'écrie :

> Dans l'affreux orage où nous sommes,
> Il nous faut de plus mâles sauveurs;
> Nous avons eu trop de rêveurs :
> Soyez des hommes.

IV

LA VIRILITÉ SACERDOTALE : L'HOMME DANS LE PRÊTRE

M. Ollé-Laprune, en août 1897, fut convié à donner une causerie aux élèves du Grand Séminaire de Chartres : nous en donnons, d'après la sténographie, un aperçu fragmentaire.

Messieurs, avez-vous remarqué les jugements que le monde porte sur le prêtre ? Ces jugements sont très différents ; mais il semble toujours qu'ils peuvent se ramener à la double critique que voici : on reproche volontiers au prêtre d'être un peu comme tout le monde et on lui reproche volontiers de ne pas être comme tout le monde. Par exemple, le prêtre doit être un homme de science ; mais du prêtre, le monde attend une science éminente qui n'est pas comme celle des autres, qui est d'un autre ordre ; et en même temps, il reproche volontiers au prêtre d'être ignorant des choses de ce monde, de ce qui préoccupe et passionne le monde. Et encore : le prêtre est un homme qui parle, un prêcheur. Le monde lui reprochera de n'avoir pas dans sa parole quelque chose d'assez singulier, de « parler comme tout le monde » ; il attend autre chose de la part du prêtre ; ou inversement, il lui reprochera d'être trop méprisant, trop dédaigneux des belles formes, de parler un langage qu'on ne comprend pas assez, qui passe les intelligences. Et enfin, on veut que le prêtre s'enferme dans le temple; et d'autre part on veut qu'il en sorte. Tantôt on lui fait un grief de se mêler de ce qui ne le regarde pas; tantôt au contraire de ne point songer assez à soulager les misères humaines, à préparer un baume et un remède pour les maux dont nous souffrons.

Ainsi, Messieurs, toute cette série de contradictions se peut résumer ainsi : le prêtre ne doit pas être comme les autres hommes, et d'un autre côté le prêtre doit être comme les autres hommes. Qu'est-ce que cela veut dire? Devez-vous vous préoccuper beaucoup des jugements du monde? Je ne le crois pas, mais peut-être n'est-il pas mauvais de s'y arrêter quelques instants, car ils peuvent devenir leçon, et peut-être est-ce à un laïque qu'il convient le mieux d'étudier avec vous cette leçon.

Eh bien, Messieurs, c'est vrai : le prêtre n'est pas un homme comme un autre, le monde a raison : il est à part, il a été l'objet d'une dilection particulière, d'une élection, d'une sélection : *Elegi vos de mundo*. C'est clair, il est la portion de Dieu, comme Dieu est sa portion. C'est vrai : le monde a raison dans son jugement : il faut qu'on sente dans la vie du prêtre et dans le savoir du prêtre, une parole, une action, une influence, quelque chose qui est d'un autre ordre que ce qui est purement humain, quelque chose qui passe l'homme, qui vient de plus haut.

Mais le prêtre est un autre Christ, *alter Christus*, et le Christ, c'est l'Homme-Dieu; le prêtre est donc le ministre de l'Homme-Dieu; il est homme. Homme, cela va sans dire, il devra à cette qualité d'homme des misères, des faiblesses, des imperfections; et le monde sera injuste s'il les lui reproche trop. Mais je ne m'arrête pas à cela; je veux dire que le prêtre doit être homme, dans le meilleur sens du mot, dans toute la force du terme, homme excellent, excellemment homme. De même que Jésus-Christ est vrai Dieu et en même temps vrai homme, Dieu parfait et en même temps homme parfait, de même, le prêtre, à sa manière, doit être l'homme parfait, l'homme excellent.

Je vous rappellerai ici un adage que vous connaissez bien en théologie, c'est que la grâce ne supprime pas la nature, mais la perfectionne. *Non tollit naturam sed perficit*. Sans doute la grâce est quelque chose de suréminent, de surnaturel, mais elle ne détruit pas l'homme, elle le fortifie; elle ne donne pas la mort à l'homme, mais elle perfectionne la nature humaine; elle ne la détruit pas, elle la complète et ensuite elle l'élève au-dessus d'elle-même.

Ce que je veux dire ce soir ici, ce que je veux chercher avec vous ce soir, c'est l'homme dans le prêtre. Comment le prêtre peut-il être excellemment homme? Comment les qualités humaines doivent-elles se trouver en lui, resplendir en lui?

Je ne voudrais médire de personne, je crois cependant qu'on rencontre quelquefois des âmes pieuses qui estiment que leur piété les dispense de vertus qu'elles appelleraient trop basses. Les vertus soi-disant basses sont peut-être les vertus fondamentales sur lesquelles repose l'édifice; la piété n'en dispense point. Le défaut dans lequel tombent ces âmes pieuses, peut-il se rencontrer quelquefois chez des prêtres? Je n'en sais rien, je ne veux pas l'examiner. Mais je fais une hypothèse; je suppose un prêtre qui s'imaginerait qu'avec un peu de charité, peut-être avec une piété douce, molle, indulgente, on peut se passer des qualités qu'on appelle purement humaines. Croyez-vous, Messieurs, qu'il pourrait se passer de ces vertus fondamentales, les regardant comme trop basses ? Vous diriez non ! et avec raison. Le prêtre doit être d'abord un homme, et un honnête homme. Il y a des qualités, des vertus intellectuelles et morales qui sont indispensables, comme il y en a d'autres qui, sans être indispensables, sont une parure de l'homme.

Ces vertus indispensables et cette parure humaine, il faut qu'on puisse les trouver dans le prêtre.

D'abord un ferme jugement, la solidité de l'esprit ; ce sont là, je le sais bien, des qualités en partie naturelles, mais ne peut-on pas les accroître, les développer par l'application, par le travail personnel ? Il faut viser à avoir la tête solide, un jugement bon, un esprit juste ; ce sont là des qualités indispensables et qui peuvent devenir des vertus intellectuelles.

Et, dans l'ordre moral, on doit trouver dans le prêtre la probité, la délicatesse, la parfaite équité, la justice exacte et sévère, la sûreté de commerce, la droiture, la parfaite droiture ; et avec cela la générosité, je ne sais quoi de haut, de noble qui élève au-dessus des mesquines préoccupations, et cette fierté et ce sentiment de l'honneur qui se concilie si bien avec l'humilité. Saint Thomas dit quelque part que la pusillanimité, c'est-à-dire la petitesse d'âme, c'est ce qu'il y a de plus contraire à la vraie humilité. Un prêtre ne doit pas avoir l'âme petite, mais grande ; humble, il ne doit pas se refuser à l'effort, à faire grand. Je parle la langue même de saint Thomas. Celui-là, dit saint Thomas, qui se retire devant les difficultés, est-il humble ? Non. Je ne puis pas tout dire ; il a des expressions tellement énergiques que l'expression manque

en français. Il dit : « *Deficit a proportione virtutis suæ.* »
Rester au-dessous, ce n'est pas l'humilité, c'est de la
pusillanimité, il en a horreur. Eh bien! Messieurs,
toutes ces vertus morales, la probité, la fierté, le sentiment de l'honneur, la générosité, le courage, la fermeté, constituent ce qu'on appelle dans la langue
française : le caractère. Tout cela est humain, ce sont
des vertus humaines dans l'ordre moral ; il faut qu'on
les trouve dans le prêtre.

Et il faut aussi la bonté qui n'est pas tout à fait la
même chose que la charité, (je prends pour un moment
ce mot dans le sens humain), il faut une bonté vraiment compatissante, qui sait entrer dans l'âme des
autres et compatir aux souffrances, qui sait comprendre les maux d'autrui et surtout les souffrances
de l'âme, les souffrances intérieures.

Ajoutez à cela, Messieurs, ce que j'appelais tout à
l'heure une sorte de parure humaine, à savoir ces
vertus regardées comme élégantes mais un peu
vaines, — au fond ce sont des vertus, — telles que
certaines délicatesses, la politesse, la distinction : ce
sont comme les fleurs de la vertu, c'est humain, ce sont
des vertus humaines ; vous les avez comme homme.
Il ne faut pas qu'un prêtre méprise tout cela parce que
c'est humain. Et d'ailleurs ce sont des vertus qu'on
peut surnaturaliser, et quand on les pratique ainsi,
on est chrétien et homme parfait (*explosion d'applaudissements*).

Le savoir, maintenant. Le prêtre est un homme de
science, de savoir. Quelle sorte de savoir attend-on du
prêtre? Quand un homme du monde s'adresse au
prêtre, que vient-il chercher, que demande-t-il? La
lumière. Mais laquelle? S'il s'agissait de science
purement humaine, pourquoi irait-il la chercher au-

près du prêtre en tant que prêtre ? Ce que le monde attend du prêtre, c'est un savoir plus sûr, si l'on peut dire, ou au moins d'un autre ordre que le savoir humain.

C'est vrai, mais je trouve ici l'homme. Ce savoir, cette science qui est la science de Dieu et qui doit être la science du prêtre, c'est par un labeur humain que le prêtre se l'approprie, et de même que tout à l'heure il n'avait pas le droit de mépriser les vertus simplement morales, sous prétexte que ce sont des vertus humaines, de même le prêtre n'a pas le droit de mépriser la méthode, le labeur humain. Sans doute, c'est de la science de Dieu qu'il s'agit, mais dans l'Eglise, tout se fait d'une certaine manière humaine, en même temps que tout est soutenu par l'Esprit divin : c'est très remarquable.

Jésus-Christ n'est-il pas l'Homme-Dieu ? Les Papes, quand, au nom de leur divin magistère, ils écrivent une Encyclique, négligent-ils de s'entourer de ressources humaines ? se dispensent-ils de consulter, de réfléchir, de travailler ? Eh bien ! ce mélange de l'humain et du divin, nous le retrouvons, de même, dans la formation du prêtre.

Il a une science qui est d'un ordre à part, une science qui est purement de Dieu : la théologie et tout ce qui l'accompagne. Mais c'est par un labeur humain qu'il doit se l'approprier, se l'assimiler. Et la théologie, si on la prend du mauvais côté, peut paraître ennuyeuse, rébarbative, sèche et peut-être desséchante. Sans doute, pour échapper à ce danger, vous avez la prière, les moyens proprement divins, mais, croyez-le bien, chers Messieurs, il y a aussi une certaine façon humaine de travailler même la théologie ; ces moyens ne sont pas indifférents pour la bien comprendre, pour l'entendre comme il faut, et en tirer tout le fruit qu'on peut en tirer.

Permettez-moi une comparaison. Il me semble que pour certains esprits qui ne savent pas bien s'y prendre, la théologie me fait l'effet d'une sorte de grammaire, et que pour ceux-là, tout leur souci paraî être de bien mettre l'orthographe.

L'orthographe, vous le savez, cela est nécessaire mais ce n'est pas suffisant. Il faut encore y joindre la littérature, la philosophie, tout ce qui nourri l'esprit. Il faut avant tout savoir sa langue, et ce n'est pas facile; il faut savoir écrire, parler correctement : voilà à quoi sert la grammaire. Mais la grammaire et l'orthographe ne sont pas tout.

De même, il ne suffit pas dans ce qui est orthodoxe de mettre une correction sèche : il faut pénétrer cette matière théologique, s'en nourrir, s'en imprégner Permettez-moi, puisque je suis philosophe, de vous faire remarquer en passant le rôle de l'abstraction dans les connaissances humaines. On ne peut rien savoir, sans avoir recours à l'abstraction; elle es indispensable pour la pensée humaine, mais ce n'es qu'un moyen. Au commencement et à la fin, il y a autre chose, il y a la réalité, la réalité même. Cela es vrai dans l'ordre naturel des sciences : la science de la nature n'est qu'une suite d'abstractions; rien n'est abstrait comme la physique. Mais qu'y a-t-il au commencement? un fait donné, auquel le savan s'assujettit, et qu'il pénètre grâce à ses expériences et ses expérimentations. Et qu'y a-t-il au bout l'abstraction sans doute, mais qui permet d'agir su la nature et de l'assujettir à nos propres besoins Vous le voyez, nous trouvons la réalité; partis de la réalité, nous revenons à la réalité et l'abstraction n'a été que le moyen.

Il en est de même pour la théologie; elle peut être précise, correcte, orthodoxe, un ensemble de formules parfaitement exactes, mais il faut par notre labeur ouvrir ces formules pour arriver à la réalité dont elles sont l'expression. Le Christianisme repose d'une part sur des faits historiques et d'autre part sur des vérités éternelles : Dieu est la réalité, il est le réel parfait. Il faut que nous nous rendions ces réalités familières ; il faut sortir de l'abstraction qui a été nécessaire comme moyen d'y arriver.

Ainsi, Messieurs, le monde attend de vous un savoir d'un autre ordre que le savoir humain, mais il faut vous approprier ce savoir par un labeur humain. Bien plus, le prêtre ne doit pas rester étranger aux connaissances purement humaines, et je vais essayer de vous montrer pourquoi.

Quand un prêtre étudie une science même purement humaine avec méthode, avec un esprit scientifique, avec sévérité et rigueur, il prend de bonnes habitudes d'esprit, de la pénétration, et il a aux yeux des hommes cette autorité qu'on accorde toujours à la compétence scientifique.

Mais, parmi les connaissances humaines, il en est qui me paraissent particulièrement utiles au prêtre ; ce sont celles dont il a besoin pour comprendre, pénétrer, goûter les Saintes Écritures. Voilà tout un ordre de connaissances auxquelles un prêtre s'adonnera plus ou moins selon ses aptitudes ou les circonstances. Mais les Saintes Écritures sont une mine dont le prêtre vit. Comment pourra-t-il y pénétrer, dans cette mine obscure, s'il n'emploie la méthode, le labeur et l'étude ?

Puis il lui faut la connaissance de l'histoire de

l'Eglise, de l'histoire du monde, en rapport avec celle de l'Eglise, puis la connaissance des âmes, du temps où l'on vit, des besoins de ce temps, des misères de ce temps, et de la façon dont la doctrine qui est immuable doit s'approprier à ce temps particulier.

Toutes ces connaissances sont d'un ordre humain, agissant humainement, par des signes humains. Dans cet ordre de choses, le prêtre sachant se servir sagement et habilement de la raison n'est-il pas, en l'espèce, un homme excellent et parfait ?

De même pour la parole. Je disais : le prêtre est un homme qui parle. Mais il a ceci de particulier, c'est qu'il parle au nom de Dieu ; sa parole est d'un ordre à part. Ainsi que sa science était la science de Dieu, de même sa parole vient de Dieu, il parle au nom de Dieu ; mais ce n'est que d'une manière humaine et par un labeur humain, par une préparation humaine que les prêtres peuvent se rendre capables de parler et de bien parler.

Ici, Messieurs, il y a deux sortes de préparation : il y a une préparation éloignée et une préparation prochaine.

La préparation éloignée : mais, n'est-ce pas toute la vie ? ce sont toutes ces connaissances qu'on a acquises selon les circonstances et pour ainsi dire au jour le jour, c'est la connaissance des âmes surtout ; ce sont les études qu'on a faites pour se former l'esprit ; c'est le soin qu'on s'est imposé de mettre de l'ordre dans ses idées, de les disposer d'une manière régulière, simple, naturelle : tout cela constitue une préparation éloignée. Et la préparation prochaine ? Je ne la considère ici que du côté proprement humain ; aujourd'hui, je cherche l'homme dans le prêtre ; c'est sur cela seul que j'ai le droit de parler, pour le reste je n'ai pas qualité. Pour la préparation prochaine, je ne parle pas de la prière, je ne m'occupe que de la science dans l'ordre humain.

Le prêtre doit se recueillir et se dire : à qui est-ce que je parle, et qu'est-ce qui convient le mieux, dans les circonstances actuelles, pour ceux à qui je parle? Et, une fois le sujet choisi, qu'est-ce qu'il est nécessaire de dire et qui est en quelque sorte fondamental et précis et qu'y aura-t-il de plus saillant? Je crois que ceux qui se recueillent ainsi et qui se sont dit cela ne parleront pas vainement, mais ils le feront d'une manière utile et solide; il n'y a pas besoin pour cela d'être un orateur. Peut-être (je tremble de ce que je vais dire, car je m'aventure sur un terrain où je n'ai pas le droit d'entrer), peut-être le prêtre est-il quelquefois trop soucieux d'être orateur (*sourires d'approbation*). Eh bien, s'il est orateur, tant mieux, mais s'il ne l'est pas, tant pis ! Et puis vous saurez, Messieurs, qu'il n'y a rien de plus variable pour la pensée, pour le talent oratoire, que les circonstances : on n'est pas en train, cela ne vient pas, le souffle n'y est pas! Mais tous les hommes qui parlent connaissent cela et en souffrent! J'imagine que pour le prêtre, le meilleur moyen de ne pas connaître ces défaillances, c'est de ne pas viser à l'éloquence. S'il est tout plein de son sujet de longue date, à force de l'avoir médité, s'il est tout plein de l'importance de l'action qu'il va faire en parlant, il pourra lui aussi être plus ou moins bien disposé, avoir des expressions plus ou moins heureuses ; mais ce qu'il dira portera toujours, c'est là l'important : dire des choses qui portent. (Vous avez remarqué cette expression de la langue française, si difficile à traduire en d'autres langues : dire des choses qui portent). Quand on est plein de son sujet, quand de plus on parle au nom de Dieu, comment ne dirait-on pas, que bien que mal, des choses qui portent! Ce qui est pénible pour un prêtre, ce n'est pas d'avoir un discours à faire, mais de ne pas dire des choses qui puissent porter. A cette parole pleine, croyez-le, c'est encore pour une grande part d'une manière humaine qu'il peut se préparer, par de bonnes habitudes, par exemple l'habitude de se fier plus à son esprit qu'à sa mémoire.

Enfin, Messieurs, j'arrive au dernier point que j'ai indiqué : l'action, l'influence. Volontiers on dit dans le monde (je le disais au commencement) que le prêtre se mêle de ce qui ne le regarde pas. Il ne doit pas sortir de l'église, de la sacristie ; de quoi se mêle-t-il ? Où va-t-il mettre la main ? Qu'il s'occupe donc des choses de Dieu et des intérêts de son Père qui est au Ciel! (*Sourires.*) Ah! Messieurs, le Père qui est au Cieux, c'est le Père de la famille humaine ; ce qui fait que, d'une certaine manière, le monde parle à tort et à travers. Le prêtre s'occupe des affaires de la famille humaine. Ceci est très délicat. Ici, le prêtre a besoin d'être un homme dans toute la force du mot : un homme de tête, un homme de cœur, un homme de caractère.

Oui, il faut que le prêtre exerce une action, que le prêtre ait une influence. Mais, Messieurs, pour l'avoir sûrement, efficacement, il faut qu'il ne la cherche pas. Il n'a pas à s'ingérer dans ce qui ne le regarde pas directement, immédiatement ; mais il doit toujours être prêt à tout ; il doit toujours être prêt à suivre les indications de la Providence.

Je m'explique. En faisant tout son devoir, même dans le plus petit village, un prêtre se rendra capable de faire tout ce que Dieu voudra de lui, le jour où les circonstances exigeront de lui une action plus étendue, plus éclatante. Mais il faut qu'il commence par faire modestement tout son devoir, rien de plus. Il accumulera ainsi dans son âme, dans son être tout entier, des trésors dont l'emploi se trouvera le jour que Dieu voudra. Il ne s'agit pas de le devancer, il suffit d'être prêt.

Pour faire tout son devoir, dans les circonstances les plus humbles, il faut être courageux. Le prêtre placé sur le théâtre le plus étroit, qui fera tout son devoir, sera capable d'être un héros et d'exercer un jour une merveilleuse influence, si Dieu le veut. Faire tout son devoir, c'est être décidé à ne reculer devant aucun sacrifice ; faire tout son devoir, c'est accepter avec générosité les conditions qui nous sont faites par Dieu ; et ce qu'il y a de plus difficile peut-être pour faire tout son devoir, c'est que cela suppose qu'on sait user de ses droits quand il le faut. Je dis que cela est très difficile ; moitié par vertu, moitié par indulgence, en présence des misères humaines, on arrive à ne pas savoir user de ses droits. Et en disant tout cela, je ne perds pas de vue mon sujet, car j'ai dit qu'il faut être homme, et c'est être vraiment homme que de savoir user de ses droits. Je dis que ce n'est pas facile.

Les droits sont de diverses sortes ; il y en a de reconnus : ce n'est pas une raison pour qu'ils soient conservés. Quelquefois les catholiques sont répréhensibles sur ce point ; ils savent que ces droits existent, et ils n'en usent pas. Il y en a d'autres qui existent encore, mais qui ne sont pas reconnus ; ils dorment, ils sont latents ; il faut les réveiller. Enfin, il y a des droits méconnus ; il faut les revendiquer. Il y a des droits qui sont violés ; il faut protester contre cet outrage, contre cette violation du droit, non pas en gémissant, cela ne sert pas à grand'chose, mais en homme, usant des droits de l'homme et du citoyen. Il est des lois, des libertés qui existent; il faut savoir en user. Il est des libertés nécessaires, naturelles; il faut savoir les prendre. Et tout cela, en homme de tête, en homme résolu, en homme de cœur, en homme de caractère. Il faut une certaine crânerie; il ne faut pas se contenter de crier, il faut agir, avec virilité, sans timidité ni témérité; il ne faut pas s'aplatir, jamais ! jamais ! Malebranche a dit quelque part qu'il faut être ventre à terre ! Ventre à terre... mais devant qui ? Devant Dieu ; hors ce cas, il faut avoir la tête haute, ne jamais s'aplatir.

L'homme, je vous prie de le remarquer, qui est vraiment homme, c'est quelque chose de bien fort. Permettez-moi un souvenir classique, un vers de Virgile, qui est tellement connu qu'il semble banal : *Si forte virum quem conspexere, silent.* Un homme ! rencontrer un homme ! mais c'est rencontrer une barrière infranchissable, devant laquelle beaucoup de passions, beaucoup d'injustices viennent se briser. Il en sera ainsi, croyez-le bien, surtout quand derrière l'homme ou pour mieux dire avec l'homme on trouve Dieu, quand dans l'homme il y a Dieu (*salve d'applaudissements*).

Il faut aussi qu'on trouve l'homme dans le prêtre quand il y a un remède à apporter aux souffrances humaines. En le voyant compatir, soulager les misères humaines, il faut qu'on se dise : voilà l'homme, et si l'on peut ajouter : voilà l'homme de Dieu, ce sera très bien, ce sera complet, tout y sera.

Messieurs, pour arriver à être un homme qui oppose une résistance absolue à certaines injustices et violations du droit, un homme qui soit pour l'humanité un conseiller, un guide, un directeur, un consolateur, il faut une préparation humaine.

Je n'ai pas la prétention de vous en faire même une esquisse. Je termine par une simple remarque.

Vous savez que dans le siècle où nous sommes, dans les temps où nous vivons, les journaux ont une grande influence. Au séminaire, vous ne devez pas en lire beaucoup (*sourires*). Mais quand vous serez sortis du séminaire, je crois que le journal tiendra une certaine place dans votre vie. Par exemple, quand vous serez isolés dans un presbytère, quand vous serez curés de campagne, eh bien! ce visiteur qui arrive tous les jours par la poste, il est le bienvenu, il est bien lu et il prend bien vite une grande influence.

Du reste, je vous demande pardon de ce que je vais dire, c'est remarquable comme les laïques ont de l'influence sur le prêtre. Je vois en ce siècle deux ou trois Pères de l'Eglise laïques : Chateaubriand, Joseph de Maistre, Louis Veuillot; et après les *majores*, il y a les *minores :* et nous en avons actuellement, oh! très petits!

Eh bien! Messieurs, permettez-moi de vous le dire : défiez-vous du journal. Je ne vous dirai pas : fuyez le journal; on ne peut connaître son temps sans cela, quand on vit loin des villes : je le comprends; il faut en avoir, oui; mais il faut s'en défier. Il y a des journaux qui excitent, d'autres qui assoupissent : tous deux sont dangereux. Celui qui excite apporte quelques consolations aux ecclésiastiques qui ont à supporter des injustices; il les venge de l'inaction à laquelle ils sont condamnés; ces cris courageux, bruyants, qu'on trouve dans certains journaux, les vengent en quelque sorte de beaucoup de choses, mais il faut se défier. Crier peut être quelque chose de bon pour ceux qui ont droit de le faire; mais crier, ce n'est pas très sacerdotal. D'autres se laissent guider par un journal pacifique et, sous prétexte de modération, ils prennent tout en patience, passivement, ils restent dans l'inertie; ce n'est pas très bon non plus.

Voilà donc, Messieurs, ce que j'ai voulu vous dire : il faut être homme, et particulièrement dans l'ordre de l'action et de l'influence, il faut, dans la situation la plus humble, sur le théâtre le plus étroit, non pas par ambition, mais par générosité, être prêt à tout.

Laissez-moi, en finissant, vous en citer deux exemples remarquables. Vous connaissez Mgr Manning, le cardinal-archevêque de Westminster? Vers la fin de sa vie, il fut mêlé à toutes sortes de questions, que certes il n'avait pas prévues ni voulues. Qui aurait dit qu'un jour, archevêque de Londres, il ferait honorer le Catholicisme dans la capitale de l'Angleterre comme il a réussi à le faire?... C'est qu'il a été trouvé prêt pour remplir le grand rôle dont il fut chargé.

Un autre exemple : le cardinal-évêque de Pérouse, qui dans cette petite ville se préparait à être le grand Pape Léon XIII; ce ne fut point par ambition, car il ne l'avait nullement prévu; mais, vous le savez, il se livrait à l'étude, à la méditation et à l'accomplissement de tous les devoirs qui étaient siens et il se trouvait prêt à l'heure où Dieu l'appelait. Je ne suppose pas qu'il y ait ici un futur archevêque de Londres, ni un futur Pape; mais, retenez ceci : il peut être prêt, se tenir prêt en faisant au jour le jour tout son devoir.

Ainsi, Messieurs, vous m'avez compris. Il faut que le prêtre soit homme et, dans ma pensée, je n'ai pas voulu faire tort au prêtre; pas plus que Jésus-Christ n'a fait tort à la divinité en étant un homme tout semblable à nous, sauf le péché. Le prêtre, je pense, ne sera nullement diminué s'il fait apparaître dans sa personne toute la beauté, toute la dignité de la nature humaine, perfectionnées par la grâce, et je lui appliquerai ces paroles du psalmiste : *Specie tua et pulchritudine tua intende, prospere procede et regna.* Va, prêtre, montre aux hommes ta face, humaine d'un côté et de l'autre belle de la beauté divine. Règne, et comment ? à cause de la vérité dont tu seras le ministre, *propter veritatem, et mansuetudinem et justitiam :* tu feras descendre dans les cœurs la douceur, la mansuétude, et la justice. (*Applaudissements prolongés.*)

V

LE CLERGÉ ET LE TEMPS PRÉSENT DANS L'ORDRE INTELLECTUEL

M. Ollé-Laprune, le 19 juin 1895, vint donner une conférence aux élèves du Séminaire de Saint-Sulpice et du Séminaire d'Issy : sténographiée sur l'heure, elle fut publiée par la *Revue du Clergé Français* sous le titre : *Le Clergé et le Temps présent dans l'ordre intellectuel.* Nous la reproduisons telle quelle.

Je m'étonne un peu, Messieurs, non pas d'être dans cette maison, — et si je m'en étais étonné par avance, maintenant, mon étonnement cesserait; mais il n'a jamais existé, — je m'étonne donc un peu, non pas d'être dans cette maison, mais d'y être à la place où je suis. Là où je devrais venir, ce semble, pour m'instruire, je viens pour enseigner : ainsi l'a voulu votre Supérieur général[1], ainsi l'ont voulu les directeurs et professeurs qui m'ont renouvelé son invitation, ainsi, dois-je le dire maintenant, vous le voulez vous-mêmes : vous me l'avez assez prouvé par l'accueil que vous m'avez fait, et vous venez de me le prouver encore par

---

1. M. Captier.

les paroles qui viennent de m'être adressées, paroles dont je suis profondément touché, et dont je vous remercie de tout cœur. J'ai donc obéi, et je crois que c'est bien dans l'esprit de Saint-Sulpice. (*Rires.*) Vous remarquerez aussi, Messieurs, que lorsque j'ai dit « votre Supérieur général, vos professeurs, vos directeurs », je me suis abstenu d'adjoindre à ces mots aucune épithète : on est modeste ici, on est humble, et, sur ce point, je serai encore, je crois, dans l'esprit de Saint-Sulpice. (*Sourires.*) Toute la louange que je ferai sera mon silence, et c'est, si je ne me trompe, un mot de l'Ecriture : *Tibi silentium laus.* Décidément, Messieurs, je prends tout à fait l'esprit de la maison : voilà que je cite les Livres saints, et même, si vous voulez, je ferai un petit bout de commentaire et je vous dirai que ce n'est pas là le texte ordinaire : nous lisons dans les Psaumes : *Te decet hymnus*, ce qui m'irait beaucoup mieux dans le cas présent : *Te decet hymnus;* mais enfin, je me conformerai à l'autre leçon, à celle que Bossuet dit, je crois, être de saint Jérôme : *Tibi silentium laus*, et je répéterai le commentaire de Bossuet : *quum nihil de te digne dici possit*, je ne traduis pas parce que cela pourrait troubler la modestie... (*Sourires.*)

Ainsi, Messieurs, vous voyez que j'ai toutes sortes de raisons pour me rassurer, puisque j'ai pris sur deux ou trois points l'esprit de Saint-Sulpice. Et puis, ce qui m'enhardit surtout à vous parler, c'est que, à vrai dire, je ne viens pas professer, je ne viens pas enseigner, je viens causer, et causer avec vous non pas de ce que vous savez mieux que moi, mais de ce que je suis censé savoir un peu mieux que vous.

Je viens vous apporter des nouvelles du monde, du

monde contemporain, de ce monde que vous avez quitté, les uns, il y a un peu plus longtemps, les autres, il y a un peu moins longtemps ; de ce monde dans lequel vous allez rentrer, les uns presque demain, et les autres dans deux ou trois ans. Ce monde contemporain, vous devez y rentrer pour y être des apôtres : vous avez été tirés du monde, *vos elegi de mundo*, mais vous serez envoyés dans le monde, *mittam vos*. Vous retournerez donc dans ce monde pour y être des apôtres ; et n'est-ce pas, soit dans vos méditations solitaires, soit dans vos entretiens entre vous, il vous arrive souvent de penser à ce que sera pour vous ce monde contemporain où vous allez rentrer, et à ce que vous devrez être pour lui? Il vous arrive de vous demander dans quel état vous le trouverez, et quel accueil il vous fera et ce qu'il attend de vous, et ce que vous pourrez y faire, ce que vous pourrez en faire, ce que vous pourrez faire pour lui. Et n'est-ce pas, Messieurs, quand vous pensez à ces choses, il vous semble que vos idées sont un peu oscillantes, un peu flottantes. Tantôt, vous ne voyez dans ce monde contemporain que ce par quoi il vous est contraire, que ce par quoi il est opposé au Christianisme; ou bien, inversement, vous voyez plutôt ce par quoi il vous paraît favorable au Christianisme, ce par quoi il vous tenterait, ce par quoi il vous paraît favorable à vous-mêmes. — Et alors, il peut vous arriver dans le premier cas de le craindre surtout d'entrer en défiance à son égard, de le maudire peut-être, tout au moins de vous décourager et de vous dire : puisque nous sommes, nous chrétiens, nous prêtres, si différents de lui, quelle prise aurons-nous sur lui, que pourrons-nous en faire, et que pourrons-nous faire pour lui? — Et dans d'autres moments vous voyez surtout ce par quoi il vous paraît se rapprocher du Christ ; et alors, vous considérez de préférence ce qu'il a qui vous attire, ce qu'il a de fascinant, ce qu'il a de séduisant : il vous semble qu'il ne vous sera pas bien difficile d'aller à lui, qu'il ne vous sera pas bien difficile de vous rencontrer avec lui, puisqu'il semble avoir fait vers vous la moitié du chemin, et si nous savons faire de notre côté, nous, du chemin vers lui, eh bien ! on se rapprochera, et la paix se fera ; et voilà qu'envisagé de cette manière, ce monde contemporain paraît décidément favorable au Christianisme ; mais, sans doute, vous entrevoyez tout de suite un danger : si vous alliez vous laisser séduire ? alors, de même que tout à l'heure, vous sentant si différents de lui, vous vous demandiez quelle prise vous auriez sur lui, de même maintenant, redoutant d'être trop semblables à lui, vous vous demandez comment, étant si semblables à lui, vous pourrez encore quelque chose pour le guérir, pour le soulager et pour le ramener au Christ.

Ainsi, Messieurs, votre pensée, si je ne me trompe, oscille ; et, si vous vous demandez ce que ce monde contemporain pense de vous, vous trouverez qu'il porte sur vous deux jugements qui ont l'air de se contredire et qui reproduisent cette oscillation de vos pensées mêmes. Ce monde contemporain, s'il prévoit que vous arriverez à lui fermés à tout, étrangers à tout, à tout ce qu'il aime, à tout ce qui le passionne, à tout ce qui l'intéresse, étrangers, hostiles peut-être, du moins indifférents ; eh bien ! ce monde, il vous dira qu'il ne vous connaît pas, puisque vous ne le connaissez pas, et vous ne pourrez rien pour lui ; — mais d'un autre côté, Messieurs, s'il entrevoit que vous avez pour lui de la sympathie, et que vous le comprenez, il vous donnera cette louange d'être des prêtres intelligents, soit ! c'est bien ; et il ajoutera que vous êtes vous-mêmes sympathiques, c'est bien encore ! — mais s'il prévoit que vous êtes séduits, alors, au lieu d'avoir confiance en vous, il commencera à se défier, car, quelques jugements plus ou moins injustes que le monde porte sur le prêtre, il en a toujours cette double idée : d'abord que l'intelligence, que le savoir convient au prêtre, et d'autre part, que le prêtre est un homme, qui, après tout, ne parle pas comme « un homme purement homme » : c'est un homme qui n'est pas tout à fait comme les autres, et cela, Messieurs, dans l'idée des non-chrétiens aussi bien que dans l'idée des chrétiens. Le prêtre, c'est toujours un homme qui parle comme ayant autorité, comme ayant puissance, *tanquam potestatem habens*. Si donc vous lui apparaissez comme ignorants, il se défie, il est tout près de mépriser ; mais si vous lui apparaissez comme renonçant à parler avec autorité et avec cette puissance qui est la vôtre, il se défie encore, et il est près encore de mépriser. Voilà, si je ne m'abuse, le jugement que le monde porte sur le prêtre, jugement confus aussi bien que ces pensées qui sont les vôtres et que j'essayais tout à l'heure de reproduire. Tout cela, c'est confus, oui, mais tout cela contient une indication, une indication précieuse, Messieurs, et nous allons tout de suite la recueillir et tout de suite l'exprimer en une proposition qui va la mettre nettement devant vos esprits. C'est que, pour que le prêtre ait une action dans le monde et une action sur le monde, et j'entends, ici, sur les intelligences (puisque je suis philosophe, c'est surtout dans le domaine intellectuel que je me renferme), eh bien ! pour que le prêtre ait une action sur les intelligences, il faut qu'il soit de son temps, car s'il n'est pas de son temps, il parlera un langage que le monde ne comprendra pas : et d'autre part il faut qu'il soit de son temps non pas pour le flatter, non pas pour se laisser séduire par les idées courantes de son temps, non pas pour se laisser entraîner, mais, tout au contraire, pour diriger, pour dominer ; et comment diriger et dominer ? à force de doctrine, à force de savoir : c'est ce que je vais essayer de vous expliquer. (*Applaudissements.*)

Commençons, Messieurs, si vous le voulez bien, par nous représenter avec autant d'exactitude et de vivacité que possible l'état des esprits dans le temps présent : je dis que nous y trouverons une opposition au Christianisme qui va beaucoup plus loin que nous ne pensons si nous demeurons à la surface des choses. L'opposition est profonde, très profonde, beaucoup plus profonde que nous ne l'imaginions peut-être ; et d'un autre côté, je dis qu'il y a dans ce temps quelque chose par où il peut rejoindre le Christianisme, et que ce n'est peut-être pas par tel ou tel côté qui au premier abord nous saisit le plus ; mais qu'en y regardant de très près on découvre qu'il y a en effet deux ou trois points par où vraiment ce monde se rapproche du Christianisme, est prêt à le rejoindre, s'offre pour ainsi dire à son action, et même l'appelle.

Et d'abord, l'opposition, Messieurs. — La première chose qui nous frappe quand nous regardons l'état intellectuel du monde contemporain, c'est, que tout y est question, tout y est en question. Remarquez-vous que dans les temps qui nous ont précédés, lorsqu'on voulait discuter avec quelqu'un, on trouvait plus facilement que de notre temps un terrain commun ? Avec certains penseurs on avait un terrain commun qui était la raison, on se faisait de la raison à peu près la même idée ; avec d'autres on avait un autre terrain commun qui était la morale, et même on peut dire avec tous, car la morale jusque dans ces derniers temps ne semblait guère contestée; on avait avec d'autres encore un autre terrain commun, c'était l'ordre social; avec d'autres enfin, c'était la Bible, la Bible qui était l'objet d'un respect à peu près universel, car il y avait bien les épigrammes de Voltaire, c'est vrai, mais ne commençaient-elles pas à n'être plus à la mode? Or, vous remarquerez, Messieurs, que dans le temps présent, dès qu'une discussion s'établit entre un chrétien et un homme ou des hommes qui ne sont pas chrétiens, le terrain commun est très difficile à trouver : c'est que tout est en question, et pour nous cela signifie que tout est devenu objet d'investigation scientifique, et plus précisément encore que tout apparait à nos contemporains comme pouvant être soumis à une analyse, à une analyse qui va, qui va, qui va toujours, sans cesse décomposant les objets d'abord réputés simples et irréductibles, une analyse à outrance ; et en même temps que lorsqu'on considère les choses dans leur développement, ce qu'on y remarque, c'est une évolution, une évolution historique dont les méthodes qui réussissent dans les sciences de la nature prétendent donner les lois. C'est cette évolution historique qui doit rendre compte des choses, qui doit les expliquer, et l'on prétend ou l'on entend plus ou moins vaguement que rien n'échappe à cette analyse et à cette explication par l'évolution historique, et au fond cela signifie que tout est phénomène, et qu'il n'y a à considérer dans les choses que les liaisons entre les phénomènes. Et alors, Messieurs, ne parlons pas de raison : la raison comme on l'entendait autrefois, la raison, faculté qui donne d'une manière ou d'une autre (il ne s'agit pas d'entrer en ce moment dans les systèmes), mais enfin, faculté qui donne les principes, qui donne les règles fixes du vrai et du faux, lumière intérieure, comme on aimait à dire, lumière naturelle, grâce à laquelle nous savons discerner le vrai et le faux ; cette raison-là n'a plus rien qui vaille, si je puis dire ; il n'en est plus guère question, ou elle est tenue en suspicion, c'est un reste de superstition antique ou scolastique ou mystique, c'est du « transcendant », on n'en veut pas. Ainsi la raison elle-même est ébranlée : on se défie d'elle, on ne sait même plus ce que c'est : de là, Messieurs, cet état d'esprit singulier de gens qui sont très intolérants au nom de la science, de ce qu'ils appellent la science, mais qui n'ont pas un principe, et n'ont pas à vrai dire une idée à laquelle ils tiennent pour elle-même et parce qu'elle serait vraie, parce qu'elle serait conforme à l'éternelle et absolue vérité. Chacun donne son avis, son opinion ; chacun se livre à un jeu de dialectique plus ou moins dissolvante ; chacun aussi fait des constructions plus ou moins hardies, c'est le mot qu'on aime maintenant, des constructions mentales plus ou moins hardies : mais la raison, les principes, une vérité à laquelle on tient parce qu'elle est la vérité, c'est passé de mode. Et voici que cette analyse a atteint la morale elle-même ; nous traversons ce qu'on appelle justement une *crise morale*, une *crise de la morale*. Aujourd'hui les fondements sur lesquels la morale repose ne sont plus certains et on ne sait même plus trop où ils sont. Et la société, l'ordre social ? Les fondements de la société craquent, on ne sait plus sur quels fondements certains repose la société. Et l'histoire ? Dans l'histoire, Messieurs, on ne veut plus voir que ce que j'appelais tout à l'heure une évolution, et il n'est pour ainsi dire plus permis de prononcer le nom de Dieu, de parler de Providence.

Enfin la Bible dont je parlais tout à l'heure, la Bible est de plus en plus livrée à une exégèse en quelque sorte effrénée. Voilà, dans le temps présent, l'état des esprits, et assurément il y a là une opposition au Christianisme qui va infiniment plus loin que tout d'abord on ne pourrait le supposer, car enfin, Messieurs, si je ne me trompe, ce sont toutes les racines du Christianisme, ses racines naturelles et ses racines surnaturelles, qui sont extirpées, arrachées de vive force ou tout au moins violemment secouées et ébranlées. Voilà le monde auquel vous aurez à porter la parole.

Et en même temps, Messieurs, il semble que, si l'on considère les choses d'une autre manière, il y a dans ce monde quelque chose de favorable au Christianisme. Au premier abord, ce sont les excès mêmes que nous venons de rappeler qui apparaissent à certains esprits comme rassurants. Eh bien ! oui, la raison maintenant est ébranlée : tant mieux, disent certains esprits ; et ils répètent avec Pascal : « Il me plaît de voir cette superbe raison froissée par ses propres armes. » Eh bien ! oui, l'inanité des systèmes est devenue évidente : tant mieux, on se soumettra plus facilement à l'Évangile et à la parole de Dieu. Eh bien ! oui, il y a dans notre temps une certaine défiance à l'égard de ce qu'on appelait superbement la raison et les principes de la raison ; et voilà que les philosophes eux-mêmes parlent d'humilité intellectuelle : tant mieux, c'est une bonne préparation pour recevoir la vérité évangélique. Et la morale ? elle est secouée dans ses fondements : tant mieux, parce qu'on verra mieux que la morale ne peut pas s'édifier sans Dieu. Et la société aussi s'ébranle sur ses fondements, il semble qu'elle va s'écrouler : tant mieux, car il y aura là peut-être une peur salutaire qui ramènera les esprits à l'Evangile, à l'Eglise et à Dieu. Et la Bible? elle est de plus en plus étudiée : tant mieux, car au moins on la connaîtra, tandis qu'auparavant on la jugeait comme quelque chose de suranné et d'insignifiant, comme quelque chose qui ne valait pas la peine qu'on y jetât les yeux, comme une vieille fable sans intérêt et sans valeur. Maintenant au moins, on l'étudiera : l'exégèse sera hardie, l'exégèse sera quelquefois effrayante, elle fera des ruines, mais au moins on aura regardé la Bible : et puis, qui sait s'il n'y aura pas là un argument contre le Protestantisme et si ce ne sera pas un moyen de lui montrer, de lui prouver par des faits que la Bible toute seule ne suffit pas et qu'il faut l'Eglise, l'autorité de l'Eglise?

Et voilà, Messieurs, les raisons de se rassurer. Mais permettez-moi de vous dire que, s'il y a dans ces raisons de se rassurer quelque chose que je ne repousse pas, quelque chose que je crois bon à considérer, il faut aussi et surtout voir que ces raisons d'espérer, prises telles quelles, sont très superficielles. Je veux dire qu'elles laissent subsister cette opposition radicale au Christianisme qui est le grand danger du temps présent. Eh! oui, vous pourrez vous réjouir un instant de voir la superbe raison froissée par ses propres armes; mais prenez garde, vous n'y gagnerez rien, car il ne restera plus de fondement rationnel à la foi elle-même. Alors à quoi vous servira-t-il de voir les systèmes tomber les uns sur les autres? « le système chrétien », si je puis dire (et j'entends par là l'ensemble harmonieusement ordonné des faits et des vérités qui constituent le Christianisme), il tombera lui aussi : qu'aurez-vous donc gagné? Et vous pourrez un instant aussi vous réjouir d'avoir vu la morale sans Dieu dévoiler ses faiblesses, ses misères, ses infirmités irrémédiables; mais prenez garde, c'est toute morale qui aura été ébranlée sur ses fondements, et je ne sais pas alors comment vous ferez pour établir sur des fondements rationnels la foi elle-même. Et pour le reste, il en est de même, Messieurs. Assurément, que l'excès du mal, l'excès du rationalisme dont nous souffrons ramène par lassitude ou par opposition et par réaction, ramène certains esprits au Christianisme et à l'Eglise, je le veux bien et c'est très vrai; mais que cet état d'opposition radicale soit en luimême bon, en ce sens que vous ayez à vous en réjouir parce que ce serait une force pour vous: détrompez-vous, ce n'est point une force, c'est une faiblesse, c'est une faiblesse radicale. Ne faites donc pas alliance avec les destructeurs. Et, Messieurs, comprenez bien encore que si ces destructions qui sont envahissantes, ces destructions qui vont sans cesse de plus en plus loin, ont l'avantage de secouer les fidèles qui ont quelquefois besoin d'être secoués, de secouer les prêtres (je me voile la face) qui ont quelquefois besoin d'être... secoués (*Rires, applaudissements*), eux aussi, ce n'est pas une raison pour se réjouir de l'échec que subit une vérité; non, il n'est pas bon que la vérité même naturelle, même rationnelle, subisse un échec; et, croyez-le bien, dans le fond des choses, toutes les fois que la vérité rationnelle, que la vérité naturelle subit un échec, ce n'est pas au profit de la vérité surnaturelle, ce n'est pas au profit du Christianisme. Tâchons donc de trouver dans le temps présent des raisons un peu plus profondes de nous rassurer, tâchons de voir s'il n'y a pas d'autres points par lesquels ce monde contemporain se rapproche du Christianisme.

Messieurs, il y a d'abord ce fait que ce monde contemporain qui semble mettre au-dessus de tout ce qu'il appelle la science, néanmoins éprouve le besoin de trouver quelque chose qui soit au-dessus de la science même, de la science de la nature, de la science dite positive, et dans ce siècle dont le caractère principal est, nous l'avons dit tout à l'heure, de mettre tout en question, il y a, comment dirai-je? une passion, oui, je crois que le mot n'est pas trop fort, de trouver quelque chose qui enfin soit en dehors et au-dessus de toute question, et de là ce mouvement vers la foi...; oh! ici encore, prenez garde. Cette foi, elle est singulièrement vague et par conséquent singulièrement décevante, et plus elle prend les apparences de la foi chrétienne, plus elle emprunte au Christianisme son langage, plus je trouve là des raisons de nous défier; j'ai peur de toute contrefaçon de notre Christianisme et j'ai peur surtout, Messieurs, que les esprits abusés, leurrés par ce fantôme de Christianisme, ne se sachent bon gré d'être arrivés à le reconnaître et s'y arrêtent, de sorte que ce serait une espèce d'idolâtrie que l'on se ferait sous ce nom de foi : on se remercierait soi-même d'avoir l'esprit assez large, assez haut, assez généreux, assez noble pour comprendre que la science proprement dite ne suffit pas et qu'il faut la foi, et voyez, on parle de cette foi en termes enflammés, et on emprunte à l'Écriture sainte, à l'Église, à nos mystiques, leur merveilleux et sacré langage, et on s'imagine être à peu près chrétien, parce qu'on parle à peu près le langage des chrétiens. C'est extrêmement dangereux, Messieurs : il faut se défier de ce demi-christianisme, de ce néo-christianisme, il faut s'en défier beaucoup, il est extrêmement décevant, et j'espère que je viens de vous montrer un peu en quoi et pourquoi; mais s'il faut s'en défier, il faut cependant voir ce que cela signifie : eh bien, cela signifie que malgré tout, au milieu des triomphes de la science, là où la science règne en maîtresse légitime, et au milieu des destructions de la science, là où la science appliquée de travers fait une œuvre qui n'est pas la sienne, mais enfin une œuvre de démolition et de ruine, au milieu de tout cela, il y a dans ces esprits contemporains, dans ce monde contemporain, dans ces intelligences d'aujourd'hui, il y a je ne sais quelle noblesse, je ne sais quelle générosité intellectuelle qui fait concevoir au moins comme un idéal quelque chose de supérieur à tout ce que les hommes recherchent et quelque chose de supérieur à la science proprement dite elle-même, eh bien, cela est bon, oui, cela est bon ; tâchons de bien entendre cela, tâchons de bien voir cela, et profitons-en, car par là nous allons ramener ces intelligences sur la voie du Christianisme.

Et, Messieurs, il y a autre chose encore, il y a ce respect des faits, qui est aujourd'hui à l'ordre du jour : un fait, c'est chose qui s'impose à tous en dépit des systèmes ; un fait étant là, il faut observer, il faut expérimenter. Que voulez-vous que nous ayons à dire contre cela, nous chrétiens ? Mais rien ! Si nous avons quelque chose à dire, Messieurs, c'est de demander que l'observation et l'expérience s'étendent à tous les faits, et nous n'avons pas à le demander, nous avons à le faire nous-mêmes : étendons l'observation, étendons l'expérience à tous les faits, y compris les choses chrétiennes. Déjà, dans le monde non chrétien, le fait chrétien attire les regards plus qu'il ne les attirait autrefois ; on y prend garde, on trouve qu'il vaut la peine d'être considéré, on n'en fait pas fi ; je vois bien que l'on commence par le traiter comme un fait comme un autre, et qu'importe, pourvu qu'on le regarde bien, qu'on le regarde de ses deux yeux et de ses pleins yeux, si j'ose dire, qu'on le soumette sincèrement à l'observation et à la méthode expérimentale. Si cela se fait sincèrement, ne croyez-vous pas que cela sera au profit du Christianisme ? Voilà donc une seconde chose qui est bonne : l'attention respectueuse, diligente, consciencieuse, méthodique, donnée aux faits, à tous les faits, et le Christianisme n'est pas mis hors les faits ; en ce sens-là il n'est pas mis hors la loi, hors la loi de la science. Il est un fait qu'il faut savoir regarder comme les autres ; et le Christianisme et l'Église tout entière, tout l'ordre chrétien : c'est très considérable, Messieurs.

Enfin, il y a un troisième point par où le temps présent se rapproche du Christianisme, et peut et même, ce semble, veut le rejoindre. Je veux parler des questions sociales. Les questions sociales préoccupent de notre temps plus qu'elles n'ont jamais préoccupé. Je vous disais, tout à l'heure, que si les ébranlements que subit la société ne produisent pas d'autres effets que de ramener au Christianisme par je ne sais quelle peur, cela ne signifie pas grand'chose ; que si aussi l'étude des questions sociales ramène au Christianisme parce que c'est la mode de traiter des questions sociales, cela ne signifie pas encore grand'chose ; mais s'il est vrai, d'une part, que de notre temps beaucoup d'esprits sont très sérieusement préoccupés des questions sociales, et s'il est vrai, d'autre part, que le Christianisme a en soi, touchant les questions sociales, quelque chose qui ne se trouve pas ailleurs, des idées qui lui sont propres, des remèdes qui lui sont propres, n'est-il pas vrai que, sur ce terrain-là, un rapprochement doit se faire ? Il est donc bon que les questions sociales soient remuées de notre temps comme elles le

sont ; cela est salutaire et le Christianisme do[it]
gagner à cela.

Voilà deux ou trois points où il me semble que notr[e]
temps bien regardé apparaît comme ayant quelqu[e]
chose de favorable au Christianisme, quelque chose q[ui]
appelle l'action de l'Eglise, qui l'appelle et qui prédis[-]
pose à la recevoir. Donc à la veille de rentrer dans c[e]
monde et pour y être apôtres, vous n'avez, Messieur[s,]
ni à vous décourager ni à maudire. Il y a quelqu[e]
chose à faire dans ce monde, il y a quelque chose à [y]
faire et il y a quelque chose à faire pour lui ; oui, mai[s]
à une condition, à la condition que vous apparaîtr[ez]
dans ce monde contemporain si troublé, nous venon[s]
de le voir, que vous apparaîtrez dans ce monde contem[-]
porain, avec ce que je nommerai un savoir supérieur.

D'abord vous aurez ce qui se nomme plus propre[-]
ment la *doctrine*, et cela est hors de pair. Il n'y a pa[s]
de doctrine dans le monde ; les chrétiens ont une doc[-]
trine, et les prêtres ont la spéciale mission de prêche[r,]
de faire connaître cette doctrine : vous apparaîtrez don[c]
dans le monde ayant une doctrine, c'est cela que l'o[n]
attend de vous au fond. Que de fois s'adresse-t-on à u[n]
prêtre pour lui soumettre des doutes, des objection[s,]
des difficultés ; et l'on s'étonne, et l'on est déçu, si se[s]
réponses sont hésitantes, si ses réponses sont faibles[,]
sans doctrine. Comment répondre à ces questions d'u[n]
monde qui, après tout, a soif de vérité? Ou on répon[-]
dra par une formule sèche, très exacte, je le veux bien[,]
très exacte, très orthodoxe, mais sèche : on laissera l[e]
questionneur à peu près dans le même état où il posai[t]
la question, ou plutôt, Messieurs, on le laissera dans u[n]
état pire, car il sera tenté de dire : Oh ! ce n'est qu[e]
cela. Ce n'est que cela ! Quel ravage cette pensée n[e]
peut-elle pas faire dans un esprit ! Ou bien on essaier[a]

de développer un peu la formule ; mais parce qu'on n'a pas assez de doctrine, ce développement sera faible ; ce ne sera pas solide, ce ne sera pas fort, ce ne sera pas robuste, ce ne sera pas substantiel, ce sera faible, non pas faux, non pas inexact, sans doute, mais faible, et alors le questionneur se retirera ne se trouvant pas bien avancé, ne trouvant pas qu'il ait gagné grand'chose à ce contact, à ce commerce avec un prêtre : quel danger encore ! Il venait chercher des lumières, il venait chercher quelque chose de décisif, et il a trouvé des discours, on lui a parlé *oratorio modo*, car il y a moyen de parler *oratorio modo*, même dans la conversation la plus ordinaire, c'est-à-dire qu'on aura tout laissé vague, indécis, sans cette force qui vient de la pensée profonde. Ou bien encore, Messieurs, ce qui est plus fâcheux et plus pernicieux que ce que je viens de dire, la réponse sera inexacte. Emu par l'état d'esprit du questionneur, troublé non par ses doutes, par ses objections, ni par ses difficultés mêmes peut-être, mais troublé par son angoisse, troublé par son anxiété intellectuelle, le prêtre sans doctrine éprouvera un embarras mortel, il voudra secourir cet esprit, secourir cet homme, lui faire du bien quand même ; et, désespérant de lui éclaircir assez, de lui justifier assez la vérité, ne trouvant pas dans son esprit quelque chose d'assez lumineux et d'assez décisif, en tremblant, il fera fléchir un peu la doctrine : il voilera ceci, il dissimulera cela, il insistera beaucoup sur tel autre côté qui plaît ; il donnera une vérité diminuée, une vérité défigurée, une vérité entamée ; ce n'est plus la vérité tout entière dans sa foncière et substantielle solidité. C'est un fantôme de l'esprit humain qui remplace le dogme. (*Applaudissements.*)

Voilà, Messieurs, à quoi on en arrive quand on n'a

pas assez de doctrine. Oh! la doctrine! c'est d'abord la formule, oui, la formule précise, la formule exacte dans laquelle on enferme la vérité. Mais, vous entendez bien en quel sens la vérité est enfermée dans la formule : la vérité est protégée par la formule définissante, elle est protégée contre l'erreur, et il le faut ; mais la vérité, la vérité est infinie, la vérité est inépuisable et la formule ne la contient pas tout entière. La formule, c'est une haie, une haie protectrice : il faut donc s'en tenir d'abord à cette formule, il faut s'y tenir, surtout il faut la soutenir, il faut la maintenir. Si vous renversez la haie protectrice, la vérité sera ravagée ; seulement, n'oubliez pas que la doctrine, c'est autre chose encore que cela. La doctrine ! quand on a de la doctrine, cela veut dire, Messieurs, vous le savez mieux que moi, et j'ai honte de dire ces choses au milieu de vous, mais cela, n'est-ce pas, veut dire que l'on tâche de pénétrer la vérité de plus en plus, et de s'en pénétrer soi-même de plus en plus. C'est entrer dans la vérité un peu plus loin, encore un peu plus loin, et puis encore un peu plus loin ; et c'est parcourir la vérité tout entière, et par conséquent c'est voir les rapports des vérités entre elles, et les rapports des éternelles vérités avec tout le reste. Comme donc c'est lumineux, comme donc c'est étendu ! Et c'est savoir atteindre le fond des choses autant que l'esprit humain peut y atteindre, et c'est aussi voir s'ouvrir devant soi les grands horizons. Ah! quand la formule est tout, la formule étroite, étriquée, il semble que le Christianisme, que le Catholicisme ne soit pour ainsi dire rien ; mais quand vous avez pénétré la doctrine, et que vous en êtes vous-mêmes tout pénétrés ; c'est alors que le Christianisme, que le Catholicisme apparaît dans toute son ampleur : *Atria longa patescunt*. Voilà, Messieurs, ce que c'est que la doctrine, et il me revient un souvenir : dans une de ses Instructions synodales, le cardinal Pie (c'est dans les « Instructions sur les erreurs du temps présent », dans la première, je crois), développe merveilleusement un mot de l'Evangile : il montre que celui qui a la doctrine sûre, la doctrine vivante en quelque sorte, celui-là, selon le mot de Jésus-Christ, dans l'Evangile, peut avoir ses allées et venues, si l'on peut s'exprimer ainsi, *et ingredietur et egredietur, et pascua inveniet.* Il y a là une page, une page très ingénieuse qui m'est restée dans l'esprit ; elle me revient à la mémoire, il me semble qu'elle rend bien ce que je veux exprimer pour le moment : *et ingredietur*, oui, on entre dans la doctrine : *et egredietur*, et on en sort aussi ; on en sort... pour lui être infidèle ? Oh ! non pas ! mais pour voir à sa lumière ce qui n'est pas elle ; on en sort, et toujours on trouve, on trouve de quoi se repaître, de quoi repaître son intelligence, *et pascua inveniet.* (*Applaudissements.*)

Et, Messieurs, comment se rendre capable de cette connaissance approfondie qui fait d'un prêtre véritablement « un docteur en Israël », qui fait qu'un prêtre a véritablement de la doctrine ? Tout simplement, en faisant excellemment ce que vous faites à Saint-Sulpice, en étudiant à fond et la théologie et aussi la philosophie, car la philosophie est liée de très près à la théologie dans le système chrétien, et celui qui a vraiment de la doctrine connaît la philosophie en même temps que la théologie ; et s'il ne connaissait pas bien la philosophie, il ne serait pas fort en théologie. C'est donc en étudiant, en étudiant à fond la théologie et la philosophie, la philosophie et la théologie, pour les prendre dans leur ordre de succession, c'est en faisant ainsi que vous deviendrez hommes de doctrine, que vous vous rendrez capables de posséder la doctrine; et ici, laissez-moi un instant vous mettre en garde, et je dirai mettre en garde tous les chrétiens, car cela s'adresse à tout le monde, non pas seulement aux prêtres, et je me l'adresse à moi-même, vous mettre donc et nous mettre en garde contre une tentation que je crois très périlleuse : comme il est bien entendu que, pour agir sur ce temps, il faut le connaître, que pour agir sur les intelligences, il faut savoir dans quel état sont ces intelligences, nous pourrions être tentés, surtout dans les commencements, de faire connaissance avec l'objection, avec la difficulté, avec l'erreur, avant d'avoir fait suffisamment connaissance avec la doctrine elle-même. C'est cela qui est extrêmement périlleux. — Permettez-moi de me servir ici d'une comparaison. Quand on veut avoir la science des âmes, l'avoir à fond, quel est le meilleur moyen ? Est-ce de commencer par faire connaissance un peu pêle-mêle, un peu à tort et à travers, avec tous les spectacles psychologiques que nous donnent nos contemporains? Est-ce par exemple dans les romans contemporains, que l'on doit chercher d'abord, que l'on doit puiser d'abord la science des âmes, la connaissance des âmes? Je ne le crois pas. La science des âmes se puise à une source beaucoup plus profonde et beaucoup plus intérieure; la science des âmes, elle se puise là où les vieux maîtres l'ont puisée, et n'est-ce pas dans nos écrivains du dix-septième siècle par exemple, dans un Bourdaloue, un Bossuet, pour ne parler que d'eux, que nous trouvons une singulière connaissance des âmes? Sans doute, ils ont connu le monde, Bossuet plus que Bourdaloue peut-être, ou autrement : ils l'ont connu, oui, ils ne se sont pas fermé les yeux, ils ont été à leur manière de leur temps; mais enfin, s'ils ont si bien connu le monde, c'est parce qu'ils connaissaient leur âme, c'est parce qu'ils se connaissaient eux-mêmes ; et, comme chacun porte en soi le commencement de toutes les grandes vertus et aussi de tous les grands vices, il est facile de pénétrer très avant dans la connaissance des âmes, quand on a commencé par regarder dans l'âme même, au fond de soi, et qu'on a d'ailleurs la lumière de la foi, les ressources de la méditation, de la confession, et tous ces trésors qui se nomment l'Ecriture sainte, les Pères de l'Eglise, les saints, les mystiques, j'entends les mystiques sûrs, *mystici in tuto*. Il y a quelque chose d'analogue pour la connaissance de la vérité. Assurément, Messieurs, ce n'est pas moi qui vous dirai qu'il ne viendra pas un jour où vous devrez faire connaissance avec les objections contemporaines ; ce serait me contredire moi-même. Vous commencez déjà à vous en préoccuper, et vous faites bien ; il faut connaître les objections contemporaines telles qu'elles sont, il faut connaître les difficultés contemporaines telles qu'elles sont : mais ce que je veux dire, c'est qu'il ne faut pas se hâter de faire connaissance avec l'erreur, sous prétexte de la guérir, sous prétexte de la réfuter, avant d'avoir commencé par s'être procuré une connaissance profonde de la vérité ; car il se trouve que la vérité bien connue permet de tout approfondir, elle permet d'entendre l'erreur et le remède à l'erreur, tandis que la familiarité avec l'erreur toute seule ne fait que nous rendre assez incapables de nous rendre compte de la vérité, de reconnaître la vérité. Il faut donc s'enfoncer, si je puis dire, dans la doctrine, non pas pour ne plus rien connaître du temps présent, mais pour mieux le connaître, pour mieux le comprendre, pour mieux en avoir l'intelligence.

Enfin, Messieurs, je ne veux pas vous retenir, mais pour remplir tout mon programme, il me reste à vous dire qu'à côté de ce savoir que j'ai appelé supérieur, outre ce savoir tout à fait supérieur que j'ai nommé du nom de doctrine, il faut au prêtre un autre savoir dans le temps présent, il faut le savoir humain, surtout dans tous les domaines qui avoisinent la vérité chrétienne. Il n'est plus permis à un prêtre qui doit agir sur les intelligences, d'ignorer l'exégèse, ni d'ignorer l'histoire, l'histoire de l'Eglise. Mais ici, entendons-nous bien, Messieurs, il y a des connaissances générales que tout prêtre doit avoir, des méthodes générales auxquelles il doit être initié, et il y a, d'un autre côté, certaines connaissances tout à fait spéciales auxquelles chacun se livrera suivant ses goûts, suivant ses aptitudes ou suivant ses besoins. La doctrine est nécessaire à tous, quoiqu'il soit vrai, là encore, que quelques-uns étant plus particulièrement théologiens sont plus particulièrement chargés aussi de l'approfondir. Mais le savoir dont je parle n'est point indispensable à tous : je crois qu'il est bon que tous aient une certaine connaissance des besoins modernes, une certaine connaissance des méthodes modernes, une certaine connaissance de l'exégèse et de l'histoire ecclésiastique telle qu'elle se fait d'après ces méthodes ; mais c'est à chacun ensuite de se livrer plus particulièrement à telle ou telle de ces études selon ses goûts, oui, selon ses goûts, je le répète, selon ses aptitudes, selon ses besoins, et aussi selon les circonstances. Ce que je tiens à vous dire, Messieurs, c'est que dans ce domaine-là il faut que vous soyez savants comme les savants : c'est votre droit et votre devoir. Vous êtes, ici, des hommes comme les autres, vous avez les mêmes droits et les mêmes devoirs. Vous vous mêlez de science humaine, soyez-y excellents pour que vous puissiez dire : Et moi aussi je suis savant, *et ego*, comme dit l'Apôtre, moi aussi, et plus que les autres, *plus ego*, comme dit encore l'Apôtre, oui, plus que les autres si c'est possible. Donc quand vous vous mêlez de parler de science, n'en parlez jamais qu'à bon escient, et quand vous vous mettez à étudier une science ecclésiastique ou autre, soyez-y savants en perfection, vraiment en perfection; et c'est d'ailleurs, Messieurs, ce dont vous avez ici de beaux exemples. Je resterai fidèle à ma règle et je ne nommerai personne... Que les modesties se rassurent (*Sourires*) : mais il est bien certain que vous avez ici de beaux exemples d'exégèse biblique, d'histoire de l'Eglise, d'histoire des premiers temps, d'histoire des origines de l'Eglise. Vous apprendrez, conformément à ces exemples, à vous rendre compétents toutes les fois que vous parlerez d'une chose quelconque : ne jamais vous contenter de l'à peu près, mais chercher toujours le savoir, le savoir complet, quelle force, en même temps que c'est le devoir !

C'est la même chose que vous avez à faire dans l'ordre des questions sociales ; je ne prétends pas vous en parler, je sais d'ailleurs qu'on vous en parle. Tout ce que je veux dire, c'est que là aussi il vous faut la compétence ; il vous faut vous défendre des affolements des conservateurs un peu... (je vais dire un gros mot) un peu encroûtés ; mais il faut aussi vous défendre d'autres affolements en sens inverse, des affolements de novateurs un peu indiscrets. Tenez, il y avait autrefois une formule, je ne la vois plus souvent maintenant, mais on la voyait sur les lettres de faire-part ecclésiastiques : quand on annonçait la mort d'un prêtre, on l'appelait Messire et on disait : Discrète et scientifique personne, vénérable aussi, cela va sans dire, mais discrète et scientifique personne : ces deux mots résument assez bien ce que je veux vous dire en ce moment

(*Sourires*), un savoir véritable et la discrétion, qui n'est pas la timidité ni une sorte de réserve un peu niaise, non, non, mais la discrétion qui vient de la raison, de la mesure (et la mesure vient de la raison), la discrétion unie au savoir : discrète et scientifique personne.

Messieurs, je vous ai retenus bien longtemps et je vous en demande bien pardon parce que sur bien des points je suis sorti des limites que je m'étais imposées. Je vous ai parlé de la doctrine que vous connaissez mieux que moi, je vous en demande pardon. J'avais dit que je ne parlerais que de ce que j'étais censé savoir mieux que vous : on ne sait pas toujours être fidèle à ses résolutions. Eh bien! maintenant, en finissant, laissez-moi vous dire que nous avons au sommet de l'Église un grand exemple : c'est le Pape. Oh! le Pape, c'est le docteur infaillible dans toute la force du terme ; et vous, vous n'êtes point docteurs infaillibles, mais enfin, quel exemple il nous donne, quelle doctrine dans ses Encycliques, dans ses lettres, et comme après avoir, de même que ses prédécesseurs Grégoire XVI et Pie IX, après avoir condamné l'erreur autant qu'eux, et comme eux, comme maintenant il semble chercher ce qui rapproche, ce qui unit! Mais, Messieurs, s'il cherche, avec succès, espérons-le, ce qui rapproche et ce qui unit, c'est, notons-le bien et ne l'oublions pas, c'est parce qu'il a commencé par rappeler non pas ce qui sépare et qui divise, ces mots sonnent mal, mais enfin il a commencé par rappeler les frontières exactes, si je puis dire, de la vérité ; il a commencé par marquer les limites de l'erreur, et je crois que c'est pour nous un grand enseignement. Dans ce monde contemporain dont j'ai essayé de vous faire un peu entendre tous les mouvements, un peu saisir les directions quelque peu contraires, dans ce monde contemporain nous avons à chercher non pas ce qui sépare mais ce qui rapproche, non ce qui divise mais ce qui unit. Assurément, mais nous ne le chercherons et nous ne ferons une œuvre solide et durable que si nous commençons par lui donner une vérité qui soit bien elle-même, et si nous, en la donnant, nous sommes toujours bien nous-mêmes ; autrement rapprochement, union, tout cela n'est que leurre et illusion : que voulez-vous rapprocher des esprits qui ne sont pas bien eux-mêmes, des esprits inconsistants ? Vous rapprocherez des fantômes. Que voulez-vous rapprocher des doctrines, des idées qui ne sont pas bien elles-mêmes, qui n'ont pas la consistance de la vérité ? Vous rapprocherez encore des fantômes. Mais quelle paix alors ferez-vous ? cette paix fondée sur des malentendus sera-t-elle solide, sera-t-elle durable ? Manifestement non. Si donc vous voulez trouver ce qui rapproche et ce qui unit, il faut que vous ayez trouvé le secret de ne jamais donner que la vérité pure, la vérité qui est bien elle-même, et de la donner en étant bien vous-mêmes aussi, avec une entière sincérité d'esprit et d'âme. Et ainsi la paix se fera peu à peu autant qu'elle peut exister en ce monde, elle se fera dans la lumière ; et, comme disait un philosophe du dix-septième siècle, « rien n'est plus sûr que la lumière » ; tâchons donc de faire la lumière à force de doctrine, à force de savoir ; tâchons de faire la lumière, puisque rien n'est plus sûr que la lumière. Et puisque la vérité elle-même sans la charité ne serait qu'une idole, comme disait Pascal, en faisant resplendir la vérité, et ici je ne parle pas pour vous seulement, je parle pour nous tous, car cela est vrai des chrétiens aussi bien que des prêtres, en faisant resplendir la vérité autant que nous pourrons, le plus que nous pourrons, la faisant resplendir dans nos paroles, dans nos écrits, et la faisant elle-même dans la pratique de la vie, *facientes veritatem ;* eh bien ! croissons aussi dans la charité, *in caritate crescamus, per omnia,* croissons de toutes manières, — vous la connaissez, cette parole[1], et elle vous est chère comme une devise, *crescamus per omnia ;* et tout cela, dans Celui qui est le chef, le chef par excellence, le chef de tous les esprits, le mien, le vôtre, *in illo qui est caput, Christus,* dans notre chef le Christ ! (*Applaudissements prolongés.*)

1. Saint Paul, *Ephés.*, IV, 15.

VI

LE DEVOIR SCIENTIFIQUE DES CATHOLIQUES

En août 1897, M. Ollé-Laprune, vice-président du Comité français d'organisation du Congrès scientifique international des catholiques, tenu à Fribourg en Suisse, adressa à M. le baron de Hertling, président du Congrès, la lettre ci-dessous, concernant le devoir scientifique des catholiques. Cette lettre lue par M. de Hertling, le 17 août, à la première séance générale du Congrès, fut reproduite en partie dans le *Compte rendu, Introduction*, p. 41.

Monsieur le Président du Congrès,

Empêché par des raisons de santé de me rendre à Fribourg, je tiens à vous en exprimer mon regret très vif. Je me trouve déçu, au dernier moment, dans une espérance caressée depuis la première heure où il a été question de ce Congrès, et il m'est pénible de renoncer à un si cher projet. Je serai avec vous d'esprit et de cœur, et c'est pour moi une consolation de vous le dire.

Il y a quelque chose de si grand et de si bon dans ces Assemblées de savants catholiques de tous les pays, allant à la rencontre les uns des autres, se réunissant dans une commune pensée. Sans parler du noble plaisir d'échanger entre eux des vues et des sympathies, c'est un spectacle salutaire qu'ils donnent au monde : on est en ce temps épris de science, ils prisent la science, ils en pratiquent les méthodes. Leurs travaux disent très haut ce que nous, disciples du Christ et enfants de l'Eglise, nous prétendons être et faire : nous ne rêvons pas une science à nous, différente de la science vraie, qui la démente ou qui s'obtienne par d'autres procédés. Loin de nous cette folie! Dans le domaine scientifique, quelque soit l'objet de notre investigation, nous faisons comme les autres, tâchant seulement de faire, s'il se peut, plus et mieux. Nous sommes des hommes qui pensent, des hommes qui cherchent, et nous usons des mêmes moyens de recherche, nous obéissons aux mêmes lois de la pensée. Mais nous sommes des chrétiens, des catholiques, qui pensent et qui cherchent, nous ne nous séparons pas de nous-mêmes : il n'y a pas plusieurs manières d'être savant, mais le savant peut être ou non animé de l'esprit chrétien. Nous sommes des savants animés de l'esprit chrétien : cela doit d'abord augmenter encore ce que j'appellerai notre probité scientifique, et puis cela nous préserve de bien des écueils, cela affermit notre vue et notre marche ; enfin dans les grandes synthèses où il s'agit d'embrasser tout l'homme, et tout l'univers, et, avec les choses humaines et la nature, les choses divines elles-mêmes, notre Christianisme nous donne une puissance de conception incomparable. Voilà ce qu'un Congrès comme celui-ci montre au monde, et voilà pourquoi à un Congrès comme celui-ci tout catholique qui pense adhère de tout cœur et voudrait être effectivement présent.

Grâce à la science pratiquée tout de bon par les chrétiens, le Christ, qui a conquis autrefois l'Empire romain, puis les Barbares, reconquiert ce monde moderne né de la civilisation chrétienne mais tenté de rompre avec le Christianisme. Et, dans cette nouvelle « Chrétienté » qui se prépare, les savants auront des devoirs dont il importe que le sentiment s'avive et la notion s'éclaircisse de plus en plus. Fichte, dans des leçons célèbres, a parlé éloquemment de la *Destination du Savant :* disons, si nous le voulons, le Rôle social du Savant. Quel que soit le mot choisi par nous, il est certain que, dans ce monde où la démocratie triomphe, les hommes qui sont dans les choses de l'esprit, comme on disait volontiers autrefois, ont, comme éducateurs de la société, une tâche précise à remplir : tâche ardue, mais singulièrement attirante pour qui a l'ambition de sauver la civilisation chrétienne. N'est-ce pas notre ambition ?

« Qu'est-ce que Jésus-Christ est venu faire en ce monde ? Il est venu sauver les âmes, sauver les nations. Qu'est-ce que son Vicaire a à faire ? La même chose : sauver les âmes, sauver les nations. Tous les chrétiens doivent travailler à la même œuvre. » Ces paroles que m'adressait à moi-même, il y a deux ans et demi, le grand Pape Léon XIII, retentissent à mon oreille, et j'aime à les méditer.

Savants et penseurs catholiques, nous avons, comme tels, à travailler d'une façon particulière à la grande œuvre. Vraiment chacun de nous pourrait, en présence du monde qui s'ouvre devant nous, redire avec l'admirable Père Hecker : « Je prends la Croix pour étendard avec ce mot pour devise : Conquérir. »

Je m'oublie, Monsieur le Président. Je me crois dans ce Congrès où je regrette tant de ne pouvoir pas me rendre ; je me laisse aller à parler des choses qui me tiennent au cœur... Je m'arrête, et, en vous renouvelant l'expression de mon adhésion et de ma peine de ne point aller à Fribourg, comme j'en avais la ferme intention, je vous prie de vouloir bien agréer, Monsieur le Président, mon respectueux et dévoué hommage.

Léon Ollé-Laprune.

Bagnères-de-Luchon, le 13 août 1897.

DEUXIÈME PARTIE

LA TÂCHE MORALE

I

LA DISCIPLINE DE NOTRE LIBERTÉ

Ce discours fut prononcé par M. Ollé-Laprune le 13 août 1872, à la distribution des prix du Lycée Corneille, devenu Lycée Henri IV.

Je me sens ému jusqu'au fond de l'âme en prenant la parole au milieu de vous. Deux années, nos fêtes scolaires ont été suspendues ; deux années, ces vieilles murailles sont demeurées muettes : et voici que je viens rompre ce triste et solennel silence auquel les malheurs de la patrie nous avaient condamnés. Seul, un langage mâle et austère convient aujourd'hui : il faut vous dire sans détour, jeunes gens à qui appartient l'avenir, des vérités qui vous profitent. Je ne faillirai point à ce devoir ; et, puisque j'ai l'honneur de vous adresser ici, au nom de tous, des paroles d'adieu à la fin de cette année de travail, je veux attaquer un de vos préjugés les plus chers et dissiper une de vos plus séduisantes illusions. Vous aspirez à la liberté de l'âme et de l'esprit : je prétends que trop souvent vous ne connaissez pas la liberté véritable, et que, poursuivant à sa place je ne sais quel fantôme caressant qui vous fascine, vous vous engagez vous-mêmes dans une dure servitude : je veux vous désabuser, et vous rappeler à quelles conditions sévères la vraie liberté s'achète et se conserve.

Il y a, Messieurs, dans la vie humaine, au sortir de l'enfance, à une date qui varie selon les âmes et selon les circonstances extérieures, un moment très solennel, une époque de crise. Le jeune homme entend et répète beaucoup de mots sans en pénétrer le sens profond. Or, un jour, à une certaine heure, un de ces mots s'ouvre devant son regard étonné : grâce à son expérience qui peu à peu se forme, grâce à la puissance croissante de son esprit qui devient capable de comprendre, il voit, au travers des mots, les choses mêmes éclairées d'une lumière qui l'éblouit, et il lui semble que la pensée, jusque-là venue à lui du dehors, pour la première fois jaillit du fond même de son être. Il commence à penser par lui-même. Dans le même temps, en présence d'un acte à faire, délibérant et hésitant sur le parti qu'il doit prendre, il sent avec une extraordinaire vivacité que c'est à lui de décider, à lui de donner le coup du consentement; et, tandis que jusque-là il puisait ses inspirations et ses résolutions dans les conseils de ses maîtres autant et plus peut-être que dans sa propre conscience, il fait cette fois son choix tout seul. Il commence à se gouverner lui-même. Crise nécessaire, Messieurs, et bienfaisante dans le dessein de la Providence. Il faut que l'homme, préparé par toutes les influences qui l'ont nourri et développé, agisse d'une façon personnelle et originale ; il faut qu'il arrive à la vie virile et qu'il prenne possession de ses facultés ; il faut qu'il soit et demeure lui-même. Mais combien cette crise n'est-elle pas périlleuse ! Vous qui l'avez subie, vous savez le charme d'une pensée qui semble neuve et d'un choix qui paraît n'être inspiré par personne ; vous savez aussi ce que l'ivresse causée par cette joie a de troublant. Et vous qui, à des émotions inconnues avant l'heure présente, pouvez juger que le moment de la crise approche, je vous en conjure, prenez garde : en perdant la naïveté du premier âge, ne repoussez pas les salutaires inspirations qui ont formé votre enfance et soutenu votre jeunesse. Malheur à vous si, épris de la puissance et de la beauté de votre esprit, vous allez vous regarder comme des dieux, vous suffisant à vous-mêmes dans une pleine et absolue indépendance ! Voulez-vous savoir ce qui vous arriverait. Écoutez.

Le jeune homme, ravi d'avoir une pensée à lui, rejette toute autorité et méprise toute tradition. Son intelligence lui paraît la mesure des choses : ce qu'il ne comprend pas n'est pas. Il parle de la vérité, il exalte les droits de la vérité : mais la vérité, c'est ce qu'il pense, et les droits de la vérité, c'est le droit qu'il s'arroge de penser comme il lui plaît et de nier tout ce qui ne s'adapte pas à sa propre pensée. Ne lui opposez ni le sentiment des plus sages des hommes, ni les croyances persistantes de l'humanité, ni l'histoire, ni la philosophie, ni la religion : tout cela ne saurait le toucher ; toutes ces lumières pâlissent devant l'éclat de sa science ; et, par la plus grossière mais aussi la plus commune des illusions, un flambeau, comme dit Malebranche, paraissant plus grand qu'une étoile à qui le voit tout près de soi, ce jeune homme qui n'est qu'un enfant presque et un écolier, qui ne sait presque rien, qui ne travaille guère, qui ne médite point, le voilà qui se préfère à tous les sages et à tous les docteurs ; il regarde comme non avenu tout ce qui a été pensé, connu, trouvé, révélé avant lui ; il croit que son esprit est la source et le principe de toute vérité. De même, aux lois qui doivent régler sa conduite, il ne cherche aucune autre origine que lui-même. Seul il est l'arbitre et le juge du bon, du juste, de l'honnête ; et dans le devoir aussi bien que dans la vérité il se refuse à reconnaître quoi que ce soit de supérieur à lui. Comme il se rit de la superstition qui naguère encore le retenait dans ses liens ! Comme il est content que ces croyances s'en soient allées, cédant enfin devant l'indifférence et la raillerie ! Il est libre maintenant : il le croit du moins, et le dit. Plus de dogmes qui, commandant la foi, présentent aux hardiesses de l'esprit de vénérables barrières et jettent dans l'âme des épouvantes mystérieuses. Plus de règles qui, assujettissant le jugement à certaines formes supérieures, gênent l'imagination et la forcent à sacrifier ses caprices. Plus de principes qui, dominant la pensée, la ramènent avec empire à la raison et au bon sens. Toutes ces vaines entraves, inventées sans doute par les faibles ligués pour contenir les forts, notre jeune penseur les brise, et, pour parler comme Platon, semblable au lionceau qui rompt ses chaînes, il se lève, il bondit, il triomphe, et il fait éclater dans sa personne le droit souverain de la *libre pensée*.

Est-ce là, Messieurs, une peinture faite à plaisir ? Non, c'est une histoire. Laissez-moi vous la raconter jusqu'au bout. Enivré dès sa prétendue liberté, le jeune homme se dit le maître de sa conduite : il arrange donc sa vie à son gré. Il n'a plus dans sa façon d'envisager les choses les scrupules, qui troublaient sa timide enfance. Il est guéri des peurs ridicules que lui inspiraient certaines pensées ou certaines actions. Que de choses il n'osait pas faire, et que maintenant il fait avec le double plaisir de se contenter et d'avoir secoué le joug ! Vraiment les délicatesses de sa conscience d'autrefois lui eussent bien gâté la vie, s'il n'eût eu le courage de les vaincre. Quel bonheur que son esprit vigoureux et puissant l'ait mis au-dessus de tous les préjugés et l'ait émancipé ! Voilà, Messieurs, voilà comment il s'applaudit d'avoir surmonté ces épouvantes que, selon la belle parole d'un homme éminent, une volonté désespérée peut seule nous faire traverser [1]. Et la voilà, cette liberté de tout penser et de tout faire qui séduit tant d'âmes et leur semble le plus précieux et le plus souhaitable des biens.

Jeunes gens qui aspirez après elle, et qui n'attendez, pour la saisir tout entière, qu'une circonstance heureuse à votre sens, un défaut de surveillance peut-être, ou la complicité d'un compagnon hardi, oh ! regardez bien ce fier affranchi dont le sort vous paraît si beau et si enviable. Il est esclave. Oui, ce livre dans lequel il trouve, sous les apparences trompeuses de la science, un matérialisme toujours affirmé, jamais démontré, c'est son maître. Ce journal, dans lequel il aime à voir insultées et bafouées toutes les saintes choses qui autrefois faisaient sa force et son honneur, c'est son maître. Ce rhéteur, qui l'éblouit par le prestige d'une

---

[1]. Le P. Gratry, *Connaissance de l'âme*, liv. IV, ch. II, 3.

éloquence sophistique et lui débite tant d'erreurs si facilement acceptées, c'est son maître. Ce camarade, qui lui impose des idées malsaines, des opinions perverses, et qui, d'un mot, d'un geste, d'un regard, le terrasse, s'il a quelque velléité de se révolter, c'est son maître. Que de préjugés encombrent cet esprit qui se dit libre ! Que de fantômes le font trembler ! Que d'idoles il adore ! C'est pitié que de le voir réduit en pareille servitude. Juste châtiment de l'insolente prétention qu'il avait de se passer de maître. Il a regardé comme un joug honteux l'obéissance au seul souverain légitime des âmes, à la vérité, à la loi éternelle du bien, c'est-à-dire à Dieu. Et maintenant le premier venu peut s'emparer de ce pauvre esprit sans défense, et y régner un quart d'heure, jusqu'à ce qu'un autre tyran en fasse sa proie.

Que peut-on attendre de ces hommes, Messieurs ? et quels services peuvent-ils rendre à leur pays ? Beaucoup vont grossir le troupeau déjà si considérable des indifférents, des insouciants, des mous et des lâches, qui ne pensent pas à grand'chose, mais jugent de tout, fidèles échos du journal qu'ils viennent de lire ou du passant qui les quitte : esprits sans consistance, âmes sans ressort, que leur bien-être seul occupe et remplit. D'autres, qui se croient du talent et qui quelquefois en ont, prennent une plume et ils écrivent. Comme ils n'ont pas de principes, ils traitent sans étude et sans effroi les plus graves questions. Ils jugent d'un ton tranchant les hommes et les choses. Ils ont sur l'histoire, qu'ils ignorent, des vues d'ensemble hardies qui les enchantent. Ils nous offrent, pour guérir nos maux dont jamais leur œil ni leur main n'a sondé la profondeur, des remèdes qu'ils proclament infaillibles. Ils font, pour le bonheur de la société dont ils méconnaissent les conditions d'existence, des projets magnifiques qu'ils admirent eux-mêmes en attendant qu'on les adopte. C'est merveille de voir avec quelle liberté ils parlent de tout. Libres, en effet, de tout respect, libres de tout scrupule, libres de toute étude, ils exercent avec une souveraine indépendance leur métier, et ils ont le triste honneur de régner sans contrôle sur une multitude d'esprits. Mais qui ne sait néanmoins qu'ils sont esclaves ? non seulement esclaves de ceux qu'ils flattent, hommes puissants ou lecteurs inconnus, gouvernement ou peuple ; mais encore esclaves de tous ces préjugés, de toutes ces erreurs de convention, de tous ces grands mots vides qu'ils vont répétant chaque jour et à chaque heure du jour, et qu'ils n'ont jamais considérés en face une bonne fois dans leur vie. Eux qui ne veulent ni de dogmes ni de principes, ils admettent comme des vérités incontestables, indiscutables, sacrées, certaines maximes et certaines formules dont ils n'ont jamais cherché le sens précis. Eux qui s'érigent en juges sévères des récits les plus vénérables, ils croient sans examen à d'insoutenables légendes, et ils tournent le dos à l'histoire qui, preuve en main, dissiperait leurs illusions. Je vous le demande, où est-elle, cette liberté d'esprit dont ils se vantent ? Répéter sans cesse, sur la foi d'autrui, des maximes plus que douteuses et des faits plus que suspects, n'est-ce pas être esclave, et travailler à faire des esclaves autour de soi ?

La liberté d'esprit est tout autre que cette licence dont la servitude est le fruit naturel. La liberté d'esprit s'achète par le travail et par la lutte, et elle suppose avant tout le respect de l'autorité souveraine. Comprenez-le bien, Messieurs : la liberté n'existe pas pour elle-même, et, comme elle n'a en elle-même ni sa raison, ni sa fin, elle doit avoir en dehors et au-dessus d'elle-même sa règle et sa loi. L'âme est libre : pourquoi? Pour être capable d'obéir, mais obéir à quoi ? À la vérité, au devoir, au bien. Libre, elle rend au vrai et au bien un hommage volontaire et méritoire. Il y a donc au-dessus d'elle des choses incomparablement plus grandes qu'elle, des choses excellentes, des choses divines : et c'est pour être capable de les respecter et de les aimer, qu'elle est libre. A ces choses excellentes, à ces choses divines appartiennent l'autorité et la souveraineté, et non pas à l'âme qui, tout au contraire, s'incline devant elles et trouve dans cette soumission même sa grandeur, sa beauté et son bonheur. Ainsi ces choses divines ont le droit de commander à l'âme libre, et elles seules sont à la fois la raison, la fin et la loi de la liberté. Mais ne parlons plus un langage abstrait, et disons maintenant que la vérité et le bien étant au fond Dieu même, c'est Dieu qui a le droit de commander à l'âme libre, que son excellence même lui donne ce droit, que lui seul est par essence Souverain, et que quiconque méconnaît la souveraineté divine, diminue en soi, compromet, et finit par détruire la liberté. Voilà les principes, Messieurs, et on ne les viole pas impunément.

Quelle belle image je me fais d'un esprit vraiment libre! Il sait qu'il n'a pas en lui la source du vrai, et il ne mesure pas l'éternelle et immense vérité à ses faibles et courtes pensées. Il est convaincu que le seul moyen d'assurer son indépendance légitime, c'est de se tenir dans une étroite dépendance à l'égard de Dieu. Il respecte donc la vérité, d'un respect sincère, efficace, qui va, s'il le faut, jusqu'au sacrifice; il l'aime, il la cherche, il la salue partout où il la trouve, et quand elle le gêne, le blesse, le condamne, il la reconnaît encore et l'adore. C'est elle qu'il consulte, quand il se recueille au plus profond de sa raison et de sa conscience. C'est elle qu'il écoute, quand il médite sur les sublimes enseignements de la foi. C'est elle qu'il poursuit, quand il s'initie à la science, et, au-dessus de ses maîtres qu'il respecte, ou qu'il admire peut-être, il voit la vérité supérieure à eux et à lui et maîtresse souveraine de tous les esprits. C'est elle qu'il veut trouver encore, quand il étudie l'histoire et qu'il essaie de se rendre compte des causes des événements et de juger équitablement les hommes qui ont paru sur la scène du monde. Aussi de quelles précautions ne s'entoure-t-il pas dans toutes ses recherches! A quel travail consciencieux et opiniâtre ne se livre-t-il pas! Tandis que le *libre-penseur* décide du haut de son esprit sans consulter sérieusement ni les principes ni les faits, l'esprit libre ne détache point son regard de ces principes lumineux sans lesquels toute pensée s'égare et de ces faits qu'une observation scrupuleuse peut seule découvrir. L'attention est la première vertu de l'esprit libre; et l'attention est respect et amour en même temps qu'effort. Faire attention, c'est reconnaître que nos pensées sont assujetties à la vérité, qu'elles découvrent et ne font pas; faire attention, c'est donner son esprit et son cœur à la vérité qu'on cherche; c'est lutter contre les obstacles qui nous séparent d'elle; et c'est aussi, quand elle est atteinte, se reposer en elle avec complaisance et jouir de sa beauté. Mais le plus souvent quelles luttes encore pour défendre ce bien si cher et si menacé, la vérité! Quelle surveillance sévère exercée sur moi-même pour fermer toutes les avenues à l'erreur, au mensonge, au sophisme! Quels soins pour qu'aucun impur alliage ne corrompe la vérité et ne la rende moins belle et moins salutaire!

O incessant et admirable travail de l'esprit libre qui veut se rendre digne de la vérité, mériter de la connaître, et mériter de la proclamer devant les hommes ! Rien ne lui coûte pour accomplir son œuvre. Aussi comme il est au-dessus de tout ce qui avilit et affaiblit les âmes ! Il attaque de front les préjugés, il attaque les sophismes, il renverse les erreurs, il dissipe les fantômes de l'ignorance ou de la mauvaise foi, il brise les idoles de la superstition ou de l'incrédulité. C'est lui qui a vraiment l'allure dégagée et les coudées franches. Il est libre, Messieurs, parce qu'il obéit à Dieu. *In regno nati sumus*, nous sommes nés sujets, comme dit Sénèque: *parere Deo libertas est*, obéir à Dieu, c'est la liberté !

Jeunes gens, que ce soit là votre devise. Comprenez que vous avez un Maître, un Souverain, qui est Dieu, et que la mesure de l'obéissance que vous lui rendrez sera la mesure même de votre liberté. Rétablissez donc dans vos esprits, sur les ruines de tant de dieux prétendus dont nos malheurs ont assez hautement attesté l'impuissance, le règne de l'unique Souverain légitime. Je ne sais ce que vous serez un jour : mais, qui que vous soyez, en quelque condition que vous soyez placés, quelles que puissent être vos occupations ou vos études, préparez-vous dès maintenant à n'avoir sur les hommes et sur les choses que des idées saines, des idées nettes, et osez les répandre. Prenez en pitié tant d'esprits asservis, et travaillez à leur affranchissement en travaillant à y faire régner la vérité et Dieu. Noble et belle entreprise, bien faite pour tenter votre ambition ! Courage donc, jeunes élèves, courage; et, regardant d'une part la vérité, notre souveraine, que tant d'hommes méprisent, et d'autre part, la France, notre patrie, que les erreurs et les illusions et les systèmes ont mise dans l'état où vous la voyez, dites dans un généreux élan de votre cœur et avec un ferme espoir : Nous respecterons la vérité, nous aimerons la vérité, nous serons les serviteurs, intelligents et dociles, courageux et ardents de la vérité, et la vérité nous donnera la liberté.

Messieurs, me pardonneriez-vous si je n'ajoutais quelques paroles encore? Vos yeux se tournent vers l'éminent prélat qui nous préside[1]. Vous savez que, comme son glorieux prédécesseur, l'Archevêque martyr, si particulièrement cher à ce lycée[2], il se fait une joie de venir parmi vous. Vous attendez que je le remercie au nom de tous; vous attendez aussi qu'avec vous tous je salue en lui un beau et noble modèle de cette vraie liberté que je viens de célébrer. Oui, c'est la volonté constante de servir la vérité, qui, l'affranchissant des ambitieux désirs et des peurs pusillanimes, lui a donné en toute circonstance une si grande fermeté de vue et de conduite, une si admirable sérénité d'esprit, et tant de douceur dans une invincible force. C'est cette même volonté, j'allais dire cette passion d'obéir à Dieu, coûte que coûte, qui, au sortir de la plus affreuse guerre civile qui fut jamais, l'a conduit à Paris pour combattre le bon combat dans ce poste périlleux et ensanglanté. Honneur à lui, Messieurs, honneur à lui ! Et que l'exemple de ces simples et fortes vertus nous apprenne, mieux que tous les discours, que seule l'obéissance à Dieu fait les hommes libres !

1. Mgr Guibert, archevêque de Paris.
2. Mgr Darboy avait été aumônier du Lycée Corneille (alors Collège Henri IV, puis Lycée Napoléon), et, devenu archevêque de Paris, il avait deux fois présidé à la distribution des prix dans ce Lycée.

II

LA RECHERCHE DES QUESTIONS PRESSANTES

Ce discours fut prononcé par M. Ollé-Laprune, à la distribution des prix du Collège Stanislas, le 1er août 1893.

Ma première parole sera pour saluer la Maison dont j'ai l'honneur et la joie d'être l'hôte en ce jour de fête.
Elèves du Collège Stanislas, vous avez un drapeau : je salue votre drapeau. J'aime votre devise : Français sans peur, Chrétien sans reproche. J'aime votre blason : un chevalier armé, un livre, une croix. Vous avez un passé : je salue votre passé. De ce Collège, comme d'une nation ou d'une famille, il est vrai de dire que c'est une société de morts immortels non moins que de vivants. Salut aux disparus ! Leur invisible présence anime cette Maison. L'abbé de Lagarde s'asseyait à la place où vous êtes, Monsieur le Directeur[1], et c'est votre honneur d'être l'héritier de son esprit comme de sa fonction. Plus anciennement, pour ne rappeler que le nom le plus grand, à cette même place s'était assis le P. Gratry. Ici où je suis moi-même parurent Caro, Camille Rousset, mes chers et illustres maîtres, anciens

---

1. M. l'abbé Prudham.

élèves du Collège. Ils y avaient eu pour professeur de rhétorique Ozanam. Quel cortège de beaux noms! et quelle force dans ces souvenirs! Ce n'est pas seulement une histoire noble, c'est une tradition puissante.

Le présent répond au passé. Je me félicite d'avoir appris cette année, par expérience, ce que sont les Religieux qui président à votre éducation. Remercier est, en certains cas, la meilleure façon de louer. Je les remercie donc, et en particulier votre éminent Directeur, à qui j'adresse un autre remerciement encore, puisqu'il m'a désigné pour la présidence de cette fête. Et vos professeurs! Comme j'ai plaisir à pénétrer dans les rangs de cette élite pour y retrouver des camarades d'École Normale, des élèves, des amis, pour saluer, en silence, mathématiciens consommés, penseurs austères, poète délicat, fins lettrés, habile historien des choses de l'art, généreux promoteur d'action morale, enfin pour féliciter, tout haut [1], l'ingénieux écrivain que vous venez d'applaudir!

Jeunes élèves, il me reste à vous dire à vous aussi : Salut!

Salut aux vainqueurs d'hier! Avec le Prix d'honneur de Rhétorique et quarante-neuf nominations, ils ont bien soutenu la vieille renommée du Collège Stanislas.

Salut à vous tous! Et je donne au mot sa signification première : je vous souhaite la santé. J'y ajoute la joie. Dans la langue française et dans la langue latine, on dit à ceux que l'on salue qu'on veut qu'ils soient en santé. Dans la langue grecque, on leur dit qu'on veut qu'ils se réjouissent. C'est bien là ce que je veux pour vous. Et pourquoi vous souhaiter ainsi, avec la santé, l'allégresse? Ah! Pourquoi? Parce que précisément la

1. M. Doumic.

vie est sérieuse, et le temps où vous vivez, très particulièrement grave. Pour la tâche qui vous attend, un organisme défait, des nerfs surexcités, surtout une tête et un cœur malades ne valent rien. Soyez bien portants, et dans le corps et dans l'âme, c'est-à-dire capables, dans l'âme et dans le corps, de tenir debout et d'avoir de l'élan. Que je les plains, ces jeunes, impuissants à soutenir le poids de leur être, rebutés de vivre avant d'avoir vécu, tristes sans en avoir le droit, prêts à tout regarder, à tout comprendre, à jouir de tout, même des larmes d'autrui et des leurs propres peut-être, ambitieux seulement de ne rien faire, parce que pour faire quelque chose il faudrait croire que cela en vaut la peine, et peiner en effet! Vous ne serez pas de ces attristés, qui sont des lâches.

Que nous le voulions ou non, les questions pressantes sont là, qui nous prennent à la gorge. Éviterons-nous de les voir, et d'en sentir la pointe? Voici celle que l'on nomme la question sociale. N'est-elle que dans les livres? Elle est dans nos cités et dans nos champs, dans les Parlements et dans les ateliers, dans tous les esprits, dans toutes les âmes. Mais ne voudrons-nous la remarquer que si elle atteint nos intérêts? Il me semble que vous surtout, avec votre éducation, avec votre savoir, vous voudrez l'étudier pour en procurer, pour en préparer du moins la solution. C'est une des questions que le siècle prochain doit illuminer d'un jour nouveau. Entre autres indices, avez-vous observé comme les plaies sociales, que les Saints presque seuls savaient voir et toucher, attirent aujourd'hui l'attention publique, et comment des hommes bien nés, riches, fortunés s'étonnent et se scandalisent de leur heureuse condition autant et plus peut-être que bien des misérables de leur misère même? Quiconque pense et peut quelque chose doit travailler à diminuer le mal social. Mais pour cela il faut plus que des phrases, ou même de bons sentiments et de louables intentions. Il y faut de longues et patientes études, parce qu'il y faut des lumières certaines. Les vieux freins sont usés, usés, ce semble, les vieux remèdes, usées les vieilles idées. A vous, jeunes gens, de préparer un ordre nouveau; à vous d'abandonner résolument ce qui a fait son temps pour garder, mieux que jamais, ce qui, étant éternel, ou ayant sa raison dans l'éternel, doit demeurer toujours.

Oserai-je le dire? En entrant dans la vie, soyez des mécontents, car les satisfaits ne font rien de grand jamais ni nulle part. Faire, en ce pauvre monde, c'est le plus souvent refaire, et l'on ne refait que ce qui ne contente point. Mais entendez toute ma pensée. Mécontents de ce qui est mauvais, et soucieux de contribuer à la réforme sociale avec la conviction qu'il faut d'ailleurs commencer toute réforme par soi-même, vous ne serez mécontents ni de votre tâche ni de la Providence. Vous vous direz que si, grâces à Dieu, vous vivez dans un temps où moins que jamais il n'est permis ni même possible de ne rien faire, c'est votre spécial honneur, à vous, dans la condition où vous êtes placés, de vous appliquer à bien comprendre ce temps et à faire l'œuvre qui lui est dévolue. Vous vous direz aussi que, dans ce monde où abonde le mal, c'est pourtant le bien, à vrai dire, qui surabonde, et c'est à nous de profiter des trésors que la nature, que la science, que la raison, que l'expérience de la vie, que la tradition bien comprise, que la religion nous offrent sans cesse. Il y a une clairvoyance qui, allant droit au vice des choses, le note, et trouve que cela suffit : clairvoyance méprisante qui dégoûte et dispense d'agir. Ce ne sera pas la vôtre. Vous aurez la clairvoyance de la bonté, celle qui, avec la vue poignante du mal, sait apercevoir le reste non encore entamé, le débris encore subsistant, et le remède possible, et l'espoir, et la ressource, la ressource dans les réserves de l'humaine nature, surtout dans les réserves de Dieu, car enfin, comme disait le P. Gratry, c'est « une fondamentale vérité que, lorsqu'il n'y a plus rien, il y a Dieu[1] ».

Une autre question pressante, c'est la question intellectuelle, morale, religieuse. Ne vous plaignez pas d'arriver au milieu d'un conflit aigu, alors que des puissances ennemies se disputent les âmes, et que les notions se brouillant, les passions s'irritant, la lutte descend des régions intellectuelles pour gagner la sphère sociale et y troubler les relations des hommes entre eux. Ici encore ce sera votre tâche et votre honneur de comprendre la question qui agite, qui tourmente votre temps, et de contribuer à la résoudre. La seule existence de cette Maison et sa forme propre ne vous apprennent-elles pas chaque jour que ce que l'ignorance ou la passion séparent et opposent se tient au fond et s'accorde, et que c'est avec toutes les forces de l'homme et de Dieu, *viribus unitis*, qu'il faut vivre? Vous travaillerez à en convaincre les autres. Et vous vous mettrez à l'œuvre, sentant et voyant qu'aujourd'hui surtout pour conserver il faut agir. Ni les droits ni les principes ne se conservent à la façon des chefs-d'œuvre dans un musée. Les musées sont des nécropoles; nos sociétés sont des cités vivantes. Vouloir n'être qu'un fidèle gardien, c'est tout perdre. Il faut du mouvement, de l'action. Il faut combattre le mal et l'erreur, et concilier le nouveau et l'ancien, et tout pacifier dans la lumière et dans l'embrassement de

---

1. *Commentaire sur l'Évangile selon saint Matthieu*, ch. VI.

l'éternelle vérité et de l'éternel amour. Il faut conquérir les sciences et conquérir les notions morales et religieuses par un labeur incessant qui les fasse entrer en nous et nous en fasse vivre; il faut conquérir, par une étude infatigable, la solution des questions qui nous préoccupent et nous passionnent; il faut conquérir les esprits, les âmes, les hommes et les choses, la société, les institutions par une action douce et forte qui établisse partout l'empire de la vérité et du bien. Vous devrez être des conquérants parce que voudrez être des pacifiques.

La crise contemporaine se dénouera, je l'espère, au profit de la vérité et du genre humain, et le prochain siècle fera la paix, pour de longues années, souhaitons-le, dans toutes les régions où souffle aujourd'hui le vent de la guerre. Courage donc! Préparez-vous à être des hommes de paix. Mais comment? Allez-vous assoupir les questions? Non pas, vous les tiendrez toutes vives sous vos yeux et sous les yeux des autres. Allez-vous éviter tout heurt entre les intérêts ou les pensées, et mettre des coussins ou des tampons partout? Non pas, mais plutôt vous regarderez en face et les choses qui divisent les hommes et les hommes que ces choses divisent. La paix se fera par la lumière et par la franchise. Hommes de paix, vous aurez donc une attitude hardie, et non pas incertaine, très droite, et non pas courbée ou fuyante. Vous aurez dans le jugement cette netteté qui est le courage de l'esprit. Vous saurez ce que vous voulez et ce que vous ne voulez pas; vous saurez à quoi et à qui dire non, à quoi et à qui dire oui. Empressés à accueillir les incomplets, vous maintiendrez que le vrai remède n'est que dans la vérité complète. Vous ne diminuerez donc jamais la vérité comme jamais vous ne diminuerez en vous la dignité du caractère ni l'honneur de la vie. La paix est à ce prix. Puisqu'elle est ordre et union, et au fond amour, ou du moins fruit de l'amour, elle demande, comme l'amour même, que ce qu'elle rapproche, soit quelque chose, et soit quelqu'un. Si celui qui aime n'était qu'un fantôme d'être, que donnerait-il, n'étant rien, en se donnant soi-même? et si celui qu'on aime n'est, à son tour, qu'un semblant d'être, que peut-on aimer en lui? Je le sais, l'amour, quand il est pitié, quand il est bonté, va vers ce qui n'est pas : mais cette condescendance a pour objet de le faire être; et si vous aimez ce rien, c'est pour en faire quelque chose, de même que la Bonté créatrice et souveraine a aimé le néant pour lui donner l'être. En sorte qu'il demeure certain que l'amour suppose la parfaite distinction dans l'union parfaite. Et de là je conclus que la paix par effacement des idées ou par annihilation des personnes, si c'était possible, ou du moins par oubli de ce qui les sépare, n'est point une vraie paix. C'est plutôt en allant jusqu'à la cime de toutes vos pensées, et, dans vos rapports avec les personnes, jusqu'au bout et au haut d'autrui et de vous-mêmes, à force d'idées précises et justes, à force de sincérité et de franchise, que, voulant la paix, vous la ferez, et que, vraiment pacifiques, vous posséderez la terre.

J'ai paru ne parler qu'aux plus grands d'entre vous, à ceux qui vont nous quitter; et n'est-il pas naturel qu'en ce dernier jour de l'année scolaire la pensée se porte surtout vers ceux qui demain entreront dans la vie? Mais, en leur parlant, c'est à tous que je parlais, puisque « le collège est la préface de la vie », comme on vous le disait si bien tout à l'heure, et que vous, les plus jeunes, vous vous préparez justement à jouer le rôle que demain joueront vos aînés. Que ce noble but entrevu vous anime dans les exercices scolaires dont vous ne voyez pas toujours la portée, mais qui servent à faire de vous les hommes de l'avenir.

Peut-être aussi vous êtes-vous dit, en m'écoutant, que ce trop long discours ne regarde que ceux à qui une situation favorisée rendra possible une action considérable dans le monde. Détrompez-vous. « Nous ne disons rien en chaire qui soit indifférent. » Ce que M. Doumic affirmait avec tant de raison du professeur, est vrai partout : nul, en ce temps surtout, ne fait rien d'indifférent. Vous souvient-il, Messieurs, d'une admirable page du P. Gratry[1] (vous ne me reprocherez pas de le citer encore) : « cet ouvrier qui travaillait le fer, et qui était regardé par les anges au moment où, forgeant une barre, il pensait en lui-même à la forger solide, travaillant avec joie pour les frères inconnus qui devaient s'en servir... » « Et voici que les anges le virent s'arrêter tout à coup, et puis, aussi fier et habile que scrupuleux et juste, recommencer tout son travail en se disant : « Œuvre mal faite peut entraîner mort d'homme. » La barre avait une paille, et l'homme la rétablit plus solide que les autres ; et les anges virent, qu'employée par les architectes, elle entra dans la charpente d'un pont, et ils virent, peu de jours après, le pont frémir sous la marche d'un régiment. Ils virent le pont toucher à sa rupture, mais ne pas rompre ; et leurs yeux pénétrants aperçurent clairement que la barre, si elle n'avait pas été refaite, aurait cédé et entraîné le tout, et six cents hommes étaient écrasés et noyés. Et l'homme ne sut jamais qu'entre ses mains « œuvre bien faite » avait sauvé la vie à six cents hommes. Mais les anges le lui dirent, lorsque, après sa

---

1. *Commentaire sur l'Évangile selon saint Matthieu*, ch. IX.

généreuse vie, pendant que ses enfants pleuraient et l'ensevelissaient, ils le reçurent au Ciel. »

Jeunes élèves, quelque rôle que vous ayez à remplir dans le monde, travaillant obscurément pour des frères inconnus ou occupant quelque grand emploi où l'influence exercée soit visible, vous vous souviendrez que toujours « œuvre bien faite » est œuvre de salut. La France, — et avec elle tout ce dont la France a le souci et comme la garde, — la vérité, la justice, la religion comptent sur vous : vous ne faillirez point à votre tâche, et, laissant à d'autres le soin de vous mettre à l'honneur, vous saurez toujours être à la peine, pour la patrie et pour Dieu.

III

LA RESPONSABILITÉ DE CHACUN DEVANT LE MAL SOCIAL

A la fin de l'année 1894, M. Delaire, directeur de la revue *La Réforme Sociale*, demanda à M. Ollé-Laprune de donner une conférence devant cet auditoire, souvent tumultueux, qui répondait aux convocations périodiques du Comité de défense et de progrès social. M. Ollé-Laprune répondit à l'offre de M. Delaire par une lettre très significative, qu'il est utile de reproduire pour définir l'attitude de M. Ollé-Laprune à l'endroit des diverses écoles sociales qui se partageaient les catholiques.

L'idée qui a inspiré la fondation du Comité, écrivait M. Ollé-Laprune, est noble et salutaire. Ces cours pourront faire beaucoup de bien. Ils contribueront à dissiper beaucoup de malentendus et de préjugés, et la jeunesse où fermentent tant d'idées généreuses pourra trouver là une précieuse direction. Vous avouerai-je que je n'aime pas beaucoup le nom choisi : Comité de défense et de progrès social? Les anciens noms : réforme sociale, unions, paix sociale, disaient admirablement ce qu'ils avaient à désigner; celui-ci n'a pas la même netteté, il n'a pas, si je puis dire, la même largeur. Il prête à l'équivoque, et, si on le prend dans un certain sens, il est extrêmement étroit et par suite dangereux. La défense sociale! De quelle défense s'agit-il? Bien des gens penseront et beaucoup auront intérêt à dire qu'il s'agit de la défense de certains intérêts compromis par le mouvement social qui grandit sans cesse, et ils ne manqueraient pas d'assimiler les membres du Comité de défense sociale à ces conservateurs effrayés qui ne parlent que de se garantir, eux et leurs biens, contre ce qui les menace. Je sais que vous avez bien autre chose en vue. C'est la société toute entière que vous voulez défendre contre les ennemis qui la ruineraient; ce sont les petits, les humbles, les souffrants, les travailleurs que vous voulez défendre contre eux-mêmes et contre leurs flatteurs ou leurs exploiteurs; ce sont les principes éternels, les vérités fondamentales que vous voulez défendre contre les sophismes qui les ébranlent ou les dénaturent; et votre œuvre de défense sociale ainsi entendue est, je le disais tout à l'heure, noble et salutaire. Mais ne craignez-vous pas l'équivoque que je viens de signaler et, dès lors, un rétrécissement funeste, si je puis ainsi parler ? Ne craignez-vous pas qu'au lieu du progrès de justice sociale aussi bien que de charité qu'il s'agit d'opérer, plusieurs ne voient, à cause de l'étiquette, qu'un moyen de rassurer ce que je nommais tout à l'heure les intérêts alarmés ?

Il est clair que, si je parle dans les conditions nouvelles que vous me proposez, ce n'est plus de la philosophie du collège qu'il conviendrait d'entretenir mes auditeurs. Il faudrait un sujet d'un intérêt plus général encore, plus large. Je songerais à parler du mal social et de notre responsabilité. Je chercherais un titre plus clair si c'est nécessaire, mais vous voyez, n'est-ce pas, ce que j'entends par là : une sorte d'examen de conscience social, si je puis dire; tout homme qui pense, qui peut quelque chose, qui a une influence quelconque, se demandant, en présence du mal social nettement défini, en quoi il peut contribuer à le produire, à l'entretenir, à l'accroître, ce qu'il peut faire aussi pour le diminuer, pour y remédier, pour le guérir. Voilà le sujet auquel je pense.

La conférence de M. Ollé-Laprune eut lieu le 15 mars 1893, scandée par de nombreuses interruptions auxquelles l'orateur résista victorieusement, avec une virile sérénité. Nous la reproduisons ci-dessous, telle qu'elle fut prise par la sténographie. Cette conférence subsiste comme un témoignage public, singulièrement éloquent, des préoccupations d'action sociale qui remplissaient à cette date l'âme de M. Ollé-Laprune, et dont il se plaisait à recueillir ou à susciter l'écho dans son enseignement à l'Ecole normale. C'est en 1894, précisément, que parmi les leçons qu'il proposait à ses élèves nous trouvons les titres suivants : origine de la société, origine de l'Etat, capital et travail, socialisme. Un auditoire plus vaste, — et qu'il était, aussi, plus délicat d'affronter, — lui était offert, rue Serpente : M. Ollé-Laprune n'hésita point : il accepta.

M. OLLÉ-LAPRUNE. — Je me propose, ce soir, Messieurs, de vous faire part de quelques réflexions très simples. Ce que vous en penserez, ce que vous en ferez, cela vous regarde. (*Bruit.*) Seulement je vous prie de vous souvenir... (*Bruit continu dans le haut de la salle. — A la porte tous ces voyous! — Applaudissements*)... Je vous prie de vous souvenir, quelque accueil que vous fassiez à ma parole et dans quelque mesure qu'il vous plaise de la contredire et de la combattre, que vous avez affaire à une parole qui est sérieuse et qui est sincère. (*Applaudissements.*)

Que ce soit là tout mon exorde. Et cela dit, j'entre en matière. (*Applaudissements.*)

Je vais vous parler de la responsabilité de chacun devant le mal social... (*Un assistant : Elle est grande, la vôtre! — Bruit.*)

En quoi consiste le mal social?

Et d'abord qu'est-ce que le mal social? Qu'est-ce que j'entends par là?

Tout ce qui, dans la société, est un désordre, une

perturbation, est, en un sens, un mal social. Mais ce n'est pas dans ce sens large que je prends le mot. (*Nouveau tumulte.*)

S'il est vrai qu'en un sens tout ce qui trouble le fonctionnement social, que tout ce qui est un trouble ou une perturbation *dans* la société et *pour* la société est un mal social, j'appelle cependant plus proprement mal social ce qui est un mal non pas seulement *dans* la société et *pour* la société, mais un mal *de* la société en tant qu'elle est société. (*Bruit.*) Je m'explique, Messieurs. Vous allez facilement me comprendre. C'est très simple. (*Ah! Ah!*)

La société est essentiellement rapprochement et groupement. Que si, dans la manière dont les membres de la société sont groupés, il se trouve que quelques-uns occupent de très bonnes places et quelques autres de très mauvaises places... (*Un assistant : Ils ne sont pas contents!*), s'il se trouve même que quelques-uns semblent ne pas trouver de place du tout... (*Un assistant : Il y en a!*)... voilà alors, n'est-ce pas, un mal, un trouble qui est un trouble de la société même, en tant que société. Cette inégalité entre ces hommes crée une souffrance d'abord et ensuite un antagonisme, et cet antagonisme est fait de mépris, de haine et de crainte mutuels. On se méprise mutuellement, on se hait mutuellement, on se redoute mutuellement, et voilà proprement, Messieurs, ce que j'appelle le mal social. (*Applaudissements.*)

Que, dans notre société, il y ait de ces inégalités... (*Un assistant : Parlez plus haut! on n'entend rien! — Un autre : N'interrompez pas, vous entendrez! — Bruit. — A la porte les voyous!*)... Que, dans notre société, il y ait de ces inégalités... (*Un assistant : A qui la faute?*), c'est ce qu'il est bien facile de voir. (*Un assistant : Oh! oui, alors!*) Il suffit de regarder dans la rue d'abord... (*Un assistant : *Prenez garde, vous allez devenir socialiste!* — *A la tribune !*)

Il suffit, dis-je, de regarder dans la rue pendant deux ou trois minutes, le temps, par exemple, d'aller de l'Ecole de Médecine, qui est là, à l'hôtel des Sociétés savantes, qui est ici. Qu'est-ce que vous voyez dans la rue?... (*Un assistant : des maisons !* — *Un autre : Des sergots !*) Vous voyez, par exemple, un homme qui passe, une serviette sous le bras. (*Oh! Oh!*) C'est un homme qui travaille de l'esprit. Un autre passe avec un paquet, et des paquets, il y en a de toutes sortes. Et puis vous voyez une voiture qui passe, et, dans cette voiture, il y a un homme du monde et une femme du monde... (*Bruit*)... Laissez-moi donc finir, Messieurs, vous comprendrez après !... Et, pendant ce temps-là, il y a un homme qui balaie ou qui répare la chaussée sur laquelle roule cette voiture... (*Un assistant : Le panier à salade !*) Et puis, il y a des gens suffisamment vêtus, bien chaussés, et qui ont peut-être dans leur poche de l'or ou des billets de banque... (*Ah! Ah!*)... et qui, en rentrant chez eux, sont sûrs de trouver de quoi dîner et un logis pour s'abriter. Et il y en d'autres qui n'ont que des chaussures percées... (*Un assistant : Des va-nu-pieds !*)... des vêtements en mauvais état, qui n'ont rien dans leur poche et qui ne sont pas sûrs d'avoir de quoi manger ni d'avoir où se coucher. (*Bruit.*)

Eh bien ! Messieurs, je ne dis pas tout cela pour faire des phrases ; je ne déclame pas, mais je rappelle tout simplement des faits (*Oui !*) avec leur réalité poignante, des faits qu'il faut savoir se mettre sous les yeux. (*Applaudissements.*) Et, si vous voulez que nous résumions ces contrastes-là dans deux ou trois formules, voici ce que je dirai : Il y a des hommes qui travaillent de l'esprit et d'autres qui travaillent des mains : premier contraste, première différence ; il y a des hommes qui, travaillant des mains, ont besoin de ce travail pour vivre tandis que d'autres... (*Un assistant :... vivent du travail des autres !*)... tandis que d'autres n'ont pas besoin, semble-t-il, de travailler pour vivre. Et, Messieurs, il y a plus : il y a des hommes qui, tout en travaillant, n'ont pas assez pour vivre... (*Un assistant : Nous savons ça ! — Un autre : Non, vous ne le savez pas !*) Il y a des hommes qui, tout en travaillant, n'ont pas assez pour vivre, et il y en a qui ne trouvent même pas de travail. Et, de l'autre côté, il y a des hommes qui n'ont pas besoin de travailler pour vivre, je le répète. Eh bien, Messieurs, résumons encore ces contrastes dans une formule peut-être plus saisissante : il y a, d'un côté, des hommes qui ont moins qu'il ne faut, qui n'ont pas assez, et d'autres qui ont plus qu'il ne faut ; il y a des hommes qui, dans le monde, sont pour ainsi dire tout et ont tout, tandis que d'autres ne sont pour ainsi dire rien et n'ont rien. Voilà l'inégalité que je trouve bon de nous remettre sous les yeux. (*Applaudissements.*)

Qu'il y a des inégalités inévitables, nécessaires, légitimes, et qu'il y en a d'iniques.

Messieurs, l'inégalité n'est pas nécessairement et de soi iniquité. (*Ah ! si !*) Il y a des inégalités inévitables, il y a des inégalités nécessaires... (*Un assistant : Ça n'est pas vrai !*)... et il y a des inégalités légitimes. (*Un assistant : Exploiteur !*)

Vous me demandez s'il y a des inégalités inévitables. Je le crois bien, Messieurs. Quand la société se rétablirait tous les ans sur de nouvelles bases, à la fin du premier mois il y aurait déjà des inégalités, et quand la société se renouvellerait tous les mois, au lendemain du premier jour l'intelligence des uns et l'intelligence des autres, la paresse des uns et l'activité des autres auraient créé des inégalités. (*Applaudissements. — Bruit.*)

Et il y a des inégalités nécessaires, tout simplement parce que la société est un corps, est un organisme et que dans l'organisme social comme dans l'organisme humain, comme dans tout organisme, il y a plusieurs membres et que tous ne peuvent pas être la tête, ou tous, les yeux, ou tous, les mains. (*Applaudissements.*)

Et il y a des inégalités légitimes... (*Un assistant : Rothschild qui a 3 milliards ! A bas Rotschild ! — A bas les antisémites ! — A bas les Juifs !*)... il y a des inégalités légitimes, parce que, par exemple, il est légitime d'accorder plus de respect et plus d'honneur à l'intelligence qu'à son contraire. (*Applaudissements.*)

Mais, Messieurs, s'il y a des inégalités inévitables et nécessaires et légitimes... (*Un assistant : Lesquelles ? Jamais de la vie !*)... il y en a de criantes... (*Ah ! Ah !*) ... il y en a de criantes et il y en a d'iniques... (*Bruit. — Altercations dans une partie de la salle.*)

M. LE PRÉSIDENT[1]. — Ne laissez pas croire, Messieurs, que vous avez voulu empêcher l'orateur de réfuter vos arguments. (*A bas la chrétienté ! — A bas les Juifs ! — Vivent les Juifs ! — Vive la garde nationale !*)

M. OLLÉ-LAPRUNE. — Devant les inégalités criantes, Messieurs, les attitudes sont diverses : il y a des gens qui ne les voient pas. C'est, pour eux, comme la poussière des routes : ils ne la voient que quand le vent la

---

1. M. Georges Picot.

soulève. Il y a des gens... (*Bruit.* — *A bas la police!*)...
Il y a des gens qui ne veulent pas voir le mal social,
parce que cela les trouble et les gêne; il y en a qui
veulent bien le voir, mais ils en prennent facilement
leur parti, quand ils n'en ont pas peur pour eux-
mêmes. (*Applaudissements.*)

Il y en a qui le voient pour l'aigrir (*Applaudissements*), pour l'exploiter (*Applaudissements redoublés*),
parce que cela contribue à leur renommée et à leur
influence. (*Applaudissements.*)

Il y en a qui, le voyant, tâchent de le soulager, par
bon cœur, mais d'une façon superficielle; d'autres sont
très désintéressés, et très généreux, et très dévoués...
(*Un assistant: Ça n'est pas vous, en tout cas! — Un
autre: Qu'il se montre, le voyou!*)

Et enfin, Messieurs, il y en a qui, devant ce mal
social tel que je l'ai défini tout à l'heure, se disent qu'il
y a là quelque chose qui n'est pas juste (*Applaudissements*), qu'il y a quelque chose dont ils ne sont pas
contents, c'est-à-dire dont la raison n'est pas contente,
dont l'éternelle justice n'est pas contente, quelque
chose dont Dieu même n'est pas content. (*Salve d'applaudissements.*)

Et je suppose, Messieurs, que vous êtes tous de ces
généreux et de ces mécontents, et mon discours n'a de
sens... que s'il s'adresse à des gens qui soient, en effet,
dans ces sentiments. (*Applaudissements.*)

Qu'il faut que chacun pense d'abord à sa propre responsabilité devant le mal social.

Messieurs, si vous êtes dans les sentiments que
je viens de supposer, vous trouverez bon que nous
tâchions de déterminer et de mesurer notre responsa-

bilité devant ce mal social que je viens d'essayer de définir, la responsabilité de chacun... (*Un assistant : Oh! de vous, Monsieur!*) En général, quand on parle de responsabilité, on pense à celle du voisin (*Rires et applaudissements*), et c'est pourtant à la sienne qu'il faudrait penser. (*Applaudissements. — Un assistant : La responsabilité n'est pas scientifique.*) Je pense que, dans mon discours, il y aura quelque chose qui pourra s'adresser aux millionnaires, mais je commence par m'adresser aux jeunes étudiants, et même à ceux qui n'ont pour ainsi dire rien (*Ah! Ah!*), et je prétends, Messieurs, que ceux qui n'ont pour ainsi dire rien, ont cependant quelque chose de plus que beaucoup d'autres... (*Un assistant : A Saint-Sulpice! —Un autre : A Mazas, vous!*)

M. OLLÉ-LAPRUNE (*se tournant vers le Président qui veut apostropher l'interrupteur*). — Laissez... je ne répondrai pas : je méprise tout cela. (*Applaudissements.*)

Je dis que, qui que vous soyez, quand vous n'auriez que très peu de chose et pour ainsi dire rien, vous avez, cependant, par cela seul que vous êtes des étudiants, vous avez quelque chose de plus que beaucoup d'autres : votre culture, votre instruction (*Bruit*), tout cela constitue pour vous... (*Bruit. — A la tribune!*)... je dis, Messieurs, que tout cela constitue pour vous un avoir qui manque à d'autres, et, par conséquent, cela crée pour vous une responsabilité qu'il importe de considérer. (*Bruit.*)

Vous m'obligez à répéter presque toutes mes phrases. C'est allonger le discours bien inutilement. Je dis (il faut bien que je le répète, pour qu'on me comprenne), je dis que ce que chacun de nous a de plus que les autres, tout ce qu'il a par sa culture, par son instruction, tout cela constitue pour lui un avoir qui manque à d'autres et que tout cela, par conséquent, crée pour lui une responsabilité qu'il importe de considérer. (*Applaudissements.*)

Oui, qui que vous soyez, jeunes gens, jeunes étudiants, vous avez, devant le mal social, une responsabilité...

UN ASSISTANT. — Mais quelle sorte de responsabilité ?

M. OLLÉ-LAPRUNE. — Nous allons le dire... Ne serait-ce, Messieurs, que par rapport au décrotteur qui cire vos souliers ou au garçon de café à qui vous demandez un grog bien chaud. Vous qui vous faites servir par lui, vous avez plus que lui. Eh bien, cet avoir que vous avez en plus constitue pour vous un devoir, et c'est de cela que j'ai à vous parler. (*Un assistant : Eh! je cire mes souliers moi-même, moi! — Un autre : On voit bien que vous avez tout ce qu'il faut pour faire un décrotteur! — Rires et applaudissements. — Un autre : Tu auras la médaille!*)

Deux choses à bien considérer.

Les deux propositions que je tiens à établir sont celles-ci : 1° Ces hommes qui ont moins que vous sont des hommes... (*Un assistant : Parfaitement!*)... et 2°, si vous vous regardez vous-mêmes, cet avoir que vous avez en plus et qui leur manque crée pour vous un devoir, car toute richesse est une fonction sociale. Voilà les deux propositions que je me propose d'établir le plus rapidement possible, mais la rapidité ne dépend pas de moi. (*Applaudissements.*)

I. — **Les hommes qui à certains égards ont moins que nous et sont moins que nous, ce sont des « hommes ».**

Ces hommes qui, à certains égards, ont moins que vous et sont moins que vous, ce sont des hommes. C'est bien simple, mais on n'y pense pas, et, quand on y pense, on trouve que cela va loin et que cela mène loin, car enfin, Messieurs, si ce sont des hommes, — permettez à un philosophe (*Oh ! Oh !*) de se servir d'un mot philosophique, — ce sont, comme on dit dans les écoles, depuis Kant, ce sont des *fins en soi* (*Applaudissements*); en termes plus accessibles, ce sont, Messieurs, des hommes que vous ne pouvez pas, par cela même que ce sont des hommes, traiter comme des instruments et comme des outils.

UN ASSISTANT. — C'est pourtant ce que vous faites tous les jours !

M. OLLÉ-LAPRUNE. — ... C'est pourtant ce que vous faites vous-mêmes, s'il vous arrive, en leur parlant, de les traiter parfois comme on traite un chien, ou comme on ne traite pas un chien (cela arrive) ; c'est ce que vous faites vous-mêmes si... (*Bruit*)... si, les regardant comme des gens de rien ou de peu, vous tenez devant eux certains propos qui ravagent leurs âmes, et qu'il vous semble que cela ne tire pas à conséquence. (*Applaudissements.*)

C'est encore ce que vous faites vous-mêmes, Messieurs... (*Bruit*)... Oh ! je vous dirai tout !... c'est encore ce que vous faites vous-mêmes, si vous les employez à... comment dirai-je ?... à d'odieuses et sales besognes, j'entends des besognes morales, ou plutôt immorales ! (*Applaudissements.*)

C'est ce que vous faites vous-mêmes, si, voyant leurs souffrances, vous vous contentez, comme je disais tout à l'heure, de les aigrir et de les exploiter... (*Un assistant : C'est le patron qui exploite le garçon de café !*)... parce que ce sont des matières à phrases, à déclamations et des moyens de se grandir et d'arriver à quelque chose! (*Applaudissements.*)

Enfin, Messieurs, c'est ce que vous faites et c'est ce que nous faisons toutes les fois qu'il semble que nous ayons pour maxime de notre conduite la maxime que voici : « Tout m'est dû à moi, et rien aux autres »... (*Un assistant : C'est la maxime des capitalistes ! — Un autre : Panama !*)... ou encore cette maxime : « Qu'ils peinent, pourvu que je jouisse ! » (*Un assistant : C'est la maxime des Juifs. — Vivent les Juifs !*) Et j'arrive, Messieurs, à la question du travail et à la question du salaire. (*Ah ! Ah !*) On ne peut pas tout dire à la fois. L'ordre de ce discours exigeait que je vous disse d'abord vos vérités, et je vous les ai dites. (*Applaudissements.*)

Eh bien! je m'adresse maintenant à un homme, à un homme... (*Un assistant : Lequel ?*)... qui serait, si vous voulez, ce que vous appelez un capitaliste, et, voici, Messieurs, la question que je me pose. Je suppose que je fais travailler d'autres hommes, et je me demande si, faisant travailler d'autres hommes, je songe assez que ce sont des hommes; et vous pouvez bien vous le demander aussi, car, sans être des capitalistes, des millionnaires, ni des chefs d'atelier, ni des maîtres de forges, il vous arrive de faire travailler les autres hommes comme vous. Eh bien, quand vous faites travailler d'autres hommes comme vous, ou quand nous faisons travailler d'autres hommes comme nous, est-ce que nous nous souvenons toujours que ce sont des hommes ? (*Jamais ! — Pas souvent ! — Plus haut !*) Oh! je parlerais plus haut si je n'avais pas si souvent à surmonter des clameurs.

Que si, Messieurs, faisant travailler d'autres hommes et travaillant moi-même... (*Un assistant : A quoi ?*) ... Laissez-moi donc expliquer ma pensée ! Je vous ai dit que je supposais, dans ce moment-ci, un capitaliste, un maître de forge, si vous voulez, un chef d'atelier ou un grand industriel et que, pour la commodité du discours, je le faisais parler lui-même.

M. LE PRÉSIDENT. — Ils n'ont pas compris !

M. OLLÉ-LAPRUNE. — Ce n'est pas de moi que je parle : moi je ne suis pas tout cela !

Voilà donc que je fais, dans le sens où je viens de le dire, que je fais travailler d'autres hommes, et je dis que je travaille aussi. C'est vrai, Messieurs. (*Un assistant : Ce n'est pas vrai.*)

Oui, c'est vrai, je travaille... (*Un assistant : A quoi ?*)... je travaille, car le grand industriel, il organise, il dirige, il a le souci, le souci de la direction ; il peut courir des risques ; il en court. C'est donc un homme qui travaille. Mais, par son travail, il entend bien s'enrichir. Or, s'il examine sa responsabilité devant le mal social, il peut se dire : Par mon travail j'entends m'enrichir, soit ; mais est-ce que je peux admettre que celui qui travaille sous mes ordres, dans cette usine, dans cette forge, que cet homme, en travaillant, n'ait pas de quoi vivre ? Voilà, Messieurs, la question troublante... (*Un assistant :... qu'il ne se pose jamais !*)... la pensée qui doit inquiéter, qui doit alarmer... (*Un assistant : Ça ne le trouble pas beaucoup, parce qu'il ne pourrait plus travailler !*)

La charité ne dispense pas de la justice, mais la suppose.

Eh bien, c'est donc la question de justice qui se pose. Ah! je sais bien ce que certains disent : « Ne parlons pas de justice, mais parlons de charité. » Messieurs, entendons-nous une bonne fois sur les relations de la justice et de la charité. D'abord si, par charité, vous n'entendez que l'aumône, c'est beaucoup trop rétrécir et réduire la charité. (*Applaudissements.* — *Un assistant : La charité, c'est la restitution!* — *Bruit.*) Ce n'est pas, croyez-le bien, remédier au mal social que de se contenter de donner à ceux qui souffrent un peu de son argent, en se sachant beaucoup de gré à soi-même de le donner. (*Applaudissements.*)

Que si vous comprenez le mot charité dans un plus grand sens, je dis que cette charité-là, la charité ainsi entendue, ou elle suppose la justice, ou bien elle l'implique et la renferme, mais elle n'en dispense pas (*Applaudissements*) ; jamais elle ne la remplace comme une chose dont on pourrait se passer. (*Applaudissements.*) Rendons cela plus clair... par des exemples on ne peut plus simples, on ne peut plus vulgaires, mais, par cela même, très précis, très faciles à saisir.

Vous devez, n'est-ce pas (c'est un devoir de justice), respecter la vie d'autrui. Cela, c'est la justice; on le voit bien. Mais voici un homme qui meurt de faim sous mes yeux. Si je le laisse mourir de faim en ne l'assistant pas, est-ce à la charité ou à la justice que je manque? (*Voix diverses : A la justice!*) Je réponds : A la justice. (*Applaudissements.* — *Un assistant : La solidarité vaut mieux.*)

Et puis, après cela, la charité va se diversifiant. C'est toujours un devoir strict que de faire du bien aux autres, mais la manière de le faire et la mesure dans laquelle on doit le faire ne sont pas toujours déterminées, et tant mieux, car, autrement, il n'y aurait point de liberté, donc point de libéralité, donc point de générosité. Mais, Messieurs, quand même nous considérerions la charité dans ce qu'elle a de plus beau et de plus sublime, il faudrait dire que jamais elle ne se passe de la justice. Non, la charité, dans ses plus belles et dans ses plus sublimes effusions, je le répète, je le maintiens, ne remplace pas la justice; elle la suppose. C'est ainsi, n'est-ce pas, que, si vous considérez un arbre, bien superbe est la tige, bien belles sont les branches, bien brillantes sont les fleurs, bien savoureux et bien exquis sont les fruits, mais, n'est-ce pas, cela suppose la racine, tout cela suppose l'obscure et puissante racine sans laquelle il n'y aurait ni tige, ni branches, ni fleurs, ni fruits. (*Applaudissements.*)

Ainsi il n'y a pas moyen de se passer de la justice, et c'est la justice qui est à la base. Quelques-uns me diront peut-être que c'est une parole imprudente. (*Non! Non!*) Je sais que beaucoup ne le diront pas, mais il faut penser à ceux qui diraient que c'est une parole imprudente : il y a des gens qui trouvent que toute vérité n'est pas bonne à dire. Messieurs, c'est vrai, toute vérité n'est pas bonne à dire, non pas à cause d'une vulgaire et mesquine prudence, mais parce qu'il faut avoir des ménagements pour les esprits et pour les âmes, et c'est pour cela qu'il faut ajourner l'expression de certaines vérités que certaines âmes ne peuvent pas encore porter. Mais ce n'est point le cas ici. Nous faisons, je l'ai dit en commençant, notre examen de conscience puisque nous examinons notre responsabilité... (*Un* assistant : *Nous ne sommes pas à l'église!*)... et, là, toute vérité est bonne à dire.

Que si nous trouvons dans la société quelque chose qui est contre la justice, si la société, en ce sens-là, est en état de péché et de péché mortel... (*Oh! Oh!*)... Oui, oui, Messieurs... eh bien, nous le dirons... (*Bruit. — Un assistant : Pour imiter les catholiques, vous avez fait des baptêmes civils!*)... nous le dirons, nous le déclarerons, et nous le déclarerons pour que la société ne meure pas dans son péché et de son péché! (*Applaudissements.*)

Et, d'ailleurs, Messieurs, si l'on veut triompher de l'erreur, — et l'erreur, je vous le dis tout de suite, l'erreur que j'ai en vue ici, c'est le socialisme... (*Bruit. Quelques assistants, qui semblent avoir manqué leur vocation d'enfants de chœur, entonnent : Esprit-Saint, descendez en nous, embrasez notre cœur...*) je dis que, si l'on veut triompher de l'erreur, il y a deux moyens... (*Un assistant : Vive le socialisme!*)... l'un consiste... (*Bruit.*) Mais vous ne savez pas ce que je vais dire : ne le jugez pas!... L'un consiste à briser la formule où s'enveloppe l'erreur; et l'autre consiste à chercher, dans l'erreur, l'âme de vérité qu'elle recèle... (*Ah! Ah! — Un assistant : Ça, c'est joli!*) Briser la formule, c'est nécessaire, parce que, autrement, il n'y a rien de net dans le monde. Si l'on ne sait pas briser et réduire en miettes les formules erronées, il n'y a rien de net et rien de ferme dans l'esprit. Mais, si l'on ne sait pas dégager de l'erreur l'âme de vérité dont l'erreur n'est que l'abus, si l'on ne sait pas la faire apparaître, cette vérité, eh bien! Messieurs, on a pu briser l'erreur, mais on n'a pas su guérir l'erreur, on n'a pas guéri les errants. (*Applaudissements.*)

Voilà pourquoi je prétends que, devant le socialisme,

il faut savoir parler de justice sociale. (*Applaudissements.*)

II. — Tout « avoir » crée un « devoir », et la richesse est une fonction sociale.

Messieurs, je passe à la seconde proposition. (*Ah! Ah!*) J'y serais arrivé beaucoup plus tôt si vous l'aviez permis; nous avançons lentement, ce n'est pas ma faute. Cette seconde proposition est fort simple. Je dis que toute richesse est une fonction sociale et que tout avoir crée un devoir, et par avoir, Messieurs, j'entends toute espèce d'avoir : un peu d'instruction, un peu d'influence, un peu de pouvoir, tout cela c'est de l'avoir (*Applaudissements*), et, toutes les fois que nous avons quelque chose de cela, cela crée pour nous un devoir. (*Applaudissements.*)

C'est ainsi que le monde est fait. Partout on reçoit pour transmettre; partout on reçoit pour donner, et la société est un organisme : tous les membres sont unis les uns aux autres, tiennent les uns aux autres, et ils doivent s'assister les uns les autres. Oui, Messieurs, avoir plus que d'autres, cela étonne une âme bien née et cela la scandalise, mais pour qui sait voir et qui sait comprendre — et ce n'est pas commun (*Rires*) — l'étonnement cesse et le scandale cesse... (*Bruit*)... l'étonnement cesse et cesse le scandale, le jour où, reconnaissant que, sur un point ou sur un autre, on a un peu plus qu'autrui, on se dit qu'on l'a pour en faire part, d'une certaine manière, à autrui. (*Applaudissements.*)

Voilà pourquoi, Messieurs, dans un livre qu'on lit fort peu, parce qu'il est très simple et très sérieux, dans l'*Organisation du Travail* de Le Play... (*Bruit.*

— *Un assistant :* A bas la calotte !)... dans ce livre, Messieurs, nous lisons cette parole : « La notion de la propriété, dit Le Play, s'est tellement faussée qu'elle n'implique plus que l'idée d'une jouissance personnelle. »

Voilà donc comment on peut oublier que la richesse, que l'avoir, sous quelque forme que ce soit, et si mince qu'il soit, constitue un devoir, que c'est une fonction sociale. Et, Messieurs, si vous voulez vous rendre compte de ce que peut devenir l'avoir même le plus respectable, quand on cesse, pour ainsi dire, de le justifier et de le mériter par les services rendus, vous n'avez qu'à lire (je devrais dire relire... je n'en sais rien, pourtant), vous n'avez qu'à lire le premier volume des *Origines de la France contemporaine*, de Taine. (*Ah ! Ah !*) Oui, oui, Messieurs, si vous le lisez, vous verrez qu'il y est question de ce que, dans l'ancienne société, on appelait les privilégiés, et Taine parle admirablement des services qu'ils avaient rendus et qui leur avaient mérité leurs priviléges. (*Un assistant : Ils sont inutiles maintenant !*) Mais il remarque combien, à la fin du siècle dernier, et déjà avant, les services avaient diminué, souvent ils avaient presque cessé, et seul restait le privilège. Lisez cela, et vous verrez, Messieurs, ce que je veux dire quand je dis que toute richesse et tout avoir est une fonction sociale et qu'il faut justifier, qu'il faut mériter cet avoir et cette richesse par les services rendus.

Un assistant. — Expliquez-nous donc un peu le rôle du capital ! Ça vaudra mieux ! (*Bruit.*)

M. Ollé-Laprune. — Messieurs, vous conspirez contre vous-mêmes : vous allongez indéfiniment cette conférence, car je vous dirai tout ce que je veux vous dire.

Trois devoirs s'imposent à nous.

J'ai essayé de montrer pourquoi nous sommes responsables devant le mal social et en quoi nous le sommes. De ce que je viens de dire, il résulte trois choses, trois devoirs : le premier, je l'appelle le devoir de l'action sociale ; le second, je lui donne un nom qui, tout d'abord, ne sera peut-être pas bien compris, mais on le comprendra vite... (*Un assistant : Oui, nous sommes si bêtes ! — De toutes parts : Oui, oui, oui ! — Applaudissements.*) Le second, Messieurs, je l'appelle le devoir de la compétence sociale... Vous avez entendu ?... (*Oui !*)... de la compétence sociale ; et le troisième, je l'appelle le devoir de la réforme intellectuelle et morale. (*Applaudissements.*) Sur chacun de ces devoirs, je serai court, mais je vous préviens une fois de plus que je dirai tout ce que je me propose de dire. (*Applaudissements.*)

I. — Il faut agir.

Il y a donc d'abord le devoir de l'action sociale. Oui, il faut agir, et il y a plusieurs moyens d'agir : il y a, avant tout, l'initiative privée. L'initiative privée, Messieurs, n'oublions pas que c'est le commencement et l'essentiel. L'initiative privée : il y a trop d'hommes qui, en présence d'une difficulté ou d'un danger quelconque, appellent un sauveur, un dictateur. Non, Messieurs, il ne faut pas compter sur les sauveurs : il faut se sauver soi-même. (*Applaudissements.*)

Donc l'initiative privée, et cette initiative privée a deux formes. Elle consiste à aller au peuple. (*Un assis-*

tant : Allez-y un peu, vous serez bien reçus! — U[n] autre : Je serais aussi bien reçu que vous!) Et elle con[siste aussi, pour quiconque a quelque chose, à s'occupe[r] du peuple. (*Applaudissements.*)

Ces deux propositions ne sont pas synonymes. Ce qu[e] j'appelle aller au peuple, c'est se mettre en contac[t] avec lui, c'est le voir, c'est lui parler, c'est mettr[e] votre main dans sa main. Et puis ce que j'entends, quan[d] on a quelque chose de plus que les autres, par ce mot s'occuper du peuple, c'est chercher les moyens d[e] diminuer et de soulager ses souffrances et de remédie[r] à ce que j'ai appelé, dans la première partie de ce dis[-]cours : l'iniquité. (*Un assistant : Hypocrite!*)

Et puis, Messieurs, l'initiative privée ne suffit pas[;] il faut aussi l'association ; il faut que les homme[s] s'associent les uns aux autres, et c'est vrai, c'est vra[i] de ceux qui ont quelque chose, c'est vrai des autre[s] aussi. (*Un assistant : Vivent les syndicats!*) Oui, les syn[-]dicats, si vous voulez.

Enfin il y a une troisième manière d'entendre l'ac[-]tion sociale : il y a des hommes qui en appellent à l'Etat, qui mettent toute leur confiance dans l'Etat. Eh bien ! Messieurs, je vous dirai ceci : c'est une erreur que de prétendre que l'Etat c'est l'ennemi et qu'il n'y a rien à lui demander, mais c'est une erreur auss[i] que de prétendre que l'Etat c'est le sauveur et qu'il faut lui laisser tout faire. (*Applaudissements.*) Si vous laissez tout faire à l'Etat, alors c'en est fait de la liberté, c'en est fait de l'initiative, c'en est fait de la vie. Mais, d'un autre côté, il ne faut pourtant pas dire qu'il n'y a rien à attendre de l'Etat, qu'il n'y a rien à attendre de la législation. Quand il y a, dans la société, quelque chose qui ne va pas, quand il y a une faiblesse oppri[-]mée d'une manière ou d'une autre, il est tout simple, il est tout naturel que l'État soit le protecteur de cette faiblesse. (*Bruit.* — *Un assistant : Legendarme ! — A la loge ! — Vivent les socialistes ! — A bas !*)

Je reprends, Messieurs, mes deux propositions, pour qu'il n'y ait aucune erreur ni aucun malentendu sur ma pensée. Je dis que ni il ne faut tout attendre de l'État, ni il ne faut vouloir se passer entièrement de l'État. (*Ah ! Ah !*)

II. — Il faut se rendre compétent dans les questions sociales.

J'arrive au second devoir, celui que j'ai appelé le devoir de la compétence sociale. Messieurs, en tout ordre de choses, la compétence est, n'est-ce pas, la première condition pour enseigner quoi que ce soit. (*Un assistant : C'est vous qui l'avez !*) Eh bien, dans les questions sociales, on s'improvise trop vite docteur (*Applaudissements*) ; dans les questions sociales, on croit pouvoir tout décider sans avoir rien étudié. (*Applaudissements.*) L'on a quelques idées très générales et quelques sentiments très généreux, on se croit en état de proposer des remèdes positifs aux maux sociaux. C'est une grande imprudence, c'est une grande témérité, et voilà pourquoi je crois que c'est un devoir, pour la jeunesse sérieuse, que d'acquérir, dans les questions sociales, une certaine compétence, pour en traiter. (*Bruit.*)

Et je dis que c'est un devoir pour tous, parce que tous, aujourd'hui, ont à dire leur mot sur ces questions. (*Un assistant : Oui, vous l'avez dit !*)

III. — Il faut travailler au raffermissement des intelligences et des volontés, et savoir prendre parti pour la vérité, pour le bien, pour Dieu.

Et enfin, Messieurs, j'arrive au dernier point (*Ah! Ah!*) et je vous préviens que, quelque opposition que vous puissiez faire à ce que je vais dire, je le dirai tout entier... (*Applaudissements. — Un assistant: Vous avez bien mérité de la maison Leroy-Beaulieu!*)... parce que dans notre pays, on parle beaucoup de la liberté et on l'aime : eh bien ! ce soir, dans cette salle, devant vous je suis une liberté... (*Applaudissements. — Un assistant:... la Liberté éclairant le monde!*)

Il me reste donc à vous parler de ce que j'ai appelé le devoir de réforme intellectuelle et morale, et, à l'heure présente, de cette réforme, le principal, l'essentiel, selon moi, c'est le raffermissement des esprits et des âmes, le raffermissement des intelligences.. (*Bruit. — Un assistant: Dire que ceux qui font tant de bruit ce soir, s'appellent les défenseurs de la liberté!*)

A l'heure présente, l'essentiel, le principal de cette réforme, c'est, à ce qu'il me semble, le raffermissement des esprits et des âmes, le raffermissement des intelligences et des volontés. Avoir, sur les hommes et sur les choses, des idées simples, nettes, justes, fermes, et puis savoir prononcer, au dedans de soi, sur le vrai et le faux, au dedans, Messieurs, et au dehors aussi, et enfin oser conclure et mettre sa parole, ses actes, sa conduite publique d'accord avec ses lumières, c'est là ce qui, aujourd'hui, nous manque le plus. (*Applaudissements.*)

Cette inconsistance durera tant que nous ne serons pas plus soucieux que nous le sommes d'avoir des principes. (*Ah! Ah!*) Que les connaissances s'accumulent et montent, si les principes diminuent et baissent, la pensée finira par se dissoudre. (*Applaudissements. — Bruit.*)

Messieurs, quand même il pourrait vous être indifférent (ce qui n'est pas) que votre pensée fût ferme ou qu'elle ne le fût pas, socialement cela ne saurait être indifférent, et notre devoir social nous interdit cette molle indécision. Travaillez à vous rendre capables de prendre parti et de prendre parti pour ce qui le mérite! Grande est la différence entre être homme de parti et savoir prendre parti. (*Un assistant: Bossuet n'eût pas mieux dit!*) L'homme de parti se rétrécit, et s'emprisonne, et s'enchaîne. (*Applaudissements. — Bruit.*)

Mais prendre parti, et prendre parti pour ce qui le mérite, c'est être fort, et c'est être fort parce que c'est accepter et appliquer la loi de vérité qui domine les esprits et la loi morale qui domine les volontés. (*Applaudissements.*)

C'est donc rattacher sa pensée petite et faible...

UN ASSISTANT. — La vôtre!

M. OLLÉ-LAPRUNE. — La mienne, oui, et la vôtre aussi par conséquent,... comme toute pensée humaine!... C'est donc rattacher sa pensée à quelque chose qui est plus qu'elle, et je dirai le mot, Messieurs, c'est être fort, parce que c'est rattacher l'homme à Dieu. (*Triple salve d'applaudissements. — Bruit.*)

On a beau crier : « Ni Dieu ni Maître »... (*Un assistant: Parfaitement! — Bruit. — Un autre: Vive la République!*)... il faut bien que l'homme ait un maître, et, s'il ne choisit pas pour maître le vrai, le bien... (*Un assistant: ... le beau!*) Non, pas le beau... ce n'est pas un maître... S'il ne choisit pas pour maître ce qui est au-dessus de lui, il a pour maître ce qui est au-dessous (*Applaudissements*), et, s'il ne prend pas pour maître ce que j'ai appelé le vrai, le bien, et Dieu, il tombe sous le joug de la nature et des éléments. (*Applaudissements. — Un assistant : C'est Pascal qui le dit.*)

Dans les débats qui préoccupent, qui passionnent, qui tourmentent nos contemporains, ne soyez pas hésitants, ne soyez pas indécis et sachez prendre parti pour la vérité, pour la justice et pour Dieu! (*Applaudissements. — Un assistant : Vive Loyola! — Bruit.*) J'irai jusqu'au bout de ma pensée, parce que c'est ma coutume, je l'ai toujours fait à l'Ecole normale et je le ferai ici. (*Applaudissements. — Vive Jaurès! — Un assistant : Ne faites pas de la réclame!*)

On ne peut se passer de Dieu ni du Christ.

Donc la voici tout entière, ma pensée. (*Un assistant : Concluez !*) Devant ce grand fait,... devant ce grand fait qui frappe tous les yeux, à savoir : la force sociale incomparable de l'idée religieuse et de la chose chrétienne... (*Oh ! Oh ! — Bruit. — Vive Mahomet ! — Vive Bouddha!*)... il faut savoir prendre parti. (*Un assistant: Pas de jésuites !*) Il faut savoir prendre parti, et, pour appeler les choses par leur nom, ou vous êtes ici des chrétiens, ou vous n'en êtes pas... (*Oh! Oh ! — Un assistant : Il y a aussi des Juifs. — Bruit. — Un autre : Nous sommes des socialistes et des athées! — Bruit.*) Vous êtes des chrétiens ou vous n'en êtes pas, ou du moins vous croyez et prétendez n'en être pas. Eh bien ! Messieurs, je parle à ceux qui sont chrétiens d'abord (*Applaudissements. — Assez !*)... et je leur dis : Si vous êtes chrétiens... (*Non, non!*)... Messieurs, il me suffit qu'il y en ait un pour que ma parole ne soit pas inutile... Je leur dis donc : Si vous êtes chrétiens, comment, ayant dans vos esprits, dans vos cœurs et entre vos mains ce trésor de la doctrine chrétienne... (*Un assistant : L'abbé Garnier !*)... et plus précisément encore de la doctrine catholique (*Bruit*)... comment pourriez-vous, socialement, n'en rien faire ? Comment pourriez-vous agir, ou plutôt demeurer sans agir, comme s'il n'y avait rien à en faire ?... (*Bruit*)... Comment pourriez-vous agir, ou plutôt demeurer sans agir, comme si de cela il n'y avait rien à faire ? Et si vous n'êtes pas chrétiens, eh bien ! vous avez encore un devoir.

Un Assistant. — Vous êtes chrétien, vous ?... Vous êtes catholique !

M. Ollé-Laprune. — Eh ! vous le savez bien !... Si vous n'êtes pas chrétiens ou si vous croyez et prétendez ne l'être pas, vous avez encore un devoir ; c'est celui de regarder cette grande force sociale avec une attention je dirai inquiète, anxieuse. (*Un assistant : Qu'est-ce que ça veut dire ? — Un autre : Qu'est-ce que ça vient faire dans le débat ? — Un autre : Les dieux s'en vont ! — Un autre : Les dieux sont morts !*)

Les nations, on aura beau faire et beau dire, les nations ne se passent pas de Dieu, et depuis que le Christianisme existe, les sociétés ne se passent pas du Christ ! (*Applaudissements.*) Jeunes gens (*Bruit*), jeunes gens, dans le cours troublé de cette conférence,... (*Un assistant : Concluez !*)... je vous ai parlé de votre responsabilité devant le mal social... (*Un assistant : Nous l'acceptons !*)... Eh bien, Messieurs, il vous en reste une dernière — et ce sera le dernier mot de mon discours (*Ah ! Ah ! — Bruit*). Vous aurez votre part, et une grande part, dans le mal social ; vous ne travaillerez pas comme il faut à le diminuer; vous contribuerez, au contraire, à l'augmenter, ce mal social, c'est-à-dire, faut-il le rappeller une dernière fois? cet antagonisme que j'ai défini, et la souffrance, et la misère, vous aurez, dis-je, une lourde responsabilité, si vous refusez ou simplement vous négligez de voir, de regarder (*Bruit*)... d'étudier, de mettre à profit la vertu raffermissante, la vertu régénératrice, la vertu sociale du Christianisme et de l'Eglise. (*Applaudissements prolongés.*)

IV

LE DEVOIR D'AGIR

Ce discours fut prononcé par M. Ollé-Laprune, le 23 juillet 1894, à la distribution des prix du Collège de Juilly.

Il y a vingt ans, jeunes élèves, dans une fête comme celle-ci, une voix éloquente parlait à vos devanciers des devoirs envers la patrie, et il me semble, en me retrouvant dans cette salle, entendre encore cette noble parole. Pardonnez-moi ce souvenir ému... Aussi bien c'est au nom des liens étroits et chers qui m'attachaient au président de la distribution des prix de 1874, que votre Supérieur m'appelle parmi vous aujourd'hui. Vous le reconnaissez bien là : aux grandes qualités dont témoigne la prospérité de Juilly, il joint toutes les délicatesses. Je n'ai donc pas à me mettre en garde contre mes souvenirs. Tout au contraire. En m'adressant à vous, jeunes gens, qui il y a vingt ans n'étiez pas encore dans la vie, je me plais à évoquer la mémoire de ceux que depuis cette date nous en avons vus sortir. A Juilly surtout, où le passé, le présent et l'avenir savent si bien se donner la main, ce n'est pas attrister une fête que d'y convier les disparus : leur présence invisible anime et fortifie. Saint-René Taillandier, qui, en 1874, était où je suis en ce moment ; le Père Pététot, qui était assis à côté de lui : noms vénérés, noms aimés; rien qu'à les prononcer, on se sent encouragé au bien. Vraiment, ils sont à leur place dans cette solennité et au début de ce discours où précisément c'est de courage que je veux parler.

« Ne nous laissons jamais soupçonner, disait Montalembert, de ne pas accepter les conditions d'une époque militante[1]. » J'aime cette parole. Nous vivons dans un temps troublé, difficile, où il faut travailler et lutter. Tant mieux, jeunes gens, tant mieux. Vous ne refuserez, n'est-ce pas, ni le labeur ni le combat.

Voyez : rien ne peut se défendre, rien ne peut se conserver, rien ne peut se faire qu'à ce prix. Vous voulez garder intactes vos convictions : travaillez et luttez. Vous voulez contribuer au raffermissement des esprits, à la restauration des vérités essentielles : travaillez et luttez. Vous voulez que la justice fasse des progrès dans la société, que des abus disparaissent, que des réformes s'opèrent : travaillez encore et luttez. Comptez sur votre effort propre, et sur la noble conspiration des bons esprits et des âmes généreuses, et sur l'aide de Dieu : jamais sur un homme privilégié qui vous dispense et qui dispense tout le monde d'agir et de lutter. Certes il nous faut des hommes, des hommes de tête, des hommes de cœur, des hommes de volonté ferme et résolue ; et, quand nous en voyons qui passent, nous avons raison de saluer avec respect, avec espérance. Mais le chef qui guide et qui discipline, l'initiateur même qui montre la voie, qui y fait entrer, ce n'est pas le dictateur qui substitue son action à toute autre action. Ne souhaitez jamais, ni dans l'ordre intellectuel, ni dans l'ordre social, ni en philosophie, ni

---

[1]. *Discours prononcé au Congrès de Malines*, 20 août 1863.

ailleurs, qu'un homme vienne qui rende inutile votre labeur propre. C'est votre honneur d'avoir à prendre de la peine pour conserver les biens qui font le prix de la vie, et pour les accroître. Ces rêves où l'on entrevoit une seule tête bien puissante, ou un seul bras bien fort, pour tout remettre dans une assiette solide et ensuite donner le branle à tout, ce sont des rêves malsains.

Devant le péril qui se dresse, on crie ou l'on voudrait pouvoir crier à un homme : Seigneur, sauvez-nous, car nous périssons. C'est le vœu des gens timides et à courte vue. Que ce ne soit jamais le vôtre! A Dieu seul il faut crier de nous sauver, parce que Dieu seul est, dans tous les sens du mot, le Maître, *Dominus et Magister;* et encore Dieu ne nous sauvera-t-il pas sans nous [1].

J'oserai dire que sa Providence semble prendre à tâche de déconcerter les espérances paresseuses. En philosophie on a vu des penseurs faire école : qui donc aujourd'hui pourrait y réussir, ou seulement y prétendre! On a vu des hommes d'État réparer presque à eux seuls les maux publics et inaugurer une ère nouvelle : où est, dans notre France d'aujourd'hui, le génie marqué pour une telle œuvre? Je me persuade que, si ces secours, qui d'ailleurs peuvent devenir des entraves, nous manquent, c'est pour que nous fassions l'apprentissage d'une plus virile énergie. Comprenez bien la leçon que nous donnent l'histoire et les spec-

---

[1]. Cf. Bossuet, *Politique tirée de l'Ecriture Sainte,* VII, 6, 11.

« Il y a un abandon à Dieu qui vient de force et de piété : il y en a un qui vient de paresse. S'abandonner à Dieu sans faire de son côté tout ce qu'on peut, c'est lâcheté et nonchalance... Ce n'est pas en vain que Dieu vous a donné une sagesse, une prévoyance, une liberté : il veut que vous en usiez. »

tacles contemporains. A chacun, plus que jamais, de faire beaucoup et de s'unir aux autres pour faire davantage. Et c'est une suite du progrès incessant de la démocratie. On exprime souvent la crainte que son triomphe ne soit l'universel nivellement. J'accorde qu'elle y tend, mais quand son aspiration se fausse. Dans la vérité des choses, dans l'idée de Dieu, c'est bien plutôt à un relèvement universel qu'elle doit aboutir, et elle y va. Les périls que fait courir sa marche ascendante exigent de chacun une part d'effort plus grande, imposent à chacun une responsabilité plus grave; et toute conquête accomplie par elle a pour effet d'amener un plus grand nombre d'hommes à une vie plus digne de l'homme. La collaboration de tous à l'œuvre commune est, dans une société démocratique, de plus en plus nécessaire; elle y devient aussi de plus en plus effective. Qui donc consentirait à dire que ce n'est pas un bien?

Si l'élite (car il y en aura toujours une, et il le faut), si l'élite a de plus en plus la généreuse ambition de communiquer à tous les trésors de la civilisation, et si en même temps elle peut de moins en moins se passer, pour conserver et accroître ces trésors, du concours de tous; si le grand nombre arrive peu à peu à l'intelligence de questions ou de devoirs qu'il ne soupçonnait même pas, s'il s'intéresse au mouvement des idées, à la marche du monde, et se dit que cela le regarde, bien plus, qu'il a lui-même à y intervenir: n'est-ce pas le signe que Dieu veut une plus large participation des hommes à la raison, à la liberté, à la vie proprement humaine? Et si cela dérange la paresse où l'égoïsme de ceux à qui le monopole de la fortune, de l'influence, de la culture intellectuelle ne déplairait pas, que voulez-vous que je dise, Messieurs, sinon que je m'en réjouis? Vous qui recevez ici une haute et libérale éducation, vous qui appartenez à la classe que l'on nomme distinguée, vous qui peut-être par des talents particuliers vous distinguerez encore dans cette classe même, vous enfin qui, capables de penser, de parler, d'écrire, aurez un jour par là une notable part d'action au milieu des hommes : oh! que vous avez, en un temps comme le nôtre, des devoirs plus étroits ! que votre tâche est ardue! Et combien je vous en félicite en rendant grâces à Dieu.

Vous avez lu dans l'histoire que, lorsque les Barbares envahirent l'Empire romain, le monde civilisé sembla craquer jusqu'en ses fondements. Mais qu'ont-ils fait enfin, les Barbares qui semblaient tout détruire? Ils ont préparé cette grande chose qui s'est nommée la *Chrétienté*, où ils sont entrés eux-mêmes avec le vieux monde romain renouvelé. C'est que Dieu était là qui veillait, Dieu et son Christ, et l'Église du Christ. Dieu ne veille-t-il plus? et le Christ est-il parti? et l'Église n'est-elle plus debout? Plus heureuses que les cités antiques, les nations chrétiennes sont guérissables : elles se renouvelleront, je l'espère, sans passer par la mort : mais à une condition, c'est qu'elles veuillent de Dieu, de son Christ et de son Église.

Ce sera précisément votre tâche, jeunes gens, d'assurer, de hâter le salut de notre monde moderne en lui apprenant à redevenir chrétien. Le voilà, avec sa science, ses conquêtes, ses ambitions, avec la marée montante de la démocratie, avec toutes les misères aussi que nous voyons, que nous sentons : se détachera-t-il de plus en plus du Christianisme, ou y reviendra-t-il? Beaucoup d'autres questions s'agitent : celle-ci les prime toutes, et toutes s'y ramènent. En France, c'est ce qui préoccupe au premier chef, c'est ce qui passionne. Et tout l'univers a les yeux sur la France.

Totus in exemplar regis componitur orbis.

Que fera la France ? elle oscille, elle hésite entre deux directions contraires. Vous travaillerez à la décider. Vous lui montrerez par votre exemple, et, s'il y a lieu, par votre parole, par vos écrits, que rien au monde ne donne le droit de renoncer au Christianisme ni la possibilité de s'en passer; vous lui montrerez en même temps que, le Christianisme ne condamnant et ne repousssant que le faux ou le mal, ce qui, dans ce qu'on nomme moderne, est vrai et bon, s'adapte au Christianisme, souvent en provient, et doit être recueilli, favorisé, développé.

Par votre effort et votre labeur propre, en union avec tout ce qu'il y a d'honnêtes gens et de sérieux chrétiens, attentifs à l'appel et dociles aux directions du grand Pape qui, gardien des traditions immortelles, sait si bien « imprimer au monde un élan [1] », vous vous efforcerez pour votre part de sauver la pensée et la société modernes en les aidant à redevenir chrétiennes ; et chacun de vous, dans sa sphère et selon ses moyens — dans les carrières libérales, dans les fonctions publiques, dans l'armée, ou dans ces entreprises industrielles ou commerciales qui mettent en contact avec le travailleur, avec l'ouvrier — chacun de vous aura l'honneur et la joie de préparer en quelque chose un ordre nouveau.

Et entendons-le bien : retour au Christianisme n'est

---

[1]. C'est une belle expression du P. Gratry, dans *La Morale et la Loi de l'histoire*, t. I, p. 92.

pas réaction. Ce mot de réaction est déplaisant et il est faux. Emprunté à la langue scientifique, il donne à penser, bien à tort, que dans les choses morales, les formules de la mécanique réussissent. Il a cet autre tort de faire songer à un mouvement en arrière. S'il ne signifiait que résistance, je l'adopterais : à ce qui est mauvais il faut savoir résister. Si, outre cela, il voulait dire que l'on ne peut rien, rien d'efficace ni de durable, sans s'appuyer sur le passé, je l'adopterais encore. Le passé se perpétue dans le présent, et le soutient, dans l'avenir, et le féconde. Mais quel passé ? Celui qui est vivant. Qu'est-ce à dire ? sinon que dans le passé il faut distinguer ce qui est temporaire, caduc, et ne peut ni ne doit recommencer, puis ce qui, temporaire dans sa forme, a pourtant une raison de vivre profonde, donc un germe de vie qui le fera reparaître sous un aspect nouveau, donc une aptitude à recommencer sans se répéter, enfin ce qui, étant éternel, est de tous les temps. De la première sorte de passé, il faut savoir se dire et dire tout haut que c'est fini ; de la seconde, il faut prendre l'esprit sans s'asservir à la lettre ; de la troisième, il faut tout garder, parce que précisément c'est l'immuable et qu'en l'immuable seul se fonde la possibilité de tout mouvement. Mais parler de réaction, Messieurs, c'est parler de retour en arrière et de recul, et, encore une fois, c'est ce que je n'aime pas, ce qu'il ne faut pas.

Si courte que soit votre expérience de la vie morale, n'avez-vous pas remarqué, jeunes gens, qu'à résister au mal les forces s'useraient vite si l'on n'avait point d'élan vers le bien ? Résister est indispensable, résister ne suffit pas. Ne vous laissez pas vaincre par le mal, dit saint Paul, *noli vinci a malo ;* et il ajoute : *Sed vince in bono malum,* appliquez-vous à vaincre le mal dans le bien. Il ne dit point seulement *par* le bien, il dit *dans* le bien. Au mal, il faut, dans un élan superbe, opposer le bien, pour l'y noyer, si je puis dire, pour l'y abîmer, et c'est cela qui assure la victoire.

Dans le monde moderne il y a du mal : voyez-le, dites-le, et sachez résister et combattre. Mais c'est en voyant, en accueillant, en déployant le bien qui y est aussi, puis en y faisant abonder et surabonder le bien qui n'y est pas, que vous triompherez du mal. Donc ni transactions ni réactions. Le P. Gratry aimait à dire que, dans chaque siècle, il y a l'idée vraie et l'inspiration bonne, et puis l'abus, la contrefaçon, la perversion de cette idée et de cette inspiration. Vous voulez combattre l'abus : n'allez pas méconnaître l'idée ni trahir l'inspiration; remplissez-vous de l'une et de l'autre, et ce sera le plus sûr moyen de détruire ce ce qui les vicie. De l'esprit moderne vous voulez combattre les mauvais effets et les mauvaises tendances, prenez ce qu'il a de bon et allez à la source de ce bien, et cherchez à en procurer au monde la plénitude : en développant la vie, vous aurez tué les germes de mort [1].

Voilà votre tâche, jeunes élèves. Ce discours est bien sérieux pour les petits, pour les moyens même. Que du moins ils en comprennent ceci, à savoir qu'un jour ils auront de grandes choses à faire, et qu'en attendant il faut pour cela se laisser former par leurs maîtres et bien travailler. Cette Maison où ils grandissent et où, vous qui êtes les grands, vous êtes peu

---

1. « Demeurer fidèle à la liberté malgré les abus qu'on fait d'elle;

« A la science malgré les abus qu'on fait d'elle.

« Avoir des *principes* et observer les *faits*.

à peu devenus des hommes, cette Maison est bien faite pour préparer à la tâche dont je viens de vous parler. Vous aimez votre Collège, vous avez raison. J'ai plaisir à dire, moi aussi, que j'aime ce vieux Juilly où aujourd'hui je reçois, une fois de plus, une si gracieuse, une si cordiale hospitalité. Je vous aime, Messieurs de Juilly, car vous êtes une liberté, et vous réussissez à unir toutes les forces vives, toutes les ressources divines et humaines dans la grande œuvre de l'éducation.

Malebranche disait que la diversité des mouvements fait la beauté de l'univers. Les collèges libres, avec leur physionomie distincte, avec leurs manières de faire à eux, rompent l'uniformité qui serait mortelle aux esprits. La face de notre France, grâce à cette heureuse diversité, est plus belle. La liberté des inspirations et des méthodes ne divise pas, non, elle ne divise pas : elle assure la souplesse et la fécondité de la vie. Ajoutons à cela que, libres, vous ne vous enfermez point dans un farouche isolement.

« Restaurer les *principes*, malgré l'impopularité. Et être *larges*. — largeur d'esprit et largeur d'âme, — avec *fermeté*.

« Voir le possible, le réalisable, le pratique. Faire toujours de la vérité, de la justice, la règle. Mais en chaque détail faire le possible, peu, si peu est seul possible.

« La vérité poussée jusqu'au bout d'elle-même rencontre la vérité.

« Déployer toute vérité.

« L'union entre les esprits ne se fera pas avec des réticences.

« Deux choses :

« De plus en plus, catholicisme intégral, — vérité entière, — avec toutes ses exigences, — sans transactions, — ni concessions, — ni réticences.

« De plus en plus, intelligence de ce temps, — avec ses besoins, — sa forme propre. » (*Extrait de notes manuscrites de M. Ollé-Laprune.*)

Vous entretenez avec les autres maisons, avec l'Université d'amicales relations. De la Sorbonne, du Collège de France, de l'Ecole normale on est venu à vos fêtes, on y vient. Et d'ailleurs, le Supérieur général de l'Oratoire, le grand évêque sur les épaules de qui nous voyons presque la pourpre romaine[1], ne s'est-il pas assis autrefois sur les bancs des salles de conférences de la rue d'Ulm? Et si les Normaliens sont fiers de leur illustre et vénéré camarade, lui, ne prend-il pas plaisir à se souvenir de l'Ecole et à le témoigner? Son très aimable et éminent vicaire général[2] a le même esprit : directeur d'une école oratorienne, il envoie des élèves dans les lycées de Paris, et parmi ses collaborateurs il a un jeune normalien cher à l'Université[3].

L'Oratoire et Juilly ont au plut haut degré le sens de l'union. C'est un des traits de leur caractère. Vous êtes, mes Pères, vous êtes, Messieurs, les héritiers d'un glorieux passé, vous y tenez, et vous y êtes fidèles. Vous êtes de votre temps. Vous n'avez pas peur de l'avenir. Ici on sait être ferme sans être fermé. Ici on sait être soi-même, et il semble qu'on ne le serait plus si bien si l'on ne savait comprendre et aimer d'autres formes de l'être et de la vie. Partout il faut admirer ici une belle, une généreuse ouverture d'esprit et d'âme. Nous en avons eu tout à l'heure une preuve de plus dans le discours que nous venons d'applaudir[4] et où il a été parlé de Bossuet d'une façon si

---

1. Mgr Perraud, évêque d'Autun, membre de l'Académie française.
2. Le R. P. Nouvelle.
3. Le R. P. Baudrillart, agrégé d'histoire et docteur ès lettres.
4. Discours prononcé par le R. P. Lallemand, agrégé des lettres et docteur ès lettres.

juste et si neuve, discours que je louerais davantage si j'y avais été moins loué. Vraiment vous avez ce qu'il faut, mes Pères, pour diriger la jeunesse qui vous est confiée, pour la préparer à la grande et difficile tâche qui l'attend. Honneur à vous, et courage et confiance !

Vos vieilles armoiries ont toujours raison : une étoile, avec cette devise, *Orior*, Je me lève. C'est bien le symbole de l'esprit qui vous anime; c'est le symbole aussi des espérances que vous faites naître. Chaque recrue nouvelle qui, chaque année, sort de ce Collège pour aborder la vie, a elle-même pour guide l'étoile que l'on apprend ici à regarder, et dans le cœur elle a cette ardente vigueur qui fait dire : Je me lève, *Orior*, je me lève pour fournir ma carrière, et j'irai, je rayonnerai, j'agirai, je lutterai, je vaincrai, pour la France et pour Dieu.

TROISIÈME PARTIE

LES DEVOIRS DU MOMENT
(1895-1897)

I

CE QU'ON VA CHERCHER A ROME

M. Ollé-Laprune, ayant passé à Rome les premiers jours de 1895, en rapporta un article intitulé : *Ce qu'on va chercher à Rome*, et qui fut publié par la *Quinzaine*. L'impression produite fut très vive ; le vrai sens et la vraie portée des instructions pontificales, — objet de discussions pour beaucoup de catholiques français, — transparaissaient, dans cet article, avec une netteté et un relief auxquels nuls regards ne pouvaient demeurer inaccessibles, lors même qu'ils en étaient comme offusqués. Le Vatican et la jeunesse catholique prodiguèrent à M. Ollé-Laprune des témoignages de précieuse sympathie ; tel, par exemple, ce message d'admiration, signé par un jeune clerc au nom de ses camarades, qu'il recevait du Séminaire Français de Rome.

Roma, Seminario francese, 26 avril 1895.

Monsieur,

Puisqu'il y a place dans l'Église, comme vous le remarquez, pour les plus humbles initiatives, vous ne serez pas surpris de celle que nous prenons en venant vous solliciter de publier en brochure votre article de la Quinzaine, *comme M. Brunetière a fait le sien. Souhaiter la diffusion de votre pensée, n'est-ce pas souhaiter la diffusion de celle même du Pape, dont vous vous êtes fait le si fidèle et si éloquent interprète?*

Unis à vous, Monsieur, dans l'ardent amour de la Sainte Église, nous demandons au Divin Maître, à la gloire de qui tendent si vaillamment vos travaux, de vous bénir, et de conserver longtemps à l'élite intellectuelle un apôtre dont le nom brille parmi les plus purs dans les plus hautes régions de la pensée contemporaine.

Ce retentissant article fut publié en brochure, avec un Appendice où M. Ollé-Laprune élucidait les objections et répondait aux critiques, par la librairie Armand Colin, dans la collection des *Questions du Temps présent*. Nous devons à l'obligeance de cette librairie la permission de le reproduire ici.

De toutes parts Rome est regardée, Rome est écoutée. Ce que fait, ce que dit le Pape a un retentissement universel. A l'Église catholique dont il est le chef, il vient, en ces temps si étrangement troublés, des sympathies et des admirations inattendues. Que dis-je? Elle est l'objet d'une immense espérance. Ce ne sont pas ses fidèles seulement qui déclarent que le monde ne peut se passer d'elle : des hommes qui ne sont pas des croyants proclament la même chose, et certains symptômes éclatants permettent de dire qu'en cette fin du xix° siècle, la pensée moderne à qui Rome apparut longtemps comme barrant le chemin, s'en va demander à Rome de quoi limiter ses destructions et assurer ses conquêtes.

Pourquoi Rome attire-t-elle ainsi l'attention et fait-elle naître une telle attente? C'est ce que je voudrais dire d'abord. Il sera plus facile ensuite de déterminer avec quelque précision ce qu'on lui demande et ce qu'il convient de lui demander.

I

Pourquoi Rome attire.

Dans ce monde où tout passe si vite, alors que la vie humaine, même la plus longue, est si courte, ce qui dure étonne : c'est quelque chose d'avoir derrière soi des siècles. Et surtout quand les événements se précipitent avec une sorte de furie, comme nous le voyons depuis cent ans, ce qui dure, au milieu de révolutions qui renversent tout, saisit l'imagination et s'impose à l'esprit. Or, l'Église dure. Elle dure depuis bientôt dix-neuf siècles.

Elle fait plus que durer. Elle vit. Si vieille, elle est toujours jeune. Durant cette longue suite de siècles par elle traversés, jamais elle n'a rien renié de son passé, et jamais elle ne s'est bornée à le répéter. Immanquablement fidèle à elle-même, elle se renouvelle elle-même incessamment. Elle garde avec un soin jaloux un dépôt déclaré divin, et elle déploie en tout, partout, pour tout, des ressources toujours neuves. Elle ne prononce pas un oracle qui ne la lie, puisque à ses décisions doctrinales elle attribue l'infaillibilité, et qu'elle jette au monde ce perpétuel défi : Qui me convaincra d'erreur ? Ses dogmes sont immuables, immuables ses principes de vie pratique. Et néanmoins le passé qu'elle immobilise et éternise ne l'enchaîne jamais : du trésor dogmatique qu'elle conserve intact, elle développe le contenu ; de la vie chrétienne toujours la même dans le fond, elle diversifie les formes. Avec une liturgie dont l'essentiel remonte à ses origines, elle admet dans son culte des floraisons variées comme les nations et les siècles. Avec des règles morales inviolables, elle étale dans ses Saints des conceptions et des démarches d'une surprenante nouveauté. Enfin, ayant toujours le même idéal constant du royaume de Dieu, elle a dans ses relations avec les sociétés, les peuples, les empires, une souplesse qui, pour qui sait voir et comprendre, est la souplesse, non de l'habileté, mais de la vie. Inflexible, intransigeante, elle l'est comme rien d'autre au même degré, puisqu'elle promulgue l'absolu; qu'elle ne retire ou n'atténue jamais rien de ce qu'elle a une fois défini; qu'à ce qui lui est contraire, elle oppose des barrières infranchissables, et qu'elle s'interdit de se démentir ou de se reprendre jamais elle-même. Accommodante, néanmoins, elle l'est comme rien d'autre : non pas qu'elle s'acommode de tout ni à tout, car ce serait se diminuer, se compromettre, perdre de sa consistance ou de sa forme originale et propre; mais ce qui est bien différent, elle accommode tout à soi, trouvant tout bon, j'entends toute matière susceptible d'être par elle travaillée, toute forme apte à être par elle pénétrée; oui, trouvant tout bon pourvu qu'elle y puisse insinuer et répandre son souffle à elle, son esprit, sa vertu, sa vie.

Et elle a connu la pire des épreuves, celle qui vient, non du dehors, mais du dedans : elle a eu des membres indignes, elle a eu des chefs indignes; et de cela même qui eût dû la tuer, elle a triomphé. Si intense, si puissante est sa vie! A certaines époques solennelles on l'a vue se réformer elle-même avec éclat; mais, à vrai dire, c'est sans cesse qu'elle se réforme, par une secrète opération. Celui qui l'a établie est avec elle jusqu'à la consommation des siècles. Pour la conserver? sans doute, mais non pas à la façon d'une momie inerte : le mort embaumé n'en est pas moins mort. L'Église, elle, peut dire : Celui qui est avec moi est vivant, et il me préserve de la corruption comme un être vivant. Je vis et je fais vivre [1].

L'Église dure. L'Église vit. L'Église fait vivre. C'est une force, une force spirituelle, morale, et de toutes, la plus grande et, ce qui achève de la mettre hors de pair, la seule qui, tirant sa vertu de l'esprit, et s'adressant à l'esprit, soit pourtant visible, tangible, palpable.

L'Église a d'abord une force de répression extraordinaire. Elle arrête les esprits emportés en prononçant que cela qu'ils rêvent est faux et que ceci qu'elle maintient est vrai. Elle refrène les passions frémissantes en disant : *Non licet*, ce n'est pas permis. A qui

---

1. « Qu'on est injuste à l'égard de l'Église ! On lui reproche souvent la rigoureuse fixité de ses dogmes où l'on voit des entraves pour l'esprit, et on se plaint d'un autre côté de trouver dans son sein tant de diversité. Il y a, ce semble, plusieurs façons d'entendre le Christianisme. Ne vous en étonnez pas. La formule dogmatique est une haie préservatrice, un garde-fou. La vérité elle-même est un principe, un principe vivant. C'est un ferment. Il agit, et sans cesse. Dieu respecte les individus, leur forme propre. De là ces variétés au sein de la plus profonde unité qui soit et puisse être au monde. Le dogme catholique est fixe, mais vivant. Je voudrais suivre les variations de l'idée chrétienne dans la plus rigoureuse orthodoxie. Je voudrais réduire à leurs formules les plus définitives les dogmes, et montrer en même temps la liberté grande laissée aux interprétations. En morale, notamment, c'est frappant.

« M. Janet, dans sa *Morale*, p. 128, par exemple, voit un sage tempérament dans la façon d'interpréter certaines maximes évangéliques. Mais non, ce n'est pas de la politique. La maxime est féconde, vivante, voilà tout, et, reçue par des âmes vivantes, elle s'est développée dans le monde. »

(*Extrait des papiers manuscrits de M. Ollé-Laprune.*)

lui demande de canoniser l'erreur ou le crime et [de] condamner la vérité ou la justice, elle répond : *Non po[s]sumus*, je ne puis pas ; je ne puis pas, parce que [je] ne dois pas et qu'il vaut mieux obéir à Dieu qu'a[ux] hommes.

L'Eglise a aussi une force d'impulsion incomparabl[e.] Quand, présentant au monde une idée ou une pratiqu[e,] elle dit : Dieu le veut ! elle obtient de ses fidèles l'a[d]hésion cordiale et l'action courageuse. Une fou[le] d'âmes lui répond : Dieu le veut ! Et cette bonne volon[té] se traduit, se réalise dans les faits.

L'Eglise est une doctrine et une autorité, mais un[e] doctrine enseignante, si je puis dire, et une autori[té] parlante, comme disait Bossuet. Ceci vaut la pein[e] d'être considéré.

Quand l'Eglise commande de croire ou de faire, [sa] puissance matériellement est nulle. Eût-elle dans un[e] société formée d'après ses lois des moyens de faire re[s]pecter et appliquer ses décisions, ce ne serait pa[s] encore là qu'il faudrait chercher sa vraie puissance[,] car enfin, c'est l'assentiment de l'esprit et le conse[n]tement de la volonté qu'elle réclame ; elle ne s'estim[e] pas obéie tant que l'obéissance ne va pas jusque-l[à,] et aucune contrainte matérielle ne peut faire croire [ni] vouloir. C'est donc bien par l'idée qu'elle prétend r[é]gner, et elle est bien une force spirituelle et moral[e,] elle est cela essentiellement. En cette fin de siècle, [il] sort que les événements lui ont fait dans le monde ren[d] plus éclatant ce caractère : elle est désarmée, elle e[st] à la merci des puissances terrestres, et voilà que le[s] puissances terrestres, les plus formidablement armée[s,] se tournent vers elle, comptent avec elle, compte[nt] sur elle.

Elle est désarmée, mais elle n'est pas chose abstrait[e.]

Les puissances intellectuelles, morales, dont l'influence est partout dans le monde, ne résident nulle part. Elles ont des organes multiples, elles n'ont pas de centre. On a beau écrire en lettres majuscules la Science, l'Opinion : cela les substantialise presque et les personnifie, mais dans les mots seulement. De leur activité les preuves sont partout, c'est vrai, et multiples, innombrables même sont leurs moyens d'action : il y a des laboratoires et des académies, il y a des livres et des journaux, il y a des congrès, il y a partout des hommes et des assemblées d'hommes que les idées animent, pour ainsi dire, et partout des faits, des actes, même des institutions où s'expriment les idées. Mais, quoi qu'on fasse, les idées, qui sont partout, ne sont nulle part, si vous cherchez un siège, un tribunal, un sanctuaire, un oracle où elles se fassent entendre, voir et toucher. Toutes les fois qu'on a essayé de leur constituer quelque chose de semblable, elles ont été frappées de discrédit. Une telle prétention les rendait ridicules.

Seule l'Eglise, qui est une puissance spirituelle et et morale, a rang parmi les choses que l'on voit de ses yeux et que l'on touche de ses mains. Et non seulement on la trouve réelle, agissante, parlante, visible, palpable sur tous les points du globe où il y a un évêque catholique, un prêtre catholique, mais elle se résume dans l'Eglise mère et tête de toutes les Eglises, que dis-je? elle se résume dans un homme.

Qui que l'on soit, peut-on méconnaître la magie de ce mot : le Pape? Mais songe-t-on assez à ce qu'il y a là d'étrange, d'incomparable, d'unique?

Un grand philosophe a dit que la mesure et la règle de la vertu, c'est l'homme de bien. Parole profonde. La pensée abstraite n'est pas adéquate à la vie. Ni elle n'en atteint l'infinie diversité ni elle n'en saisit l[a] source originale. Et Aristote va répétant que ce qu'[il] convient de penser et de faire en telles et telles ci[r]constances, ce qui est le devoir, c'est ce que décidera[it] l'homme accompli, l'homme parfait. En lui la droit[e] raison réside et prononce. Ailleurs, le même Aristot[e] dit que, s'il se trouvait un homme qui réalisât dans s[a] pensée et dans sa vie la loi, la loi qui est l'ordre prescri[t] par la raison, un tel homme serait comme un dieu, [et] tous le salueraient avec admiration, tous lui prodigue[ue]raient les marques de leur respect, de leur amour, e[t] ils le prendraient pour roi à jamais.

Le rêve du philosophe grec, l'Eglise, et l'Eglis[e] seule l'accomplit. Dans son chef, non pas impeccabl[e] sans doute, mais infaillible, elle voit le représentant d[e] Dieu même, le Docteur universel, le Maître des esprit[s] et des âmes, l'Autorité parlante par excellence[,] laquelle promulgue la vérité et la loi, déclare ce qu'i[l] faut croire et ce qu'il faut faire, et résume dans s[a] personne, lui homme, et mortel, et pécheur comm[e] tout homme, l'immortelle et indéfectible puissance d[e] l'Eglise, c'est-à-dire du Christ, c'est-à-dire de Dieu.

Le Pape est l'évêque de Rome. Partout ailleur[s] qu'à Rome, il est tout entier lui-même, assurément[,] et la plénitude de son autorité demeure, mais parc[e] qu'il n'est plus chez lui, parce qu'il est en exil[,] l'Eglise est en souffrance. Il peut et doit dire :

Rome n'est plus dans Rome, elle est toute où je suis.

Mais c'est une anomalie, c'est un malheur, c'es[t une] chose transitoire. Il faut, pour que tout aille bien[,] qu'il soit dans Rome, et qu'il y soit libre. L'énergi[e] de sa pensée et de sa volonté peut, dans des circons[-] tances défavorables, lui faire une grandeur et une puissance de plus de ce qui devrait l'entraver, un moyen d'action de ce qui devrait le desservir : mais ce n'est pas la règle. La règle, c'est qu'il soit libre et le paraisse, et que sa situation, et non pas seulement sa vertu, le fasse indépendant. Rome est tellement le siège du Pape que dire Rome ou dire le Pape, c'est tout un. Rome a parlé ou le Pape a parlé : deux formes à peine différentes d'une même chose. Cet homme qui est le Pape réside dans cette ville qui est Rome. De là il parle : il parle pour définir, il parle pour condamner, il parle pour bénir, il parle pour gouverner, pour diriger. Et Rome, dans ses substructions et ses constructions, dans son aspect, dans ses formes inimitables, porte inscrits les caractères qui sont ceux de l'Église et du Pape.

Quelle ville a duré comme Rome ? Elle seule a traversé les temps avec cette continuité. Pour elle, durer ç'a été vivre. Il y a des cités plus anciennes, mais, ou elles ne sont plus que des ruines ou des résurrections archéologiques, ou, après avoir cessé d'être, elles ont revécu. Rome n'a jamais cessé d'être. Elle a, dans les entrailles de ses monuments et quelquefois à fleur du sol, des pierres qui furent posées là, non pas seulement par ses consuls, mais bien par ses premiers rois, et l'édifice, dont les assises sont si vieilles, reproduit dans ses divers étages la suite même de l'histoire de Rome : il s'est modifié sur place, il s'est transformé plusieurs fois, et même, devenu temple chrétien, il a subi des fortunes diverses, comme pour témoigner aux yeux que l'Église vit, qu'elle ne s'enferme pas dans une forme à jamais fixée, et qu'ayant en elle l'Esprit, l'esprit de nouveauté et de vie, toujours nouveau en même temps que toujours ancien, elle peut dire de tout et partout : *Ecce nova facio omnia*, voici que je renouvelle toutes choses.

Quand on voit dans quelque vieille image ce qu'était l'ancienne basilique de Saint-Pierre, on se prend à regretter qu'elle ait été détruite. Sixte IV n'avait-il pas raison, lui qui la voulait consolider et sauver au lieu de la jeter à bas et de la refaire? Par elle on remontait jusqu'aux premiers âges, et qu'il était bon d'avoir là, sur place, enfermée dans des murs vieux de tant de siècles, l'histoire vivante de l'Eglise! Eh bien! la vie de l'Eglise s'est révélée d'une manière plus saisissante encore. La vieille basilique a disparu. D'autres édifices dans Rome permettent de toucher du doigt la réalité historique des premiers temps. Ici, dans la basilique de Saint-Pierre, c'est la force rajeunissante de l'Eglise, et sa persistante vitalité, et son universalité radieuse qu'il convenait de voir. La vieille basilique a disparu. La crypte vaticane en conserve des débris vénérables afin qu'il soit vrai que sur ce sol rien ne se perd; et puis, et surtout, le tombeau de saint Pierre est à la même place, toujours. Mais, par-dessus, s'élève un temple dont la forme nouvelle est de la puissance profonde de l'Eglise catholique le plus heureux symbole. La cathédrale gothique, si hardiment élancée et si pieusement mystérieuse, l'église romane, si forte et si simple, la basilique primitive elle-même, si ample et si sereine, expriment, chacune à sa manière, la pensée et la vie chrétiennes; mais aucune n'est supérieure aux circonstances de lieux et de temps qui l'ont fait naître. La chrétienté catholique n'a qu'un temple vraiment fait pour elle, et c'est Saint-Pierre. La nef porte la trace des temps qui l'ont construite ou ornée, et cela est convenable, car il faut que les choses aient leur date. Avancez. Vous approchez de la coupole. L'autel papal est surmonté d'un baldaquin superbe : on en peut critiquer la richesse un peu lourde. Qu'importe ? C'est encore la marque d'une époque, c'est une date. Mais voici deux choses qui vous transportent, l'une aux tout premiers temps, il le faut ici, et l'autre, en dehors et au-dessus de tous les temps : dernière et sublime convenance. Cet autel où aucun ornement ne peut s'ajouter à la croix et aux six chandeliers qui l'accompagnent, cet autel placé de telle façon que le Pape, en célébrant le saint sacrifice, regarde le peuple, c'est, par sa simplicité et par sa disposition, un autel primitif. Et le dôme ! c'est ici que l'art ancien et l'art chrétien, la science architecturale et l'aspiration mystique, après plusieurs efforts et essais et enfin avec le génie de Michel-Ange, ont conspiré ensemble pour créer quelque chose d'unique en son genre. Comme l'Eglise, le dôme de Saint-Pierre repose sur des fondements solides. L'Eglise a ses assises et comme ses racines à la fois dans les couches profondes de l'histoire et dans l'immuable divin : le dôme symbolise excellemment cette puissance. Et, comme l'Eglise, il monte vers le ciel, en pleine lumière. L'Eglise va toujours vers le Père, vers Dieu, vers son Père et son Dieu, et y entraîne l'humanité : le dôme symbolise merveilleusement cette ascension. Voilà des lignes pures, harmonieuses, hardies, comme jamais l'homme n'en avait su tracer. Cette coupole, vue du dedans, ou vue du dehors, c'est, non pas un effort démesuré pour atteindre l'inaccessible, mais un beau mouvement puissant pour aller aussi haut que possible chercher à la source ce que Dieu seul peut donner, la lumière, la paix, la joie rayonnante née de la vérité.

La vérité, la justice, la sainteté, tout ce qui est d'ordre supérieur, d'ordre spirituel et divin, c'est bien là ce que, de toutes manières, Rome nous présente visible et palpable. Et, pour que le siège du Pape symbolise en tout le rôle du Pape dans le monde et la nature de son action, Rome a dans ses monuments et jusque dans le Vatican je ne sais quoi d'inachevé et parfois comme de heurté. Il reste quelque chose à faire après que tant de Papes ont tant fait. Et l'on sent souvent la trace des obstacles que la volonté la plus ferme a rencontrés dans l'exécution de ses desseins, ou encore certaines imperfections, certains défauts que la pensée, si haute qu'elle fût, n'a pas su éviter. C'est encore un enseignement. Les pierres même crient que l'Eglise n'est jamais en ce monde l'Eglise triomphante, après avoir crié ou tout en criant sa perpétuelle jeunesse et sa divine puissance. L'Eglise, ici-bas, c'est l'Eglise militante. Si quelque paganisme se mêle aux merveilles des édifices chrétiens de Rome, ni je ne m'en étonne ni je ne m'en fâche ; cela me rappelle que le Christianisme n'a pas terminé son œuvre. Il ne me déplaît pas que la basilique de Saint-Pierre même ait quelques beautés douteuses et quelques défauts. Tout cela se fond dans une harmonie supérieure, et il est visible, il est palpable que cette Eglise, interprète de Dieu même sur la terre, est humaine néanmoins, assujettie au travail et à la souffrance.

Voilà le dernier trait, et ce n'est pas celui qui frappe le moins. Le Pape travaille et souffre. C'est le représentant de Dieu, le vicaire du Christ : en ce siècle, comme en plein moyen âge, on l'aborde à genoux, on lui baise les pieds. Avec cela, c'est un homme. Il est mortel, et le sait. Il est pécheur, et le sait. Il a un confesseur, comme tout fidèle. Quand il célèbre la messe, il récite, comme tout prêtre, le *Confiteor*. Avec quel accent! Qui n'a pas entendu dire au Pape actuel : *Mea culpa, mea maxima culpa*, ne sait pas ce que peut être l'expression simple et grande de l'humilité et de la pénitence. Assisté de l'Esprit divin quand il parle *ex cathedra*, le Pape ne se croit pas pour cela dispensé de penser, de réfléchir, de prévoir, de raisonner. Convaincu que, dans le gouvernement de l'Eglise, il a pour décider et pour agir des grâces d'état, il ne se juge pas pour cela autorisé à l'indolence. Il recueille de toutes parts les informations, les avis ; il écoute, il observe, il compare, il médite : d'un mot, il travaille. Le mot lui plait et volontiers on le répète autour de lui. « Il faut travailler, » aime-t-il à dire, et le Cardinal Secrétaire d'Etat dit avec conviction et chaleur : « Travaillons, notre Pape travaille. Travaillons comme lui et avec lui. » Au Vatican, la confiance en Dieu et le labeur humain s'unissent. Le Pape, dans ses Encycliques, insiste sur la nécessité d'implorer le secours divin dans toutes ses entreprises, et il ajoute qu'il faut employer les moyens humains propres à en assurer le succès. C'est une œuvre laborieuse que celle de gouverner l'Eglise. Le Pape accepte le labeur. L'homme est une sorte de providence quand il ménage par ses soins le bien des individus et des nations; mais il est providence à la façon humaine, c'est-à-dire en prenant de la peine pour prévoir et pourvoir. Le gouvernement de l'Eglise, encore qu'il soit divin par tant de côtés, est soumis à la condition humaine. C'est une tâche difficile, ardue, pénible, et c'est par une vigilance infatigable, par une sollicitude incessante, dans la clarté souveraine des principes et en même temps à la lueur des faits, à force de réflexions profondes, que se préparent lentement et que patiemment s'accomplissent ces grands desseins destinés à imprimer au monde un élan.

Voilà pourquoi les regards se tournent vers Rome.

A Rome, près de Saint-Pierre, dans le Vatican, le Pape, où se résume la durée, la vie, la puissance, la fécondité bienfaisante de l'Église, le Pape parle et agit, au nom de la vérité, au nom de la justice, au nom de Dieu : supérieur à tous les lieux et à tous les temps, et ayant de tous et de chacun une vive intelligence ; sans force, si l'on regarde aux apparences, mais plus fort que la force, parce qu'il est idée et esprit, et cela d'une manière visible et non pas abstraite ; interprète et ministre de Dieu, mais néanmoins homme, et pour remplir son office, travaillant et peinant ; détaché de son œuvre, car il sème et se dit que souvent il ne récoltera pas, mais appliqué à son œuvre avec une tenace énergie, car, s'il est mortel, lui, l'œuvre est immortelle, et il dit : « Je ne me décourage pas : ce que je ne verrai pas, mon successeur le verra. »

Le Pape est tout cela par essence, tout cela par sa fonction même. Aussi, quel qu'il soit comme individu, il inspire le respect. C'est le Pape, le Père par excellence. Que si, réunissant en lui le génie et la sainteté, il remplit sa fonction avec une hauteur d'esprit et une force d'âme sortant de l'ordinaire, alors comment rendre le sentiment dont il est l'objet ? Dans quelle atmosphère sereine ne se trouve-t-on pas en sa présence ! De quelle vaillance ne se sent-on pas animé ! Tant de grandeur et une si parfaite simplicité, des vues si fermes, des paroles si puissantes, rien de banal, rien de commun, tout, les mots, le regard, le geste ayant une justesse et une plénitude de sens qui satisfont en même temps qu'on y trouve quelque chose de profond et de pénétrant, enfin la majesté et la douceur, tout ce qu'il y a de plus auguste uni à une toute paternelle et caressante bonté, quel ensemble harmonieux et fort ! Un Pape, qui est un grand homme et qui a les vertus d'un saint, et qui est et a cela pour être plus et mieux Pape, et parce qu'il est excellemment Pape, c'est le plus grand et le plus beau spectacle que l'on puisse contempler, et quand on a eu cet honneur et cette joie, on se sent incapable de l'oublier jamais et prêt à tout faire pour en répandre autour de soi la vivifiante influence.

II

De ce que certains non-croyants font pour l'Église et en attendent.

J'ai dit comment Rome attire et saisit. C'est avoir commencé de dire quelle sorte de bien elle nous fait et ce qu'il y a à lui demander. Mais il faut examiner cela de près.

Dans ce que nous pouvons appeler le monde moderne, il y a lieu de considérer les destructions et les conquêtes. Dans tous les ordres, dans celui de la pensée, dans celui de la pratique comme dans l'ordre de la science et de la philosophie, beaucoup de choses anciennes ont disparu ou sont en train de disparaître, beaucoup de choses nouvelles sont nées ou vont naître. Il s'agit de savoir s'il n'y a pas lieu d'arrêter l'œuvre de destruction, et si parmi les choses ébranlées ou menacées il n'y en a pas qu'il faille raffermir et sauver. Il s'agit d'autre part de savoir s'il n'y a pas lieu d'assurer les conquêtes en renonçant à certaines acquisitions illégitimes ou douteuses d'abord, puis en établissant les autres plus solidement.

Au fond, tout revient à demander, ce semble, si l'esprit d'analyse qui, s'appliquant, d'après la méthode des sciences de la nature, à tout objet, même aux idées morales, religieuses, sociales, paraît les dissoudre, doit, oui ou non, subir un arrêt, rencontrer une limite. Faut-il traiter tout selon les procédés qui réussissent dans les sciences physiques, chimiques, physiologiques, ou y a-t-il un domaine réservé où ces procédés ne sont pas de mise?

Beaucoup d'esprits trouvent qu'il y a lieu de s'arrêter, ils croient le moment venu de marquer avec précision les frontières des deux domaines. Aucun ne songe à contester les progrès accomplis, aucun ne voudrait renoncer aux conquêtes faites ni à l'espoir d'en faire d'autres ; mais, précisément pour que l'esprit scientifique opère tout ce qu'il peut opérer, il faut, estiment-ils, soustraire à ses prises ce qu'il ne saurait toucher sans le briser. C'est là le départ délicat à à faire, car, s'il est aisé de distinguer en gros les deux domaines, de dire, par exemple, que l'un est celui de la nature, l'autre celui de la morale, c'est souvent au sein des mêmes choses que les deux points de vue doivent être discernés, et, par exemple, dans l'homme où tout se tient, et dans les objets de l'humaine pensée et de l'humaine activité, n'est-il pas vrai qu'une explication d'ordre proprement scientifique est à la fois possible et insuffisante? Il n'est donc pas facile toujours de savoir où s'arrêter. Quoi qu'il en soit, la convenance, la nécessité de ne pas pousser jusqu'au bout les destructions, semble manifeste à des esprits d'ailleurs très différents : selon eux la pensée moderne ne jouira de ses conquêtes et ne pourra les étendre à coup sûr que si elle sait limiter ses ambitions.

Quel secours peut-on attendre ici de l'Eglise? Il est clair que ce qu'elle aura consenti à déclarer détruit, sera bien fini, et que ce qu'elle aura consenti à adopter, sera consacré, comme aussi ce qu'elle continuera de protéger ou de réprouver continuera de subsister ou de ne point s'établir. Avec l'autorité immense qu'elle a encore dans ce monde troublé, il ne peut être indifférent d'avoir l'Église pour soi, avec soi, ou contre soi. Ainsi pensent ceux qui ne sont pas ses fidèles, mais qui l'admirent et qui savent quelle force elle est, et dans leurs sentiments à son égard, il y a une foule de nuances.

On peut dire en abrégé que les uns voient très bien qu'il faudrait l'avoir avec soi, mais rien de plus, tandis que les autres voient qu'il faudrait être avec elle, et s'y efforcent.

Pour les premiers, la seule chose qu'ils estiment pouvoir sauver des envahissements progressifs de l'analyse, c'est la vie morale. Je dis la vie, car ils n'osent pas parler d'idées ; les idées leur semblent avoir des airs de dogmes, et ils s'en défient. Ils ne prétendent pas savoir ce qu'est la vérité morale, et ils redoutent toute considération sur le fondement de l'obligation : n'est-ce pas de la métaphysique ? Ils veulent maintenir, étendre la vie morale, et il leur paraît que cela du moins ou peut-être cela seul est moral qui est sympathie pour autrui, pitié pour autrui, amour effectif d'autrui. Ils font la guerre à l'égoïsme. Le Christianisme leur apparaît comme un allié. L'Église est à leurs yeux une force vive qu'ils souhaiteraient d'avoir avec eux et pour eux. Ils regardent Rome, ils vont à Rome, et Rome ne méconnaît ni leur bonne volonté ni leur générosité. Même Rome les encourage, car Rome croit qu'il y a lieu d'unir tous les efforts sincères et honnêtes ; mais Rome les encourage, à la condition qu'ils ne ferment aucune avenue conduisant à la consistante et totale vérité, et qu'ils ne se complaisent pas dans ce qui n'est qu'un commencement, au point de devenir incapables d'aboutir. L'Eglise ne repousse jamais ce qui par rapport à elle est incomplet; elle condamne ce qui, étant incomplet, se croit complet et partant se met hors d'état de se compléter.

Si la pensée hésitante et mouvante se fait un mérite de cette fluctuation même, comment entre elle et Rome se ferait l'accord? et qu'est-elle admise à attendre de Rome?

Ce que Rome donne surtout, c'est un principe d'affermissement. Elle veut l'union, elle veut la paix : oui, sans doute, mais par la vérité, dans la vérité. On ne peut s'appuyer sur elle que parce qu'elle résiste. Elle résiste aux caprices de l'esprit propre. Elle résiste à toute erreur. C'est pour cela qu'on peut faire fond sur elle. Lui demander d'être avec vous parce que vous voulez comme elle l'amour, l'union, la paix, mais sans vouloir avec elle la vérité où elle fonde la paix, l'union et l'amour, c'est lui demander de se méconnaître et de se diviser elle-même; et le service qu'on recevrait d'elle, si elle consentait à le rendre à ce prix, serait illusoire. On ne peut l'avoir pour soi sans être avec elle.

C'est ce que comprennent très bien certains esprits nets, vigoureux, résolus, et ils font tous leurs efforts pour être avec l'Eglise dont ils attendent beaucoup.

Ils savent qu'elle est une force parce qu'elle est une doctrine et « un gouvernement ». Il ne leur vient pas à l'esprit de souhaiter, pas même de rêver qu'elle abandonne jamais rien de ses dogmes ni de ses prétentions à la maîtrise des esprits et des âmes. Ce qu'ils attendent d'un Pape de génie ce n'est pas qu'il la débarrasse des entraves dogmatiques. Outre qu'ils voient clairement que cela étant un suicide est impossible, et qu'en fait le Pape actuel, qui a écrit les Encycliques sur la condition des ouvriers et sur la constitution des sociétés et des États, est aussi l'auteur d'Encycliques sur le Rosaire et des prières après la messe où saint Michel est si énergiquement conjuré de chasser Satan et la troupe des démons, outre cela, dis-je, les hommes dont je parle voient non moins clairement que si par impossible l'Église venait à sacrifier quelque chose d'elle-même, aussitôt et par cela même elle ne pourrait plus rien pour nous.

Il faut donc être avec elle. Il faut la laisser parler avec autorité, et il faut se soumettre le plus qu'on peut ou se taire. Le monde est malade. Seule l'Église le peut guérir. Ira-t-on discuter avec elle ? Lui marchanderons-nous notre confiance ?

Mais comment, si nous ne sommes pas des croyants, serons-nous avec l'Église, n'étant pas de l'Église ? C'est ici que, à la lumière des faits contemporains, et comme sous l'attrait de Rome, un esprit puissant et hardi peut accomplir une démarche singulière, digne de toute l'attention des penseurs non croyants, digne de tout le respect, de toute la sympathie des croyants qui sont des penseurs [1].

D'abord la science n'a rien prouvé ni contre la

---

[1]. Tout le monde connaît le si remarquable article de M. Brunetière dans la *Revue des Deux Mondes* du 1ᵉʳ janvier 1895, intitulé : *Après une visite au Vatican*. Mais peu de personnes l'ont vraiment lu, car si on eût lu ces pages comme elles le méritaient, on les eût mieux comprises, et on ne les eût pas tant attaquées. Mais ce que tous ont compris en somme, les uns pour s'en réjouir, les autres pour s'en irriter, c'est l'orientation vers Rome. On peut, on doit sur certains points, faire des réserves, mais il faut voir cela, et, comme à voir cela soi-même dans ce texte puissant, il y a plaisir noble et vrai profit, j'engage tous mes lecteurs à ne pas se refuser ce plaisir et ce profit.

morale, ni contre le théisme, ni contre le Christianisme, ni contre l'Eglise. On n'est pas dépourvu de raison parce qu'on admet des principes moraux absolus, l'existence de Dieu, la divinité du Christianisme et celle de l'Eglise. Si, appliquant les procédés de la science à ces objets, des penseurs, savants ou philosophes, ou si l'on aime mieux, savants et philosophes, se sont flattés d'établir scientifiquement qu'aucun de ces objets n'existe ou ne peut exister, en cela ils se sont trompés. L'analyse scientifique ne réussit pas dans cette tentative. La science n'a pas de prise sur de telles choses, et si ses tenants prétendent en avoir, manifeste est l'échec. C'est « une faillite, une banqueroute ». Pourquoi donc, en présence des maux dont souffrent les esprits et les âmes, les individus et les sociétés, ne pas se tourner vers cette grande force morale qui est le Christianisme, le Catholicisme, l'Eglise, surtout quand le Pape a au milieu du monde un prestige croissant? Rien n'en saurait empêcher l'homme intelligent et droit, attentif aux faits et désireux d'arrêter la dissolution des idées essentielles.

Aussi bien il y a trois points au moins sur lesquels il est aisé de se mettre d'accord avec l'Eglise. Si le caractère absolu de la morale est ce sans quoi la morale s'évanouit, qu'y a-t-il de plus propre à hâter « la régénération de la morale » que de maintenir que « la morale ne se soude pas aux sciences naturelles » ? et quel sacrifice a-t-on à faire, encore que non croyant, pour répéter cela avec l'Eglise? Il ne peut en coûter davantage de déclarer, encore avec l'Eglise, que la nature humaine n'est point toute bonne, et que chacun apporte en naissant des tendances mauvaises. Rien n'est plus salutaire que de rappeler que « l'honnêteté est impossible si l'on ne réprime les mouvements tumultueux de l'âme et si l'on ne place les appétits sous l'empire même de la raison ». C'est la doctrine de l'Église, exprimée en ces termes mêmes dans une Encyclique récente. Comment la contester quand les faits la confirment et que les évolutionnistes, par une autre voie, sans doute, mais de la façon la plus manifeste, y arrivent eux-mêmes ? Enfin il est facile de dire avec l'Église que la question sociale est une question morale. Voilà encore un point où l'accord avec elle est très considérable et d'un effet singulièrement salutaire, dans la crise que le monde traverse ; et pour obtenir cet accord il n'y a à faire violence ni à l'enseignement de l'Église ni à la raison : il se fait tout seul.

Ainsi c'est bien d'unir l'action d'hommes non croyants à celle de Rome qu'il est question ; et l'on va aussi loin que possible dans l'adhésion à ses vues, à ses principes, à ses directions. On est avec elle le plus qu'on peut, et on estime que l'avoir avec soi est chose de grande importance : on travaillera mieux, on réussira mieux à enrayer l'œuvre de dissolution des idées et des institutions essentielles, on sauvera d'elle-même et de ses propres excès la pensée moderne, on en assurera les conquêtes légitimes, on fera une œuvre de préservation, d'affermissement, de paix.

A l'Église on rend un profond et sincère hommage ; on lui fait sa place dans le monde, et combien grande, combien éminente ! On répand son influence dans des milieux qui semblent réfractaires ; on fait reconnaître, saluer, recevoir sa bienfaisante action et sa maîtrise là où il y a contre elle de gros préjugés, fortifiés par des rancunes, entretenus par des défiances. On accoutume les gens à s'apercevoir qu'entre catholique et imbécile il n'y a ni association inséparable, ni même aucune affinité ; on déconcerte cette sagesse toute faite qui met l'Eglise en dehors des choses humaines ; on amène à comprendre, à soupçonner du moins qu'en tout, et dans ce qui nous importe et nous touche le plus, l'Eglise a son mot à dire, et que non seulement c'est son droit de dire, mais encore notre intérêt d'entendre, et enfin que le monde a besoin d'elle. Cela n'est pas peu.

Voilà ce qu'on fait pour l'Eglise.

De l'Eglise, maintenant, on attend avant tout ce dont le monde contemporain manque le plus, à savoir quelque chose de ferme et de complet dans l'esprit, dans la volonté, dans tout l'être humain et comme un principe de consistance et d'harmonie que je dirai vitale ; on envie cette vigoureuse netteté dans les idées, cette énergie décisive, cette généreuse ardeur et en même temps ce sage tempérament dont l'Eglise a le secret, et on espère d'elle la force nécessaire pour procurer au sein de notre société inquiète et troublée un progrès du bon sens, de la justice, de la fraternité, de l'esprit de sacrifice et par là dans toutes les sphères humaines un salutaire et heureux apaisement.

Rien n'est plus loyal et plus digne qu'une telle alliance. Ceux qui la souhaitent et qui commencent de la conclure, peuvent dire : Pour donner à l'Eglise ce qu'elle reçoit de nous, pour recevoir de l'Eglise ce qu'elle nous donne, ni nous ne faisons ni nous ne demandons aucune concession. Et c'est vrai. L'Eglise a dans la raison humaine et dans l'humaine conscience des racines. L'ordre de la grâce perfectionne la nature et y ajoute, mais la suppose. Comment donc serait-il étonnant qu'un sens droit et élevé, s'unissant à l'honnêteté, se mît, sur beaucoup de points, d'accord avec l'Eglise ? Pour se dégager des préjugés vulgaires et avoir cette rectitude de jugement et cette droiture d'âme, il faut du courage. Aussi est-ce chose rare. Mais, en soi, ce sont là des démarches intellectuelles et morales qui attestent une profonde harmonie entre l'humanité et l'Église. De quelque côté qu'on les envisage, elles sont légitimes, et elles sont fécondes.

Sont-elles entièrement satisfaisantes? C'est autre chose. En poussant si loin l'accord avec l'Église, on maintient ce que l'on appelle l'indépendance de sa pensée. Cela veut dire que l'on n'accepte point le *Credo* : on s'abstient seulement d'y contredire. Dans le danger social, dans le danger moral qu'il s'agit de conjurer, au milieu de la bataille qu'il s'agit de livrer contre les puissances dissolvantes de toute morale, de toute société, de toute pensée même, on tait ses opinions propres. Mais on entend bien reprendre la parole un jour. Sans cela, pourquoi faire des réserves? Par dignité, je le veux bien, par conviction donc, du moins par cette conviction que s'abandonner entièrement à l'Église, c'est trop. Ainsi jusque dans ce respectueux et sage silence d'aujourd'hui, un dissentiment existe et il est capital : l'Église peut avoir tort de croire et de vouloir ceci ou cela. C'est loyal de le dire. Mais comment refaire vraiment avec l'Église les esprits, les âmes, les mœurs, les sociétés, quand, à chaque instant, après avoir combattu ensemble l'ennemi commun, on peut différer d'avis avec elle sur les moyens d'assurer et de prolonger la victoire par une meilleure organisation des choses? On dira : Combattons ensemble; nous verrons après. Je dis aussi : combattons ensemble. J'ajouterai même : travaillons ensemble; ce qui est plus positif. Travaillons ensemble : nous le pouvons, nous le devons. Tâchons ensemble de restaurer la raison et la morale, d'amener un progrès de la justice privée et publique, de procurer une diminution et d'heureuses défaites de l'égoïsme. Mais ne craignons pas de voir dès maintenant et de marquer à ces nobles esprits, qui vont déjà si loin, ce qui demeure selon nous, leur faiblesse.

Ils ne savent pas, en définitive, s'il faut prendre à la lettre cette parole : *Apparuit omnibus hominibus benignitas et humanitas Dei et Salvatoris nostri.* A tous les hommes a apparu la bénignité et l'humanité de notre Dieu et Sauveur. C'est de l'Eglise de Jésus-Christ qu'ils attendent le salut des sociétés. Sur Jésus-Christ ne faut-il pas s'expliquer? Est-il venu, oui ou non, le Dieu-Homme, l'Homme-Dieu, et son Eglise, en travaillant après lui au salut du monde, continue-t-elle une œuvre divine ?

Il faut souhaiter qu'en commençant à se mettre d'accord avec l'Eglise pour combattre le bon combat, sur la seule inspection et avec la seule admiration de son extraordinaire vitalité, on parvienne peu à peu à se mettre d'accord avec elle sur sa divine mission elle-même.

Il importerait du moins que, dès ces commencements mêmes, on eût de la foi et de la raison une idée tout à fait exacte. La raison dont on tient à garder l'indépendance, c'est une raison que soi-même on déclare bien impuissante. Et la foi, que l'on n'a pas, mais que l'on estime, c'est une foi trop détachée de la raison. Je voudrais que de l'Eglise, dont on prise tant les idées maîtresses et les directions, on apprît la juste portée et la vraie essence de la foi. On ne régénérera pas la morale si l'on ne raffermit pas les esprits. Placer en dehors et au-dessus des sciences de la nature la morale c'est bien, mais il ne faut pas avoir l'air de mettre la morale en opposition avec le savoir même. Il y a savoir et savoir. Reconnaître que la morale n'a point de fondement sinon dans l'absolu, c'est encore savoir, et vous n'avez pas le droit de faire en quelque sorte les généreux avec la science et avec les savants en leur abandonnant comme leur bien propre tout ce qui se sait. Que gardez-vous donc pour vous? Ce qui se sent, et vous déclarerez que c'est le meilleur. Mais il y aura toujours des gens pour penser que ce n'est pas le plus solide. De fait, ils n'auront pas tort : car enfin, si dans les choses morales on ne peut se passer du sentiment, on ne peut non plus s'y passer de la raison, à moins qu'on ne renonce précisément à en maintenir le caractère absolu. L'Eglise condamne tout *fidéisme*. Elle qui, sans la foi, ne serait pas, elle commence par rejeter, comme contraire à la pure essence de la foi, une doctrine qui réduirait tout à la foi. L'ordre de la foi n'est assuré que si l'ordre de la raison est maintenu. Pour que la foi soit ce qu'elle doit être, il faut d'abord ne pas la mettre où elle n'est pas. Le sentiment est une espèce de foi naturelle. En faire dépendre uniquement et les notions morales et l'existence de Dieu, c'est tomber dans un fidéisme philosophique que vient compléter ensuite le fidéisme proprement théologique, quand on déclare que des préambules de la foi la raison n'a rien à dire, et que, si contre la divinité du Christianisme la science ne prouve rien, la raison ne peut rien non plus pour en préparer la reconnaissance. Non, assurément, la raison ne donne pas la foi, mais dans l'exposé de ce qui se nomme les motifs de crédibilité, la raison est à sa place. L'Eglise condamne les orgueilleuses prétentions de la raison et lui prescrit des limites; mais l'Eglise défend la raison contre ses détracteurs et lui assigne une valeur réelle. Il faut recommander cet enseignement de l'Eglise à ceux qui veulent être avec elle le plus possible. Rome est bonne à entendre et à suivre sur ce point essentiel. Ce n'est pas une des moindres marques de son extraordinaire existence que ce sage tempérament et ce *complet* dans la vérité, si je puis dire, en une question où les philosophes se portent si facilement d'un excès à l'autre, exaltant la raison ou l'abaissant outre mesure.

Ceci dit, je n'ai rien à dire à ces amis de l'Eglise, sinon que pour les catholiques leur attitude ne saurait être définitive. Ce n'est pas assez d'être le plus possible avec l'Eglise sans en être. Il faut en être pour y trouver tout ce qu'on y cherche.

III

De l'indocilité de certains catholiques aux directions pontificales et du sens de l'universelle et incessante action de Léon XIII.

Je ne parle plus que des catholiques. Et je rencontre ici des divergences d'une autre sorte. Nous venons de voir des non-croyants qui sont avec l'Eglise sans en être. Voici des croyants qui sont de l'Eglise et qui ne sont pas avec elle.

Rome les effraye, ou les inquiète. A leur sens elle fait trop. Elle s'aventure sur le terrain social. Elle a sur le terrain politique des hardiesses suspectes. Elle conçoit, dans les choses religieuses même, des espérances où il y a quelque chimère. En philosophie enfin, n'a-t-elle pas fait une tentative inutile ou dangereuse ? Des catholiques disent tout cela, ou l'insinuent.

D'autres trouvent que Rome ne fait pas assez. Et ce sont souvent les mêmes qui lui reprochent de faire trop. Du moment qu'elle touche à toutes choses, pense-t-on, elle doit en toutes choses faire tout. Autrement elle est mal comprise, mal obéie, et ses entreprises avortent, parce que, les ayant conçues et lancées, elle n'en poursuit pas elle-même l'achèvement.

Je remarque d'abord qu'en lisant l'histoire de la Papauté on n'est nullement tenu de tout admirer, de tout approuver de ce qu'ont fait les Papes. Si on a le droit de juger leur action après leur mort, on pouvait assurément, de leur vivant, faire des réserves si l'on entrevoyait qu'elle ne fût point parfaite. Mais quel catholique oserait dire que, dans les choses qui touchent de très près aux intérêts de la religion, le Pape n'ait point des lumières supérieures, alors même qu'il ne prononce pas comme Docteur infaillible? Quel catholique donc voudrait se déclarer plus sage que le Pape là où l'Eglise est en cause, et ne voir dans ses directions que des avis critiquables ou négligeables, au gré de nos goûts, quoiqu'elles se rattachent souvent par des liens étroits aux enseignements reçus comme des décisions dogmatiques? Aucun catholique ne souscrirait à ces propositions ainsi libellées. C'est pourtant ce que plusieurs font, à vrai dire, en exprimant autrement leur pensée. Des incroyants sont en admiration devant la hauteur de conception et les grands desseins du Pape : eux, qui sont catholiques, ne disent rien, s'ils ne contestent pas plus ou moins la justesse des vues et même la pureté des intentions. Des incroyants sont remués et sont prêts à suivre les directions du Pape : eux sont insensibles, défiants, s'ils ne sont pas indociles et hostiles. C'est une attitude singulière de la part de gens qui sont des fidèles et qui sont des enfants de l'Eglise. Ils n'admettent pas que le Pape déconcerte leurs habitudes d'esprit et gouverne l'Eglise à sa manière au lieu de la gouverner à leur guise.

Je leur dirai : commencez par bien connaître la parole

du Pape, oui, la parole même, le texte, le texte authentique, et dans son intégrité et dans toute sa teneur. Voyez ce qui là est enseignement dogmatique. Sur ce point, vous vous soumettez, même quand vous ne comprenez pas. Sans cela, il n'y a plus d'Eglise catholique. Vous tombez dans le protestantisme qui vous fait horreur, si, devant le dogme défini ou la manifeste conséquence de ce même dogme, vous hésitez, vous chicanez, vous épiloguez, si, en un mot, vous discutez quand il faut accepter. Mais ce n'est pas assez de révérer, d'accepter cet enseignement. Il faut s'en pénétrer. Est-ce la peine d'être catholique si des paroles du Pape on sait dire seulement qu'elles sont dignes de respect ? Pour plusieurs le respect consiste surtout à n'y point toucher. On oublie qu'elles sont vivantes et vivifiantes. C'est en y arrêtant sa pensée, en les méditant, qu'on en saisira le sens, la profondeur, la portée, qu'on verra combien elles sont complètes et, si je puis dire, proportionnées, enfin, qu'on en exprimera le suc ou, mieux encore, qu'on les mettra à même d'opérer tout leur effet et de produire des fruits de salut et de vie.

Alors, ayant de ce qui est décision dogmatique une idée nette et vraie, on sera tout au moins rempli d'une religieuse vénération pour ce qui, sans avoir tout à fait ce caractère, y participe encore. On se souviendra d'ailleurs que tout l'office du Pape n'est pas de définir et de condamner : il gouverne, et dès lors tout le devoir des catholiques n'est pas de ne pas être hérétiques ou transgresseurs des lois de l'Eglise : ils ont encore à obéir à leur chef souverain qui est en même temps leur père. N'est-ce donc pas élémentaire ? Et, en lisant comme il faut les lettres du Pape, comment ne se remettrait-on pas sous les yeux ce devoir si simple et n'en sentirait-on pas la suprême convenance et la divine opportunité? Si l'on est tant soit peu attentif ici, on sera convaincu de l'extrême importance d'une parole du Pape, lequel voit de si haut, voit si loin, a grâce pour voir, et grâce éminente, et travaille à voir, sans épargner sa peine. On se dira qu'en lui tout est réuni pour affermir, pour élargir, pour étendre la vue, en même temps que pour la purifier. La nature et la grâce, si je puis dire, la fonction et la personne, la prière et la réflexion concourent ensemble à le préserver des pensées étroites et mesquines, des passions troublantes, des misères et des défaillances de l'humaine sagesse. Quand, avec cela, le Pape est un grand Pape et un saint Pape, et quand on est à un tournant de l'histoire où plus que jamais son arbitrage est requis pour trancher les questions difficiles et sa voix nécessaire pour orienter l'humanité, quel catholique est-on si, devant ses appels ou ses injonctions, ou ses supplications (car, à la façon de Dieu même, il conjure les hommes de l'écouter et de le suivre), on demeure froid, défiant, persuadé qu'on y voit plus clair que lui, qu'on en sait plus long, qu'on s'entend mieux enfin à défendre les grandes et saintes causes que Dieu a confiées à ses soins?

Appliquons-nous donc plutôt à nous procurer l'intelligence de sa pensée et de son dessein, et tâchons d'acquérir le courage nécessaire pour nous mettre à l'œuvre. Car, c'est un point qu'il importe de rappeler, et nous allons trouver ici la réponse à l'une des objections signalées plus haut, Dieu, qui ne nous sauvera pas sans nous dans l'ordre du salut individuel, personnel, nous donne aussi dans l'ordre social, à tous et à chacun, quelque chose à faire, sans quoi la lumière brillera en vain, et en vain de vivifiants principes seront répandus dans le monde. Ceci a des conséquences considérables.

Que le Pape parle : pour des catholiques, cette parole est un germe, germe de lumière, germe de vie. Mais suffit-il que le Pape parle? Manifestement, non, et il n'est pas dans l'ordre providentiel que sa parole fasse tout. *Aguntur homines ut agant, non ut ipsi nihil agant*[1]. Si les hommes sont *agis*, c'est pour qu'ils *agissent*, non pour réduire à rien leur action. C'est vrai de l'action créatrice, conservatrice, vivificatrice de Dieu, et dans l'ordre naturel et dans l'ordre surnaturel. Dieu est le premier agent, et son action est principale et incessante, pour susciter l'action humaine, non pour l'anéantir. Et, conformément à ce même dessein, l'action du Pape, action souveraine dans l'Église, a pour fin, non de se substituer à toute action, mais de provoquer, de soutenir, de diriger toute action. Il faut bien comprendre cela, et alors on ne se plaindra ni que le Pape fasse trop, ni que le Pape ne fasse pas assez. Il a qualité, il a grâce pour regarder, pour toucher à tout (encore que ce ne soit pas lui qui prenne l'initiative de tout) ; mais si notre action ne répond pas à la sienne, pour la réaliser, inefficace paraîtra son action même, quoique douée en soi d'efficace et d'énergie bienfaisante. A nous de la recevoir et de la répandre ; à nous de nous l'assimiler, de la faire nôtre, de l'approprier à nos besoins, de la traduire dans notre langue, je veux dire de l'appliquer au détail des choses selon notre génie propre. Le Pape entre dans un grand détail quand notre inintelligence ou nos faiblesses le rendent nécessaire. Mais j'oserai dire que c'est fâcheux de l'y contraindre, et jamais d'ailleurs il ne pourra ni ne voudra remplacer notre action. Il ne nous guérira pas, il ne nous sauvera pas sans nous.

---

1. Saint Augustin, *De Corrept.*, ch. ii.

Le Pape a dit à notre société moderne trois ou quatre grandes paroles, qui sont des paroles libératrices. Beaucoup de catholiques les écoutent d'une oreille prévenue ou au moins distraite, les tronquent et les mutilent, et, en définitive, ne font rien pour les appliquer tout de bon. Il faut en saisir la vertu libératrice, les prendre en leur entier, et travailler soi-même, dans un détail vif et précis, pour leur faire produire leur effet.

Le Pape s'est plaint que la philosophie chrétienne fût appauvrie, et il a rappelé ce qu'il y a de substantiel et de fécond dans la philosophie de saint Thomas d'Aquin. On n'a lu qu'à moitié. L'Encyclique était libératrice. On a craint qu'elle ne préparât un nouvel asservissement. Qu'on la lise tout entière. Elle veut qu'on refasse en ce siècle ce qu'a fait saint Thomas dans le sien ; non pas qu'on répète saint Thomas purement et simplement, qu'on le copie, qu'on l'abrège ou le surcharge, enfin qu'on le réduise en formules aisées à retenir, mais mortes, et qu'un psittacisme thomiste remplace un autre psittacisme ; mais bien, qu'on l'étudie à fond, qu'on se nourisse de sa moelle et se pénètre de ses principes, et qu'alors on essaye, avec l'aide de nos sciences qui n'existaient pas de son temps, une encyclopédie nouvelle, une philosophie chrétienne où se trouvent conciliées la raison et la foi dans une lumineuse et puissante synthèse. Le Pape délie : ne le comprenant pas, on croit qu'il lie. Le Pape imprime un élan : on croit qu'il comprime tout essor. Le Pape dans le passé même regarde l'avenir : on croit que dans l'avenir il veut prolonger le passé. On ne l'a pas compris parce qu'on ne l'a pas écouté ; et alors on ne fait rien ou l'on fait des riens. On demeure inerte quand il dit de marcher, ou croyant marcher, mais marchant mal, on lui rend le mauvais service de se donner pour interprètes [ou] ministres de sa pensée que l'on rétrécit, que l'on fauss[e], que l'on dénature.

C'est la même chose dans tous les ordres. Le Pa[pe] voit que c'en est fait des vieilles formes d'où la v[ie] semble s'être retirée. Il ne veut pas que l'énergie d[es] catholiques s'épuise à en rêver la résurrection. Enco[re] une action libératrice[1]. A-t-elle fait assez de mal [à] ce siècle, l'alliance mal entendue du trône et de l'a[u]tel ? On en revenait, c'est vrai, mais enfin persista[it] dans beaucoup d'esprits l'idée ou le soupçon ou le se[n]timent qu'à ce passé tel quel l'Eglise tenait, qu'elle [en] avait besoin, et ainsi à ce qui est mort elle sembla[it] attachée, elle qui est vivante. Le Pape tranche ce lie[n]. Ni il ne méconnaît un passé glorieux, ni il ne préten[d] prévoir un lointain avenir. D'une entrave usée, ou d'u[ne] apparence gênante il nous débarrasse avec éclat. Nou[s] voilà déliés, et parce qu'on ne comprend pas la paro[le] du Pape qu'on ne prend pas la peine d'écouter, de suiv[re] tout entière, au lieu d'applaudir, et de se réjouir, on s[e] scandalise, on s'alarme : le Pape renonce donc aux fo[n]damentales vérités sur lesquelles repose l'ordre social[.] Le Pape fait donc bon marché des principes sociaux[.] Le Pape nous lie donc d'une nouvelle manière, et quoi ? à un Etat qui n'a rien de chrétien. On s'épa[r]gnerait ces défiances injustes et ces insolents soupço[ns] si on lisait et écoutait, depuis le commencement ju[s]qu'à la fin, ce qui vaut bien la peine d'être, du com[]mencement à la fin, lu, écouté et suivi.

---

1. « En s'unissant aux différentes puissances politiques, [la] religion ne saurait contracter qu'une alliance onéreuse. Elle n[']a pas besoin de leur secours pour vivre, et en les servant el[le] peut mourir. » Tocqueville, *Démocratie en Amérique*, t. II, ch. [?] p. 227.

Le Pape a rappelé avec une magistrale autorité les conditions essentielles de toute société, la vraie origine du pouvoir, l'office du gouvernement. Vous aurez beau faire : vous ne le trouverez pas en faute. Là d'ailleurs il parle comme Docteur universel. Mais, quand il vient aux applications contingentes, prenez garde encore avant de hasarder, comment dirai-je? un blâme, une inquiétude, un doute. Il a tout dit. Il a pensé à tout. Il a pourvu à tout. Il n'est pas routinier. Voilà ce qui fâche. Qu'y faire? Il a des hardiesses. Voilà ce qui alarme. Qu'y faire encore? Ce n'est pas la première fois que l'Église, en maintenant avec fermeté les éternels et inviolables principes, a de ces audaces qui lui semblent toutes naturelles. Elle ne sacrifie aucune vérité, ni aucun droit, ni aucun devoir. Elle laisse tomber les choses usées, vieillies, hors de service. De ce qui est contingent, lui fût-il cher, elle ne fait point l'éternel, ni le nécessaire. Elle y renonce, quand tout prouve qu'il y faut renoncer, sans empressement, mais sans timidité, avec toutes sortes d'égards s'il le faut, mais résolument. Elle allège les combattants qui combattent pour l'éternelle cause. D'aucuns disent qu'elle les désarme. Ils ne comprennent pas. S'ils regardaient mieux ce qu'elle fait, ils comprendraient.

Dans l'ordre des questions sociales, nous trouvons un autre exemple de la même chose. On ne connaît pas la doctrine que le Pape a si excellemment établie et développée. On prend dans les documents qui la contiennent ce qui plaît ou ce qui déplaît, et on néglige le reste. La suprême modération de l'Église, au sens originaire du mot, ce parfait équilibre de la vérité, cette saine justesse, cette merveilleuse harmonie en vertu de laquelle rien ne manque et rien n'excède, cela échappe. Tout y est et tout est à sa place. On ne voit que ceci ou cela, et hors de sa place. Comment comprendre? Je n'insiste pas. Il y aurait là matière à toute une étude.

Enfin, pour donner un dernier exemple, des *croyants* traitent d'*utopie* le grand dessein du Pape au sujet des Eglises dissidentes, et c'est le Pape lui-même qui oppose ces deux mots avec douleur et indignation. Il y a des catholiques prêts à accuser l'auguste vieillard d'imprudence. Ils ne comprennent pas. Fidèle à l'antique respect du Saint-Siège pour les rites orientaux, le Pape veut que la latinisation pratiquée en fait s'arrête et cesse entièrement. « Avec la latinisation on ne fera rien. » Ainsi parle le Pape, et quel accent il met à sa parole ! Il faut rendre aux patriarches de l'Orient leur prestige, relever le clergé oriental à ses propres yeux et aux yeux du monde, le relever par une éducation cléricale sérieuse, complète, forte, et ainsi faire refleurir en Orient la religion sous sa forme orientale, en parfaite union avec le Saint-Siège, sans rien ôter des anciennes coutumes ni des anciens privilèges. C'est encore une pensée libératrice que celle-là. Mais cela déconcerte la routine et certaines traditions qui sont celles des hommes, et il se trouve des catholiques pour préférer ces traditions humaines, traditions de bureau, si l'on peut dire, à l'esprit de Dieu.

Le Pape délie. Laissons-le délier. Comprenons sa grande pensée et entrons-y, et travaillons avec lui. Il est le ministre de Celui qui veut bien regarder les hommes comme ses collaborateurs, Θεοῦ γάρ ἐσμεν συνεργοί. Soyons des collaborateurs intelligents et dévoués. Oserai-je dire? oui, je l'oserai, parce que c'est la vérité, dans cette collaboration avec le Pape il y a place pour de respectueuses indications : que celui qui a des titres à parler, parle ; qu'il renseigne ; qu'il avertisse ;

qu'il dise les faits ; qu'il informe des dispositions des esprits ; qu'il fasse entendre la vérité sur les hommes et les choses. N'est-ce pas une grande et universelle enquête que Rome a instituée ? Rome n'est-elle pas avide de vérité ? Elle veut, non des flatteurs, mais des serviteurs de sa haute pensée, de son vaste dessein. Mais que cette respectueuse liberté, qui est une façon de l'aider, est loin de la défiance à son égard ! Si vous avez un fait à lui apporter, un fait patent qui soit propre à éclairer sa marche, allez, portez-lui cette parcelle de vérité : elle en fera son profit. Cette information, fût-elle contraire à ses prévisions, dérangeât-elle en quelque sorte ses plans, sera reçue et bien reçue. Et si vous avez une idée à proposer, et qu'il vous semble que ce soit comme une lumière à fournir, allez : c'est une parcelle de vérité encore, ce sera reçu et bien reçu. Ce qui vous est interdit, c'est la mauvaise humeur et la mauvaise volonté ; c'est le dénigrement ; c'est la réserve amère et l'aigre défiance et comme le doute ironique : ce n'est pas la franchise.

Ce que plusieurs catholiques ont le plus de peine à comprendre, c'est l'invincible modération du Pape. Ils le trouvent trop patient. Ils ont peur qu'il n'énerve l'esprit de résistance, et qu'en cherchant l'apaisement à tout prix il ne fasse les affaires de l'esprit révolutionnaire. Je voudrais que tous les catholiques sérieux, sincères, pour qui ce soupçon est un tourment, pussent et, le pouvant, voulussent aller à Rome, vissent le Pape, et franchement lui dissent leur crainte. Léon XIII écouterait leurs doléances respectueuses... à moins qu'il ne leur suffît d'avoir vu Léon XIII et d'avoir entendu deux mots sortis de sa bouche auguste pour renoncer d'eux-mêmes à leur crainte et n'avoir plus de doléances à présenter !

« Le monde est malade, bien malade. » C'est un mot du Pape. « Qu'est venu faire Jésus-Christ sur la terre ? Il est venu pour sauver les âmes, pour sauver les nations. Et moi, son vicaire, quoique bien indigne, j'ai en vue la même chose. Je veux la guérison des âmes et des nations, la rédemption universelle. » Ainsi parle le Pape. Il s'agit de ramener la France, de ramener l'Europe, de ramener le monde « aux principes chrétiens ». Mais comment ? en raturant l'histoire ? Non pas, mais en la faisant concourir à l'œuvre du salut.

Qu'est-ce à dire, sinon qu'il s'agit, non de renverser le monde moderne, mais de le discipliner. Pourrait-elle supprimer le présent et ramener le passé, l'Eglise ne le ferait pas, car le passé a eu ses torts et le présent a ses mérites, et le présent, comme autrefois le passé, est l'œuvre de l'histoire, donc en un sens l'œuvre de Dieu. Tout consiste à christianiser le monde, j'entends le monde donné. L'Eglise le prend tel qu'il est, et lui demande d'accepter la loi de la raison et de la justice, ce qui est déjà accepter le Christ, puis de se laisser pénétrer par la grâce, ce qui est accepter le Christ tout entier. C'est ce qu'elle a demandé à l'Empire romain : elle en connaissait bien les défauts ; elle a mieux aimé voir ce qui y restait de grandeur et de force, encore qu'elle eût tant souffert de lui, et, sans prétendre le détruire, elle a essayé de le christianiser. C'est encore ce qu'elle a fait pour les Barbares. Et dans toute la suite de l'histoire nous la voyons agir de même. Son action, supérieure à tout le reste, souveraine, est essentiellement modérée parce qu'elle est modératrice. Elle est violente contre le mal qu'il s'agit de briser ; elle est modérée avec les hommes et les choses, avec les personnes et les institutions qu'il s'agit de régler selon Dieu et d'animer de l'esprit de Dieu. Elle ne prétend donc ni défaire ni refaire l'histoire, mais refaire sans cesse le règne du Christ. Ce monde contemporain contient du mal et contient du bien. Il faut exterminer le mal, pour cela le condamner, et c'est ce que l'Eglise a fait, avec Grégoire XVI, par l'Encyclique *Mirari vos*, avec Pie IX, par le *Syllabus*, avec Léon XIII, par ses premières Encycliques[1]. Si le mal n'est pas condamné, comment dégager le bien de ce qui l'entrave, et le faire fleurir? Mais ce bien, pour le recueillir, pour le développer et le déployer, pour en procurer l'épanouissement, il faut le reconnaître comme bien. Si on le traite comme un moindre mal auquel on se résigne, si on le constate avec des gémissements parce qu'on le compare à une forme passée que l'on regrette, comment l'aidera-t-on à se produire tout entier? Léon XIII appelle bien ce qui est bien, comme il appelle mal ce qui est mal. Il ne lui suffit pas qu'une chose soit ancienne pour qu'il l'approuve, ni qu'elle soit nouvelle pour qu'il la réprouve. C'est le monde contemporain, le monde actuel, le monde donné qu'il regarde d'un regard prolongé, qu'il touche d'une main à la fois forte et délicate. Il y veut mettre le Christ, car le Christ, c'est la raison, c'est la justice, et c'est la *grâce*. Sur ce monde malade et presque mort il applique le Christ pour y ramener la santé et la vie : sur chaque membre du monde, chaque membre du Christ; sur le monde tout entier, le Christ tout entier. Et il laisse au monde son organisation moderne, sa pensée moderne, ses tendances modernes,

---

1. C'est ce qui est admirablement montré dans le beau livre que tout catholique devrait lire et méditer : *Le Vatican, les Papes et la Civilisation*, par MM. Goyau, Pératé et Fabre (Paris, Didot).

ses formes modernes, ses ambitions modernes ; qu'importe, si de tout cela, le venin de mort est ôté, et si le souffle de vie qui vient du Christ s'y répand et y circule ?

Voilà pourquoi l'action du Pape est modératrice et modérée. Jamais, en aucun siècle, elle n'a créé un établissement destiné à durer à jamais. *Non habemus hic manentem civitatem.* L'Eglise est immortelle, établie pour toujours ; les états de choses qu'elle accepte, qu'elle améliore, qu'elle consacre, n'ont pas ce caractère. Jamais non plus le Pape n'a désespéré du monde : en aucun siècle son action n'a été impuissante contre le mal ni inefficace pour le bien. Elle fera, si nous savons la comprendre et la seconder, dans ce siècle où tant de choses s'agitent et fermentent, une très grande œuvre : elle christianisera le monde moderne sans lui rien demander que de renoncer à ses destructions dont lui-même s'alarme, à ses ambitions dissolvantes dont lui-même commence à revenir. Quand Léon XIII dit : La civilisation chrétienne ! le règne de Dieu ! il y met un accent qui remue étrangement. Travaillons avec lui à sauver la civilisation chrétienne, à étendre le royaume de Dieu.

Ce qu'il faut demander à Rome, c'est l'esprit même qui l'anime. Elle est immobile, et elle se meut. Elle a des principes d'une consistance absolue, et une action souple et variée. Comme elle, avec elle, par elle, il faut nous renouveler. Comprenons et pratiquons la nouveauté dans les choses contingentes pour y introduire la grande, l'éternelle nouveauté, celle du Christ. Rome, si solidement assise et si heureusement mouvante, a le secret de la vie. Le monde, troublé et inquiet, se tourne vers elle et est près de lui dire : A qui irons-nous ? Vous avez les paroles de la vie éternelle. Vous rassurez et vous consolez. Vous raffermissez et vous faites marcher. Oui, elle a les paroles de la vie éternelle, et c'est pour cela qu'elle a aussi les paroles de la vie présente. Voici que sur le déclin de ce XIXe siècle et presque à l'aurore du XXe, aller à elle n'est plus seulement le devoir des catholiques, c'est la ressource des non-croyants. Le monde moderne, pour se rasseoir après tant de secousses, pour se garantir de ses tendances destructives, pour s'encourager dans son élan vers le bien, a besoin de Rome. Aux catholiques de lui faire de mieux en mieux voir et comprendre ce qu'il faut aller chercher à Rome.

Appendice.

Ce qu'on vient de lire a paru, il y a un mois, dans une Revue; et ce sont les instances de certains lecteurs de l'article publié par la *Quinzaine* du 15 avril dernier, qui m'ont décidé à le reproduire dans la présente brochure.

D'un autre côté, des lettres très intéressantes m'ont fait part de réserves, d'inquiétudes, de craintes, d'objections enfin auxquelles j'ai eu la pensée de répondre ici. J'y ai renoncé par la raison que c'eût été à peu près recommencer l'article lui-même. J'aime mieux prier les personnes qu'il alarme de vouloir bien le relire. Il contient de quoi répondre, ce me semble, aux remarques qu'il a suscitées, pourvu que l'on n'en détache pas les unes des autres les diverses parties et que dans chaque partie même on ne s'attache pas presque exclusivement à tel ou tel point isolé du reste. C'est peut-être fort malaisé de lire quelque chose en entier et à la file, dans l'ordre où c'est écrit, et sans préoccupation, je veux dire avec assez de liberté d'esprit pour suivre la pensée de l'auteur plutôt que la sienne propre. Mais je crois que ce n'est pas trop demander aux personnes très sérieuses qui m'ont écrit très sérieusement. Par là, elles se convaincront du moins, les unes, que je ne dis pas telle chose qu'elles me font dire; les autres, que je dis telle autre chose qu'elles regrettent que je n'ai pas dite ; toutes, que je fais telles et telles distinctions nécessaires et convenables; surtout, que j'avance graduellement, et que si j'éclate en admiration et réclame une docilité qui paraît onéreuse, ce n'est pas sans avoir dénombré et puis ramassé en un les diverses et puissantes raisons et d'admirer et d'obéir.

C'est sans doute tout ce que j'ai à dire ici, car d'engager à la suite d'une étude sereine une sorte de polémique, ce ne peut être mon objet ; et il doit me suffire que le lecteur sérieusement attentif voie, par cela seul qu'il replace les détails dans l'ensemble, se dissiper certains malentendus, baisser certaines préventions, disparaître certaines difficultés, et qu'enfin il incline lui-même à juger préférable que rien qui sente la dispute ne vienne s'ajouter ici à cette simple exposition.

Je ferai remarquer seulement une chose qui est déjà dans l'article, assurément, mais qu'il importe de considérer avec quelque insistance et d'une manière tout à fait expresse. C'est que la pensée du Pape n'est pas une pensée morcelée et éparse. C'est là qu'à méconnaître l'unité intime on s'expose aux méprises. Et quel tort ne fait-on pas aux directions pontificales quand on n'en saisit pas l'inspiration et l'esprit! Telle manifestation est ou paraît plus saillante, parce que l'objet qu'elle vise directement nous intéresse davantège ; mais ni toutes les idées du Pape ne se réduisent à celle-ci que nous envisageons seule, ni ce n'est le centre et l'âme de tout le reste. Beaucoup plus profonde, beaucoup plus haute est la pensée principale et maîtresse.

Quand on ne sait du Pape que ce que certains journaux en disent, comment ne pas risquer de le rétrécir? Ou encore, si l'on se croit particulièrement bien informé parce qu'on recueille les propos de salon ou d'antichambre, tranchons le mot, les cancans répandus dans Rome, comment n'être pas dupe d'une illusion et ne pas se faire des desseins du Pape une très pauvre idée ? Pour connaître le Pape, il faut l'avoir lu, ou l'avoir vu et entendu.

Ses Encycliques et ses Lettres, non pas feuilletées au hasard ou consultées avec certains partis pris, mais lues en entier, et étudiées, et méditées, font saisir la puissante unité de cette pensée active, infatigable, qui poursuit à travers le monde, sous des formes diverses et au milieu de difficultés variées et incessantes, un même et unique objet. Il n'y a plus moyen alors d'en méconnaître la hauteur et de nier qu'elle soit pénétrante, et j'allais dire opportune au noble et excellent sens du mot, car on y trouve, avec une expression sûre, ample, vive de l'éternelle vérité, l'intelligence des nécessités présentes, des besoins actuels, et l'énergie ardente, conquérante, sans laquelle les grands desseins ne seraient que de beaux rêves.

C'est de cette souveraine et vivante unité de la pensée du Pape qu'on a, comme d'emblée, le sentiment et la conviction, quand on a l'honneur de l'approcher. Pour avoir une autre impression il faudrait n'être allé au Vatican que par les petits escaliers, si je puis dire, et n'en avoir visité que les petits coins. Près du Pape, tout est grand, tout est haut, on se sent dans une atmosphère supérieure très pure et très lumineuse, vivifiante, fortifiante ; près du Cardinal Secrétaire d'Etat, si méconnu souvent et si bon à connaître, c'est la même atmosphère encore, parce que là encore la pensée du Pape est présente, et claire, chaude, radieuse.

Saint Bernard, écrivant au Pape Eugène III, lui disait : « Il faut qu'il cherche hors du monde, celui qui voudra trouver quelque chose qui échappe à votre sollicitude. » Par le devoir même de sa charge, le Pape embrasse tout : la prière de tout chrétien s'étend à tout, et est vraiment universelle, *catholique* ; de la pensée du Pape et de son action le caractère est d'être, en toute rigueur et en fait, universelles, *catholiques*. Quand un Pape a de cet office éminent une vue nette et un sentiment intime, et qu'il emploie et dépense à son œuvre toutes les ressources d'un esprit vigoureux, d'une âme généreuse, d'une volonté indomptable, c'est un grand Pape. Vicaire du Christ, ayant, comme le Christ, pour unique but le salut des âmes et des nations, il travaille partout à tout gagner au Christ, se faisant vraiment tout à tous, s'efforçant de conquérir ou de reconquérir au Christ le monde tel que la suite des siècles et les circonstances présentes le font ; il nous montre dans le Christ pénétrant les individus et les sociétés la guérison de nos maux, l'accomplissement de nos espérances, et enfin à ce siècle où l'anarchie intellectuelle est si grande, il parle avec un accent incomparable d'union et d'unité : procurer la paix dans le Christ et par le Christ et finalement l'unité dans le Christ, c'est sa suprême ambition.

Il y a des gens que cela effraie. En dehors des catholiques et chez les catholiques même on parle d'*ingé-*

rence papale. Je ne vais pas sur ce point entreprendre une discussion après avoir dit que je ne voulais pas discuter. Je me borne à quelques réflexions portant sur des faits.

L'autre jour, aux politiques ou politiciens sectaires, le *Journal des Débats*, qui n'est pas suspect, disait : « Veut-il (c'est à M. Ranc que ceci s'adressait), veut-il interdire au Saint-Père tous rapports avec l'épiscopat et les fidèles ? Lui conteste-t-il même la morale, qui touche sur tant de points à la politique ? L'enferme-t-il spirituellement dans le Vatican avec défense d'en sortir comme il s'y est enfermé déjà matériellement[1] ? »

Des questions à peu près semblables pourraient être adressées à certains catholiques nourrissant à l'égard de Rome je ne sais quel esprit de défiance. Je n'ignore pas que parmi eux il en est qui ne font des réserves que parce que le Pape régnant ne gouverne pas d'après leurs idées. A un Pape de leur goût ils ne songeraient pas à rien refuser. Avec un Pape de leur goût l'idée ne leur viendrait pas de craindre l'ingérence papale. Cela est bien dans la nature humaine. Il ne faut pas s'en étonner. Mais chez d'autres c'est la Papauté même qui est objet de crainte : à leurs yeux c'est une puissance envahissante ou du moins indiscrète dont les empiétements sont toujours à redouter, et, avec un soin jaloux, ils se mettent, ils se tiennent en garde contre elle. Volontiers, je crois, ils répéteraient ce mot d'un gallican du xviie ou du xviiie siècle, prélat ou parlementaire, je ne sais plus bien : « Au Pape, il faut baiser les pieds et lier les mains. » On le renferme ou l'on tend à le renfermer dans le domaine de la foi proprement

---

1. *Journal des Débats* du samedi 18 mai 1895.

dite, et l'on est tenté de lui interdire même de rayonn[er]
autour de lui.

Qu'il définisse le dogme, c'est bien ; qu'il condam[ne]
l'erreur, soit, et encore, cela ne laisse pas que d'al[ar]-
mer quelquefois ; mais que, selon la belle expressi[on]
d'un jeune écrivain [1], il soit le législateur non plus [de]
la piété, mais de l'humanité, c'est pour le coup qu'[on]
le trouve osé, et qu'on entre en crainte : ne va-t-il p[as]
mésuser et abuser de son pouvoir ? Il se mêle des chos[es]
de la société et des affaires des États : est-il bi[en]
informé ? Et puis, si on le laisse faire, ne va-t-il p[as]
tout absorber ? Ne faudra-t-il pas lui livrer tout ?

Étroite et mesquine façon de lire l'histoire et [de]
concevoir le rôle de la Papauté à travers les siècle[s et]
dans le siècle présent ! Et, pour des catholique[s,]
étrange notion de l'action attribuée à celui qu'[on]
nomment le vicaire du Christ et le représentant [de]
Dieu sur la terre !

Je l'ai dit dans les pages qui précèdent, et je cro[is]
bon de le répéter, il ne s'agit pas de déclarer excelle[nt]
ou irréprochable tout ce qu'ont fait les Papes. Josep[h]
de Maistre, qui apparemment n'est pas un tiède, da[ns]
son livre intitulé : *Du Pape*, dont le but est de glorifi[er]
la Papauté, a écrit : « On déplairait certainement a[ux]
Papes si l'on soutenait que jamais ils n'ont eu [le]
moindre tort. On ne leur doit que la vérité et ils n'o[nt]
besoin que de la vérité [2]. » Mais la vérité, précisémen[t,]
c'est que si, en telle occurrence, ils ont pu faire quelqu[es]
fautes, commettre quelques excès, de ces excès et [de]
ces fautes il faut dire que cela n'empêche pas le se[ns]

---

1. Georges Goyau, *Le Vatican, les Papes et la Civilisatio[n]*, p. 189.
2. *Du Pape*, II, xi.

de leur histoire d'être très clair. La vérité, c'est que leur intervention dans les choses de ce monde est la conséquence naturelle et légitime de leur puissance spirituelle, que, chefs de l'Eglise, ils ont à la gouverner, que, la gouvernant, ils plaisent aux uns et déplaisent aux autres, mais que leur influence sociale et politique est salutaire et bienfaisante. La vérité, enfin, c'est qu'à de certaines époques surtout un ensemble de signes non équivoques fait trouver leur direction plus nécessaire, et alors elle est plus décisive, et, par cela même, tout à la fois plus contestée et plus réclamée.

C'est ce qu'établit très bien un livre récent dont l'auteur est le jeune historien que je citais tout à l'heure. Dans cette *Vue générale de l'histoire de la Papauté*, qui est comme une suite au *Discours sur l'histoire universelle*, il montre péremptoirement, par les faits, que l'action des Papes, « en maintenant l'idéal chrétien du règne universel du Christ[1] », a sauvé la civilisation, et que l'œuvre de cette « omnipotence morale », de cette « suprématie spirituelle » a été « une bienfaisante émancipation[2] ». Joseph de Maistre avait déjà remarqué avec raison que « l'explosion de la puissance pontificale, si l'on peut s'exprimer ainsi, a coïncidé avec la jeunesse des souverainetés européennes », et « il le fallait », déclarait-il, « il le fallait pour les christianiser[3] ».

J'étonnerai plus d'un lecteur si je dis que Leibniz exprime une pensée analogue. C'est sans doute assez inattendu. Ce qui est plus curieux encore, c'est que Leibniz allègue en même temps l'avis de plusieurs autres protestants, qui, n'ayant pas la même hauteur

1. *Le Vatican*, p. 202.
2. *Le Vatican*, p. 8.
3. *Du Pape*, II, x.

de vues que lui, attestent par cela même combien l'évidence du fait s'imposait à leur esprit. Au chapitre xxx d'un traité, *De Jure Suprematus*, publié en 1678, Leibniz écrit :

« Les arguments de Bellarmin qui, de la supposition que les Papes ont la juridiction sur le spirituel, infèrent qu'ils ont une juridiction au moins indirecte sur le temporel, n'ont pas paru méprisables à Hobbes même [1]. »

La remarque est à tout le moins piquante, et il est assez singulier de voir ces deux philosophes, Hobbes et Leibniz, tous deux protestants, en plein xvii° siècle au lendemain de la Réforme, et quand le rôle politique des Papes semblait assez effacé, donner sur ce point raison au cardinal Bellarmin. Quelques lignes plus haut, c'est une sorte de regret que Leibniz avait exprimé et presque un souhait que la Papauté reprît son empire : « Pendant plusieurs siècles, le Pape a exercé dans l'Occident, avec le consentement et l'applaudissement universel, une puissance assurément très étendue. Il y a même plusieurs hommes célèbres parmi les protestants qui ont cru qu'on pouvait laisser ce droit au Pape, et qu'il était utile à l'Eglise, si l'on retranchait quelques abus [2]. » Enfin, immédiatement après avoir parlé de Bellarmin et de Hobbes, Leibniz dit : « Effectivement, il est certain que celui qui a reçu une pleine puissance

---

1. *Leibnitii opera*, éd. Dutens, t. IV, partie III, p. 403. « Bellarmini argumenta, ex hypothesi spiritualis jurisdictionis temporalem saltem indirecte, ut vocant, inferentis, ne Hobbio quidem spernenda videntur. » La traduction française est celle des *Pensées de Leibniz*, par M. Emery, 1803, t. II, p. 406.

2. *Leibnitii opera*, loco citato, pp. 401-402. « Nec refert hoc loco, divino an humano jure habeat (primatum non ordinis tantum, sed quodammodo jurisdictionis, Pontifex Romanus), modo constet per multa secula, magno omnium consensu atque applausu, in Occidente potestatem sane maximam exercuisse. Et

de Dieu pour procurer le salut des âmes, a le pouvoir de réprimer la tyrannie et l'ambition des grands, qui font périr un si grand nombre d'âmes[1]. »

Plus que jamais dans le temps présent, il est « utile à l'Eglise », il est utile au monde que le Pape se mêle aux choses qui nous occupent et nous agitent, et qu'il s'en mêle ; ce ne sont plus les jeunes souverainetés qui ont besoin de lui pour se christianiser, ce sont les jeunes démocraties : elles aussi prétendent à l'empire, et à elles aussi il faut un guide, un modérateur. Ou plutôt c'est le monde moderne tout entier, la civilisation moderne tout entière qui, sans le Christ et sans le représentant du Christ, vont aux abîmes. Non, la Papauté n'a jamais pu être reléguée dans les palais apostoliques comme dans une sorte de sacristie ; les princes avec leurs légistes ont essayé de l'y enfermer, c'est vrai, et peu à peu, s'est formée à son égard cette idée qu'elle risquait, en sortant de sa réserve, de tout brouiller et de tout accaparer, qu'il fallait donc, pour le bien même de la religion, l'y retenir. Mais toutes les fois qu'il y a eu pour elle devoir de franchir ces barrières, elle les a franchies, au risque non pas de tout menacer, mais de se froisser et de se meurtrir elle-même, momentanément. Et voici qu'avec l'avènement des démocraties coïncide, pour parler le langage du comte de Maistre, « une nouvelle explosion de la puissance pontificale ». Que cela inquiète des politiques et des catholiques à

---

multorum egregiorum virorum ea fuit etiam apud Protestantes sententia, hoc jus Pontifici relinqui posse, Ecclesiæ utile esse, si abusus quidam tollantur. » Cf. t. IV, partie III, p. 229, et t. V, p. 65.

1. *Leibnitii opera*, loco citato, pp. 403-404. « Illud enim certum est, qui circa salutem animarum procurandam plenam a Deo potestatem habet, tyrannidem ambitionemque procerum coercere posse, quibus tot animæ pereunt. » *Pensées de Leibniz*, p. 407.

courte vue, c'est inévitable ; mais vraiment ce qu'il fau[t] craindre, ce n'est pas que Rome soit trop écoutée[,] c'est qu'elle ne le soit pas assez ; ce n'est pas qu'ell[e] triomphe trop, c'est qu'on lui résiste trop, et que cett[e] résistance l'empêche de mener à bonne fin ses grand[s] desseins.

Après tout, jamais rien de grand, dans l'Eglise comm[e] ailleurs, ne s'est fait sans rencontrer des résistances d[e] toutes sortes, et non seulement des résistances violente[s] et ennemies, mais de ces résistances inintelligente[s,] timides, venant d'amis qui trop souvent ne font pou[r] ainsi dire rien et qui s'effarouchent dès que quelqu[e] chose de hardi se fait. Aux époques où la Papauté a e[u] le plus d'influence et le plus de puissance, par un dessei[n] de la Providence, sans doute, sa marche n'a jamais ét[é] unie. Ne nous troublons pas de la voir entravée, mêm[e] par des fidèles. Mais craignons d'être de ceux qui l'en[-]travent, et remarquons, l'histoire en main, que d'u[n] autre côté, jamais la vie n'est plus intense dans la Chré[-]tienté que lorsque la Papauté est active et agissante[.] Si les Papes parlent haut et qu'ils gouvernent ave[c] force, l'initiative individuelle est non pas moindre mai[s] plus grande, et l'association, cette puissance que l'Eglis[e] a toujours encouragée, opère plus et mieux. Il n'y a pa[s] d'idée plus fausse que celle qui consiste à se représente[r] l'omnipotence papale comme courbant tout sous so[n] sceptre, j'allais dire sous sa faux, et étouffant tout[e] pensée et toute action. C'est une action vivante qu[e] celle de l'Église, vivante est l'action de la Papauté, e[t] elle suppose et entretient et développe la vie tout autou[r] d'elle. Elle ne se déploie pas dans un milieu inerte. Ell[e] emploie et dirige des énergies existantes, elle en réveill[e] de latentes, elle en peut susciter de nouvelles : jamai[s] elle ne fait tout toute seule.

On peut ne pas la comprendre. Il y a des faibles qui peuvent s'adresser à elle pour se dispenser d'agir et lui demander, ce semble, d'autoriser au nom de sa prudence leur mollesse. D'autre part, des brouillons et des intempérants peuvent se réclamer d'elle dans leurs excès. Qu'importe ? Son action, en définitive, est discrète et forte. Et si nous voulons qu'elle produise tous les effets souhaitables, aidons-la.

Joseph de Maistre parlait en 1819 « d'un mur d'airain que l'impiété, l'erreur, le préjugé et la malveillance avaient élevé entre le Père commun et nous [1] ». Si après Pie IX et sous Léon XIII, il reste encore quelque chose de ce mur, n'en prenons pas facilement notre parti. Considérons que tout est réuni aujourd'hui pour rendre à la fois plus nécessaire et, si je puis m'exprimer ainsi, plus recommandable l'action de la Papauté. Sans parler des qualités personnelles du Pontife, ce sont les circonstances qui lui font un devoir plus pressant d'étendre sur toute chose sa sollicitude, et les incroyants même ou les dissidents s'émeuvent, s'ébranlent, tout au moins regardent, écoutent. N'est-ce pas le moment d'oublier les sentiments particuliers et d'aller au principal ?

Qu'il me soit permis de citer encore Leibniz. Dans une lettre de 1697, il écrivait ceci :

« On trouve dans le monde plusieurs personnes bien intentionnées ; mais le mal est qu'elles ne s'entendent point et ne travaillent point de concert. S'il y avait moyen de trouver une espèce de glu pour les réunir, on ferait quelque chose. Le mal est souvent que les gens de bien ont quelques caprices ou opinions particulières, qui font qu'ils sont contraires entre eux... Il y a bien des personnes dont on pourrait profiter, si on pouvait

---

1. *Du Pape*, conclusion.

bannir l'esprit *sectaire*, qui consiste proprement dans cette prétention de vouloir que les autres se règlent sur nos maximes, au lieu qu'on se devrait contenter de voir qu'on aille au but principal [1]. »

Tout est à méditer dans ces réflexions et dans ces conseils. Les appliquant ici, je dirai : le Pape Léon XIII, avec l'autorité qui lui appartient, nous met sous les yeux le but principal. Voudrions-nous que, dans tous les détails, il se réglât selon nos maximes? Ne saurons-nous pas renoncer à nos opinions particulières, et, par notre action franche et dévouée, assurer le succès de l'œuvre? La mauvaise volonté de ceux qui y devraient coopérer fait plus que de l'entraver : elle peut la fausser ou la compromettre.

Le Pape proclame la *trêve de Dieu* et la *guerre sainte*, disais-je l'autre jour à des jeunes gens : la trêve de Dieu, car il nous demande de renoncer à toutes les querelles intestines inutiles ou funestes ; la guerre sainte, car il nous demande de faire tous nos efforts pour enrayer l'œuvre de *déchristianisation*. Répétons-le encore, notre démocratie, et plus généralement notre monde moderne a besoin du Pape pour *se christianiser*. Beaucoup, parmi les jeunes, paraissent le comprendre. Ils sont avec le vieux Pape dont la tête et le cœur sont si jeunes. C'est un bon signe.

Quand la pensée de Léon XIII sera plus et mieux comprise, quand elle sera suivie avec plus de courage, il y aura autour de nous plus de lumière, plus de vaillante patience, plus de généreuse ardeur, et le règne du Christ aura fait un progrès dans notre France et dans le monde.

23 mai 1895.

---

1. *Opera Leibnitii*, éd. Dutens, t. I, p. 740.

Note. Un philosophe éminent de l'Académie des Sciences Morales[1], en 1893, à la suite du livre de M. Ollé-Laprune : *Les Sources de la Paix intellectuelle,* écrivait à l'auteur la lettre suivante :

Je vous donne acte bien volontiers de tout le bien que vous avez dit de la philosophie. Mais j'ai peine à me contenter pour elle du second rang qu'après tout vous lui assignez.
L'autorité à laquelle vous voulez qu'elle se soumette pour l'essentiel est d'ailleurs (comme j'ai déjà eu occasion de vous l'écrire, sans que vous m'ayez répondu sur ce point) celle aujourd'hui d'un Homme, devant lequel l'Église a abdiqué. Saint Pierre lui-même a failli, et pratiquement (reniement) et spéculativement (lire saint Paul). . . . .
Mille amitiés.

La réponse que fit M. Ollé-Laprune développe sa conception de l'Église et de l'infaillibilité pontificale en des termes soigneusement précisés et longuement mûris, qui commentent et qui complètent avec une instructive lucidité les idées plus tard exposées dans la brochure : *Ce qu'on va chercher à Rome.*

Paris, 25 novembre 1893.

Monsieur,

Je vous adresse bien tardivement la réponse que je vous ai annoncée. Je n'ai pu, avant ce matin, trouver assez de loisir pour causer avec vous comme il convient de ce grand sujet.

1. M. Ravaisson.

Si je comprends bien votre pensée, Monsieur, vous admettez volontiers que le Christianisme a une vertu régénératrice très puissante et même incomparable. Mais l'autorité de l'Eglise vous inquiète, et surtout maintenant que cette autorité est « celle d'un homme devant lequel l'Eglise a abdiqué ». Ce sont vos propres paroles. « Or, ajoutez-vous, Pierre lui-même a failli, et pratiquement (reniement), et spéculativement (lire saint Paul). »

Oui, Pierre a failli, et même vous oubliez, Monsieur, une autre défaillance qui, celle-là, lui est commune avec les autres apôtres, mais qui n'en est pas moins chose grave : c'est son incrédulité après la Passion du Maître.

Il est remarquable que le reniement de Pierre soit prédit par Jésus au même endroit de l'Evangile où Jésus dit qu'il a prié pour que la foi de Pierre ne défaille point et où il ajoute que Pierre, converti, confirmera ses frères. Ego rogavi pro te, *pour Pierre, non à l'exclusion des autres, mais particulièrement et nommément,* ut non deficiat fides tua. *Et bientôt après :* Et tu aliquando conversus, confirma fratres tuos.

Ainsi dans la pensée du Maître, la prévision de la chute de Pierre n'empêche pas le privilège singulier qu'il lui octroie.

Après la Résurrection, Jésus reprochera à Pierre comme aux autres ses doutes, son incrédulité, mais, après lui avoir fait confesser par trois fois son amour, il lui confiera l'Eglise : Pais mes agneaux, pais mes brebis.

Et, de fait, partout dans l'Evangile, partout dans les Actes des Apôtres, Pierre parle, agit le premier. « Voyez, dit saint Jean Chrysostome, comme il se met partout à la tête et comme il agit dans cette sainte société comme en étant le chef. » Le « Tu es Petrus... » a tout son effet, malgré le reniement, malgré l'incrédulité après la mort sur la Croix et à la nouvelle de la Résurrection.

Arrivons au second point. Pierre, confirmé dans la foi et chargé d'y confirmer ses frères, est repris par Paul. Paul lui résiste en face, et s'en félicite; et l'Epître aux Galates, reçue et lue dans toute l'Eglise, est au nombre de ces écrits inspirés de Paul que Pierre lui-même a loués et recommandés.

Relisons l'Epître aux Galates : nous verrons que le jugement très sévère de Paul ne porte pas sur une décision doctrinale, mais sur la conduite tenue par Pierre dans une circonstance délicate.

« *Pierre, avant que quelques-uns vinssent d'auprès de Jacques, mangeait avec les Gentils ; après leur arrivée, il se retira, il se sépara des Gentils par crainte des circoncis.* »

Faiblesse, erreur de conduite, et pouvant avoir les suites les plus graves ; ajoutons vue fausse des choses, car Pierre semblait autoriser la prétention des judaïsants. Et Paul appelle cela dissimulation, en grec ὑπόκρισις. *Il dit que ce n'est pas marcher droit selon la vérité de l'Evangile. Il résiste à Pierre en face. Il reprend Pierre devant tout le monde.*

Il faut remarquer d'abord que Paul a une mission spéciale, qu'il tient du Christ lui-même, mission extraordinaire. Il faut remarquer ensuite que son blâme, si vif, ne porte pourtant atteinte ni à la primauté de Pierre, ni à l'infaillibilité doctrinale. N'eût-il point cette extraordinaire mission dont je viens de parler, il pourrait légitimement être en dissentiment avec Pierre sur ce point si grave, et le dire sans que l'infaillibilité doctrinale du chef de l'Eglise fût menacée : le ton aurait moins de hauteur sans doute, le blâme infligé à Pierre demeurerait possible et légitime.

Et vous pourrez lire, dans les Méditations sur l'Evangile (la Cène, Ire partie, 67e et 70e jours), les belles réflexions de Bossuet sur l'humilité de Pierre « *qui reçoit la correction de saint Paul avec une déférence qui ne sera jamais assez louée* ».

Passons maintenant aux successeurs de Pierre et à la notion de l'infaillibilité pontificale.

De ce qui précède, il suit :

1° Que l'infaillibilité n'est pas du tout l'impeccabilité ;

2° Que ce n'est pas non plus l'assurance donnée au Pape que sa conduite dans le gouvernement de l'Eglise sera toujours irrépréhensible.

Pierre a renié le Christ. Le successeur de Pierre peut pécher, et gravement ; il peut commettre des crimes ; il peut, comme homme, comme docteur privé, contredire le Christ, renier le

Christ. Ce dernier scandale n'entamerait pas plus l'infaillibilité que ne l'entament les crimes avérés de certains Papes. C'est à un acte doctrinal que l'infaillibilité est attachée ; l'infaillibilité n'est pas l'impeccabilité.

Pierre a mérité d'être repris par Paul. Le successeur de Pierre pourra, par faiblesse, de vue ou de caractère, faire fausse route dans le gouvernement de l'Eglise. Même il pourra, par des calculs ambitieux, ou par d'autres motifs inavouables, compromettre les vrais intérêts de l'Eglise. Il verra mal, il agira mal. Est-ce que cela va étonner, déconcerter notre foi ? Nullement. C'est une épreuve transitoire. Pourvu que l'on ne puisse trouver entachée d'erreur aucune décision dogmatique, c'est tout ce qu'il faut : ni la primauté ni l'infaillibilité ne sont atteintes.

Cette infaillibilité est très mal connue. On s'en fait des idées très fausses. On imagine le Pape décidant par inspiration, ou en vertu de je ne sais quelle révélation nouvelle. Et alors on se croit toujours sous le coup de quelque dogme nouveau. C'est une menace perpétuelle. Quelle façon étrange et erronée d'entendre l'infaillibilité ! Qu'on lise en pesant tous les mots la définition du Concile du Vatican : on verra que l'infaillibilité n'est rien de semblable. L'infaillibilité, qui n'est pas l'impeccabilité, qui n'est pas la sagesse toujours sûre dans la conduite et dans les vues, n'est pas non plus l'inspiration, ni aucune sorte de révélation.

Le Pape n'est pas un prophète. Le Pape n'est pas un Evangéliste ni rien qui ressemble aux auteurs inspirés des Livres Saints. Le Pape ne puise pas ses décisions dans des visions. Il n'entend pas des voix qui lui dictent ses sentences. Ni les définitions qu'il promulgue ni les décrets qu'il rend ne lui sont révélés d'en haut. Ce qui lui est promis, c'est l'assistance du Saint-Esprit.

Que faut-il entendre par là ? Le voici : il est préservé de toute erreur quand il parle, non comme théologien ou docteur privé, quelque savant qu'il puisse être, mais comme Pontife suprême, comme Pasteur et Docteur universel dans l'exercice de sa charge suprême ;

Quand, de plus, il parle d'un point de foi ou de morale ;

Et cela, non en manière de conseil ou d'avertissement, mais avec l'intention expresse et déclarée de mettre fin à une controverse, donc en juge qui décide, qui définit, et qui prononce en vue d'obliger les consciences ;

Quand enfin, quelle que soit d'ailleurs la forme qu'il emploie, celle d'une Encyclique ou celle d'un Bref adressé à une seule personne, il parle manifestement comme parlant à toute l'Eglise en définissant un point qui devra être admis de tous, admis de l'Eglise universelle.

Que ces caractères manquent, la parole du Pape garde une haute valeur, elle a un titre considérable à l'attention et au respect : elle n'est pas article de foi.

Dès lors, c'est bien un homme qui parle quand le Pape infaillible décide et définit ; mais il ne parle pas comme homme. Ni la foi n'est livrée au caprice, ni toute réflexion et toute étude préliminaire des questions ne sont supprimées. Toute la préparation de la définition, si je puis dire, est très humaine. Le privilège de l'infaillibilité consiste en ce que la définition est préservée d'erreur. Et de fait, les décisions doctrinales des plus mauvais Papes, de ceux du XI° siècle, de ceux du XV°, sont irréprochables.

C'est une chose admirable que ce fait : l'Eglise et le Pape qui en est le chef (le Pape ne pouvant être séparé de l'Eglise ni l'Eglise du Pape, non plus que la tête du corps ou le corps de la tête). Ce que je ne cesse d'admirer, c'est que l'Eglise soit à ce point humaine, étant divine, comme Jésus-Christ lui-même son Chef invisible et son Fondateur.

L'Eglise vit, elle se développe, elle a des défaillances, elle subit des éclipses. Elle se relève avec éclat. Notre siècle en a le spectacle. J'ai essayé, dans mes Sources, de montrer son intarissable puissance de renouvellement ; j'ai parlé des vêtements qu'elle use les uns après les autres, des divers états intellectuels et sociaux auxquels elle s'accommode, de la merveilleuse façon dont elle accommode à elle-même et transforme toutes choses. Ses misères mettent en relief sa divine vitalité. Ce qui devrait la tuer ne lui sert que d'épreuve, et d'épreuve salutaire : quand on la croit mourante ou morte, elle reparaît triomphante, elle éclate avec une nouvelle et souveraine beauté. C'est ce que nous voyons dans le temps présent.

A ne la considérer que comme un fait, n'est-ce pas le fait le plus remarquable que l'on puisse étudier ?

C'est le Christ se continuant, non le Christ Byzantin, étriqué, morne dans sa majesté raide, mais le Christ mêlé à notre vie, à notre histoire, qui fut, qui est vraiment l'un de nous, et, vraiment homme et vraiment Dieu, l'Homme-Dieu.

Ajoutons que l'infaillibilité du Pape n'est que l'infaillibilité de l'Eglise. Elle s'étend aux mêmes choses, elle a les mêmes caractères.

L'Eglise n'a pas abdiqué devant le Pape. Elle a, au Concile du Vatican, défini ce qui était implicitement dans la notion même de l'Eglise et du Chef de l'Eglise et qui s'était de plus en plus nettement dégagé par un développement légitime de cette idée elle-même. Le Pape et l'Eglise sont dans la relation où sont la tête et le corps. La définition du Concile du Vatican n'a pas innové, elle a précisé. Sa formule est la conséquence légitime du « Tu es Petrus », et si le Pape est ce qu'il est dans l'Eglise, c'est la faute du Christ, qui l'a investi par cette grande parole soutenue de tant d'autres paroles et de tant d'autres faits dans les Evangiles mêmes, l'a si authentiquement constitué « Pierre » comme le Chef de l'Eglise.

Ce n'est donc pas devant un homme que nous nous inclinons. C'est devant le chef de l'Eglise. Ce qui est fort différent.

Nous n'avons point à craindre de caprice. Les décisions doctrinales du Pape, non plus que celles de l'Eglise réunie en Concile universel, ne risquent point d'être arbitraires. Ni les unes ni les autres n'éclatent comme des fantaisies. Ni les unes ni les autres ne se produisent sans être précédées par des réflexions, des études, des débats. Ni les unes ni les autres n'ont la prétention de tout expliquer, de tout approfondir, de tout éclairer. Elles établissent que ceci est conforme à la foi, que cela y est contraire. Et c'est dans cette définition dogmatique, doctrinale, que l'Eglise, réunie en Concile général, ou le Pape, parlant comme Docteur universel, est préservé de l'erreur.

Sans ce magistère infaillible, nous avons la dispersion indéfinie, comme dans le protestantisme, ou l'immobilité stérile, comme dans le schisme grec.

Je conclus que c'est bien un homme qui parle quand le Pape infaillible décide et définit, mais il ne parle pas comme homme. J'ajoute que la préparation de la définition, si je puis dire, est humaine. La définition, par l'assistance du Saint-Esprit, en vertu de la promesse de Jésus-Christ, est préservée de toute erreur.

Et j'admire ici ce mélange de l'humain et du divin dans l'Eglise et dans le Pape comme dans Jésus-Christ lui-même, le Chef invisible et le Fondateur de l'Eglise.

L'Eglise vit.

Voilà bien de la théologie : il le fallait pour répondre à la question posée...

Léon OLLÉ-LAPRUNE.

II

ATTENTION ET COURAGE

M. Ollé-Laprune, à la fin d'octobre 1897, écrivit sous ce titre : *Attention et courage*, trois articles dans le *Patriote des Pyrénées*. La *Réforme Sociale*, de Paris, les reproduisit dans son numéro du 16 novembre. Ce bref opuscule nous paraît renfermer comme le testament politique et social de M. Ollé-Laprune ; il faut, pour le bien lire et le bien comprendre, se reporter aux circonstances politiques parmi lesquelles il fut écrit, aux raisons d'espérer que les catholiques y pouvaient trouver, et ce petit écrit, reporté ainsi dans son cadre naturel, apparaîtra comme une leçon vivante de la façon dont les catholiques doivent approprier leur action à toutes les contingences politiques et mettre leur bonne humeur et leur bon vouloir au niveau de toutes les vicissitudes et à la hauteur de toutes les éventualités.

Dans deux mois l'année 1897 sera bien près de s'achever, et dans trois ans un nouveau siècle aura commencé. Il y a vingt-sept ans depuis l'*année terrible*. Il y a vingt-sept ans aussi que la République dure. Avant une année, dans sept mois à peine, les élections générales auront eu lieu. Tout, ce semble, invite les gens honnêtes, ayant quelque gravité et quelque sérieux, à se recueillir pour entendre le sens de certains événements, pour en tirer certaines leçons. Il est bon de jeter un regard en arrière et un regard en avant. Il faut faire attention au passé, constater ce qui dans ce siècle a pris fin et ce qui commence et grandit ; il faut faire attention à l'avenir, voir les dangers qui menacent les ressources présentes, les vertus nécessaires, et, dans cette double considération du passé récent et de l'avenir prochain, puiser le courage de faire ce qui est à faire au moment actuel.

I

Le xix⁰ siècle a vu certaines choses finir. L'*Ancien Régime* a disparu : non pas certes les traditions de la vieille France, non pas son histoire, non pas non plus l'admiration reconnaissante pour les hommes ou les institutions qui ont procuré son unité, sa grandeur, son influence prépondérante dans le monde ; mais un certain état de choses qui avait eu sa raison d'être et qui l'avait perdue, qui avait eu ses avantages et ses bienfaits et dont les inconvénients, dans une décadence croissante et au milieu d'abus multipliés, semblaient subsister seuls. C'est cela qui est fini, et tellement que le regret de ce passé s'en va de plus en plus, et, avec le regret, l'espoir de le restaurer. Que l'on déplore certaines choses excellentes emportées par la secousse du siècle dernier ; que l'on montre qu'il serait bon de revenir à certaines pratiques d'autrefois ; que l'on rappelle surtout qu'il faut renouer le lien entre la France d'aujourd'hui et celle de jadis, non seulement par respect pour tout un héritage de gloire, mais parce qu'il faut se garder de l'illusion qu'aucune institution durable et efficace puisse s'improviser, sans racines dans le sol, dans le sang, dans l'âme de la nation. Rien de plus légitime, et c'est rendre service au pays comme c'est rendre hommage à la vérité que de parler ainsi. Mais nul ne voudrait, s'endormant ce soir au sein du régime actuel, se réveiller demain en 1750. Il y a donc bien là quelque chose de fini.

Finie aussi, ou près de finir, une certaine façon de considérer la Révolution comme une chose sacrée et intangible; d'en prétendre justifier tout en bloc, le jacobinisme comme le reste, et 1793 avec 1789; finie, ou du moins finissante, la superstition pour 89 même, où les esprits libres (Taine en est un illustre exemple) prennent l'habitude de choisir, discutant ceci ou cela, signalant des lacunes, des erreurs, des illusions, et n'encourant plus guère pour cette audace que de la part des énergumènes, ou des imbéciles, ou de quelques habiles encore *vieux jeu*, l'épithète de rétrogrades.

Fini du même coup, ou déclinant rapidement depuis ces dernières années, cet esprit bourgeois, qui confisquait au profit des héritiers du Tiers-Etat la Révolution et le régime moderne, prenait à l'égard de la démocratie grandissante des allures d'aristocratie, avec la générosité chevaleresque en moins, et prétendait que toute l'histoire du pays aboutissait à établir pour toujours au sommet ces parvenus.

Fini un certain esprit voltairien, compagnon ordinaire de cet esprit bourgeois : misérable reste du plus mauvais xviiie siècle, mélange d'étroitesse, de légèreté et de verve spirituelle; façon aisée, prompte de trancher les questions religieuses par une plaisanterie, de décocher sur les choses chrétiennes l'ironie, le sarcasme, la calomnie ailée, non toutefois sans appeler peureusement l'influence dite conservatrice de la religion au secours des intérêts menacés.

Fini encore ou finissant, parmi les catholiques et ailleurs, un vieil esprit de défiance à l'égard de Rome, reste de gallicanisme, de jansénisme, de parlementarisme, dont les pratiques tracassières, employées trop souvent en ce siècle par les gouvernements, jurent avec les tendances dites modernes, blessent le bon sens public, et ne trouvent de faveur qu'auprès des sectaires, à moins que parfois des royalistes aux abois ne paraissent en ressusciter la théorie pour s'en faire une arme contre la *Politique du Pape*.

Fini enfin, ou s'en allant graduellement, le vieil esprit de parti dont le trait caractéristique était de s'attacher à une étiquette et de prétendre l'imposer coûte que coûte. Par l'effet d'un certain scepticisme politique né de la fréquence des révolutions, mais aussi grâce à un progrès dans la notion de la justice et dans celle du bien public, les partis politiques perdent de leur prestige et de leur force. Certes il y en a toujours, et toujours il y en aura. Comme c'est chose humaine que d'avoir des vues partielles et des passions dont la tendance est d'être partiales, la division en partis est inévitable, et c'est d'ailleurs un stimulant par cela seul que c'est une occasion de lutte. Mais on incline de plus en plus à penser qu'au-dessus des partis politiques il y a la nation. La France persiste quand les gouvernements ou les ministères changent. L'intérêt supérieur de la France vaut bien la peine que des préférences même respectables lui soient sacrifiées. Et comme, d'autre part, le sentiment que personne ne doit réclamer de privilège est ancré chez tous, en sorte que, en tout ordre de choses, chaque groupe s'accoutume peu à peu à se faire sa place au soleil de la vie publique sans supprimer les autres, l'idée que le plus sûr est d'invoquer le régime commun, gagne lentement, mais sûre[ment], du terrain : c'est encore autant de perdu pou[r] l'esprit de parti dont l'essence est de dominer [et] d'exclure, et c'est un acheminement à une certain[e] concorde et à une certaine union.

Tout ce que je viens de déclarer fini ou finissant n[e] l'est pas toujours en fait : il l'est du moins dans l'opinion[.] Et ici il faut distinguer encore. Il y a une opinion qu[e] je nommerais volontiers descendante : elle est encor[e] bruyante, tapageuse, mais c'est le flot qui se retire[,] vieilles idées, vieilles pratiques, vieux préjugés, tou[t] cela s'en va; la vie n'est plus là, ni à vrai dire la faveu[r] publique. C'est un autre flot qui monte, et l'opinio[n] montante, celle qui apporte du nouveau, est celle q[ui] compte vraiment; bientôt, elle comptera seule. Auss[i] voyez la fortune changeante des mots en ces dernière[s] années. Comme ils passent vite ! Comme les partis le[s] usent en peu de temps, ou se les passent les uns au[x] autres ! Certains mots étaient des épouvantails : il[s] n'effraient plus ; certains autres avaient je ne sais quell[e] vertu rassurante : on ne s'y fie plus. *Catholique* e[t] *républicain* semblaient hurler d'être accouplés ensemble[;] grâce à Dieu, l'accord se fait. *Conservateur, modéré*[,] des mots si comme il faut, et en soi fort bons, sont e[n] baisse : certains abus les ont perdus. Le vieux *libéra-lisme*, celui que les Papes condamnaient, au scandal[e] de tant de braves gens, n'enivre plus personne. Pou[r] désigner la vraie façon d'entendre et de pratiquer l[a] liberté, il faut trouver d'autres termes. *Progressiste*[,] que les radicaux accaparaient, sort de leurs mains, s[e] fait bien venir d'esprits qui n'ont rien du tempéramen[t] révolutionnaire, et un cardinal de la sainte Eglise romaine a salué dans sa vieille cité de Reims, pendant

l'année du Centenaire de Clovis fêté par ses soins, un
« mouvement fécond et vraiment *progressiste* en faveur
des justes revendications des classes ouvrières [1] ».

Il y a donc aujourd'hui quelque chose de fini, de
bien fini, de mort pour ne plus renaître. Il y a des
illusions, des regrets, des espoirs, des défiances, des
peurs qui sont finies ; il y a des choses tombées dans
ce passé qui ne recommence pas ; il y a des formules
usées, démodées ; il y a des passions ou certaines
formes de passions éteintes ; il y a un certain esprit
qui ne souffle plus, ou dont le souffle n'a plus de
jeunesse ni d'énergie.

Il est bon de constater que ce qui est fini est fini.
Par là on épargne le temps, qui est court, et les forces,
qui sont limitées. On ne s'épuise ni à se battre contre
des fantômes ou des revenants, ni à essayer d'enrayer
des mouvements irrésistibles et victorieux. On réserve
sa clairvoyance à discerner les ennemis réels, on
s'emploie tout entier à aller droit à eux.

II

A l'heure qu'il est, la déchristianisation va croissant,
et avec elle la démoralisation. Le socialisme aussi
menace de plus en plus.

Voilà ce qu'il faut voir, et c'est là qu'il faut agir.

Ce n'est pas le progrès de la démocratie qui est
inquiétant. Cette marche en avant, commencée il y a

1. *Figaro* du 22 février 1896 (*interview* reproduite par les journaux religieux de Reims). Voir Georges Goyau, *Autour du Catholicisme social*, p. 210, Paris, Perrin, 1897.

des siècles, accélérée dans le nôtre, est un fait providentiel, comme le disait Tocqueville en un temps où il y avait quelque mérite à faire cette remarque. L'enrayer serait impossible, s'y résigner seulement est une lâcheté: il y a mieux à faire, il y a à l'accepter et à soumettre au Christ cette puissance bientôt triomphante. Or, la déchristianisation du peuple marche, elle aussi, et de plus en plus vite.

L'école sans Dieu réussit. Elle réussit tellement que, dans des milieux qui ne sont nullement chrétiens, on s'effraie du succès. M. Joseph Reinach, qui n'est pas suspect, écrit[1] que l'on méconnaît « cette vérité, pourtant historique et expérimentale, que l'école et l'église sont également nécessaires ». M. Fouillée, avec une clairvoyance et une franchise qui lui font honneur, signale la criminalité croissante dans la jeunesse, dans l'enfance même, et il n'hésite pas à dénoncer, avec des documents précis en main, l'école sans Dieu comme une des causes principales du mal[2]. Les couches populaires sont de plus en plus déchristianisées, et la démoralisation augmente.

De cette décadence des mœurs les signes abondent. Outre les crimes que les tribunaux atteignent, il y a, par exemple, la méconnaissance des lois essentielles de la famille, d'où cette décroissance de la natalité qui épouvante les publicistes et les politiques sérieux. La question de la dépopulation est à l'ordre du jour : elle est poignante, car le mal grandit dans des proportions qui passent les prévisions les plus alarmistes. Et, d'un autre côté, depuis que le divorce est inscrit dans la loi,

---

1. Dans une remarquable et courageuse brochure intitulée : *Histoire d'un idéal*, Paris, 1896.
2. *Revue des Deux Mondes* du 15 janvier 1897: *Les Jeunes criminels, l'École et la Presse*, par Alfred Fouillée.

la loi coopère à désorganiser la famille. C'est avec une rapidité déplorable que le divorce se multiplie : il entre dans les mœurs.

A ces maux de diverses sortes, tous formidables, ajoutez l'alcoolisme, et donnez-vous le spectacle de ces vices destructeurs de toute générosité, de toute vie noble, pénétrant dans la moelle même du peuple, atteignant l'âme, y faussant tout, et finissant par introduire jusque dans le sang et aux sources mêmes de la génération un germe corrupteur et mortel. Et puis étonnez-vous que, par suite de cette affreuse coalition d'influences délétères, avec l'ignorance du Christianisme qui s'épaissit chaque jour, avec l'indifférence qui s'étend, avec l'hostilité déclarée qui se propage, fortifiée de tous les mauvais instincts, de tous les appétits grossiers, et de toutes les misères les plus diverses, étonnez-vous que la nation paraisse profondément malade, et presque sans remède.

Le socialisme trouve là un terrain bien préparé, un milieu favorable. Il est fait d'idées fausses, d'appétits inassouvis, de rancunes contre la société lentement amoncelées, de principes de justice aussi, principes incomplètement saisis et mal interprétés. Otez le Christianisme : qu'avez-vous de vraiment efficace pour combattre le socialisme? Rien. Et pourquoi? Parce que vous ne savez plus discerner, vous n'osez plus dévoiler et libérer, si je puis dire, « l'âme de vérité » que le socialisme contient. Or, le socialisme attire et séduit et fascine.

Il offre à certaines âmes je ne sais quel idéal décevant ; il promet à certains appétits une satisfaction palpable ; il fournit à certains charlatans et intrigants des formules commodes, des réclames magiques. C'est un danger public et grandissant. Bien aveugle qui ne le voit pas. Et voilà que, sous cette influence mêlée de beaucoup d'autres, l'idée de patrie est entamée : nous voyons des hommes qui se vantent d'être des *sans-patrie*. Ils n'obtiennent pas la faveur publique ; mais, moins qu'autrefois ils soulèvent le mépris et la colère. S'ils ne forment eux-mêmes qu'un ramassis mal famé, il se trouve des *lettrés*, des raffinés, des délicats pour découvrir qu'après tout leur crime n'est pas si noir, et que l'idée de patrie ne résiste pas à l'analyse : elle est, elle aussi, une vieille superstition destinée à disparaître comme toutes les autres [1].

Voilà les périls. Voilà les nouveautés redoutables qui s'annoncent, se préparent, commencent, ou même déjà ont de la force. Attention à tout cela ! Attention aux dangers qui nous menacent, dirai-je bien haut, comme tout à l'heure je disais : Attention aux choses finies dont le décès est déclaré et enregistré !

III

J'ajoute immédiatement : Courage !
Courage ! car, d'abord, en présence de tant de maux, j'aperçois des ressources, des ressources nouvelles,

---

[1]. De crainte que les lecteurs de 1901, hantés par le souvenir d'une crise encore présente à tous les esprits, n'attribuent à ces lignes un caractère de polémique, nous leur rappelons qu'elles étaient écrites dès 1897. (*Note des Éditeurs*.)

qui sont variées, puissantes. Il faut les voir et les employer.

L'œuvre de déchristianisation se fait au nom de la *science* et de la *critique*. Hommes de sens, hommes honnêtes, chrétiens, catholiques, accueillons et pratiquons, selon notre mesure et selon nos moyens, la science et la critique. Ni l'une ni l'autre n'ont rien en soi de contraire à la vérité morale, à la vérité chrétienne. Que la tête pensante de notre France se rechristianise, non en se désintéressant de la science et de la critique, mais en s'y appliquant et en y excellant, et peu à peu la nation tout entière redeviendra chrétienne.

Ce n'est pas l'école qui est un mal, c'est l'école sans Dieu, c'est l'école sans le Christ. Jouffroy, après la promulgation de la loi de 1833 sur les écoles primaires, écrivait : « Sans la religion il n'y a pas d'éducation morale possible, et la religion doit être l'âme des écoles normales » destinées à former les instituteurs[1]. Depuis Jouffroy on a fait bien du chemin en sens inverse. Les passions sectaires ont égaré l'opinion publique ; mais l'opinion publique s'alarme, nous l'avons vu tout à l'heure : c'est quelque chose. Aux gens sensés de la rassurer, non par des équivoques, mais en montrant d'abord, par des réalités certaines, puisque la loi nous donne la liberté d'en produire, ce que doit être l'école, l'école avec Dieu et le Christ, et puis en faisant voir, avec calme, mais avec résolution (cela s'est vu ici-même[2]), que la loi scolaire elle-même peut être améliorée, et comment.

Ainsi pour tout le reste. Au socialisme, vous n'arra-

---

1. Rapport à l'Académie des Sciences morales et politiques sur le concours relatif aux écoles normales primaires, 13 juin 1840.
2. A Pau.

cherez point, disais-je tout à l'heure, les masses trompées ni les âmes généreuses séduites, si vous ne dites très haut que dans le socialisme il y a au fond quelque vérité dont précisément il abuse. Mais comment signalerez-vous sûrement cette part de vérité sans le Christianisme ? Aux hommes sensés donc de montrer ce que le Christianisme peut contre le socialisme, parce que le Christianisme contient en soi tout ce qui, étant fondé et sain, prête au socialisme une apparence solide et attirante. Pensons-y : *socialisme*, en soi, selon la force étymologique du mot, s'oppose exactement à *individualisme*. Or, les principes chrétiens qui établissent le prix de la *Personne*, de cet être moral que Dieu nomme par son nom et appelle à une destinée immortelle, combattent en même temps l'individualisme comme contraire à l'ordre des choses et favorable à l'égoïsme ; d'autre part, ces mêmes principes chrétiens, qui combattent l'absolue omnipotence de l'État comme attentatoire à la dignité de la personne humaine non moins qu'à la souveraineté de Dieu, établissent, du même coup, qu'il faut laisser l'homme dans l'ordre social, dans le système social, sans permettre à l'individu de se détacher, de s'isoler du tout, et sans méconnaître jamais le rôle indispensable de la justice et de la charité dans les rapports des hommes entre eux. Rien donc qui ait plus d'affinité avec le Christianisme que le socialisme, si le mot avait gardé son sens étymologique et si l'abus qui s'en est fait n'en interdisait pas l'emploi ; et rien de plus propre par cela même à combattre le socialisme que le Christianisme, puisque seul le Christianisme (qu'on me permette de répéter cela à satiété) lui ôte son attrait et sa puissance en proclamant, en sauvegardant ce que le socialisme promet de faire valoir et de faire triompher : la *justice*.

Ainsi, pour généraliser, c'est une ressource merveilleuse que les puissances mêmes ou les passions du temps présent mettent à notre disposition. Nous pouvons, nous devons « prendre toutes les inspirations du génie moderne, en fait de science, de mouvement social, de politique, de religion (autant de forces dont on abuse maintenant contre la bonne cause), et les transformer toutes en moyen de défense et d'universel triomphe pour l'Eglise[1] ».

Ce n'est plus moi qui parle : ces mots sont d'un admirable Américain, né en 1819, mort en 1888, le Père Hecker, un saint, un homme dont Pie IX disait : « Ses impulsions sont grandes, nobles, universelles, » et dont un protestant, James Parton, écrivait : « C'est un *gentleman*... » Oui, voilà la ressource, née du danger même, que Dieu offre à notre clairvoyance et à notre courage : à nous, pour reproduire encore le langage de Hecker, à nous de « mettre d'accord la foi la plus ardente avec tout ce qu'il y a de bon et de vrai dans les éléments qui sont aujourd'hui opposés à l'Eglise ». Par là, nous ferons pour la société, pour notre France, en même temps que pour l'Eglise, ce que l'heure présente indique et réclame : là est la vérité, là est le salut.

---

[1]. *Le Père Hecker*, par le P. Elliott, Paris, Lecoffre, 1897, p. 398. — M. Ollé-Laprune, on le voit, mettait en relief, dans cette retentissante biographie du P. Hecker, les maximes vraiment indiscutables, — les mêmes qui devaient, quelque temps après, recevoir l'approbation pontificale. Il faut rapprocher de ce passage de M. Ollé-Laprune la lettre de Léon XIII à Son Eminence le cardinal Gibbons sur l'*Américanisme*. (*Note des Éditeurs.*)

IV

Courage donc, pour employer ces ressources. Il nous faut, en des temps nouveaux à certains égards, des vertus nouvelles ou plutôt des formes nouvelles des anciennes vertus. Dieu aidant, ayons-les.

Il faut que chacun paie de sa personne. C'est clair. Il faut que chacun soit un homme pleinement homme, et agisse en homme. Il faut de la virilité : il en faut dans l'esprit, dans le cœur, dans le caractère, dans la conduite. Il faut oser voir, oser agir. Il faut sortir de l'ornière, surmonter la routine, et, en toute chose, aller à ce qui est le fond, l'essentiel, le point vital. La paresse s'accommode de gémir sur le malheur des temps et d'invoquer des sauveurs qui apportent le salut tout fait. La virilité consiste à voir le mal et, l'ayant vu, à se dire et à dire qu'il faut tâcher d'y remédier. Quand on est vraiment un homme, on prend dans le présent les choses comme elles sont, et l'on travaille à ce qu'elles soient, dans l'avenir, un peu plus comme elles doivent être. On ne s'étonne point, on ne se trouble point d'avoir beaucoup à faire ; selon une excellente parole de Montalembert que je ne me lasse pas de répéter en toute occasion, on n'admet pas « d'être soupçonné de ne pas accepter les conditions d'une époque militante ».

Et l'on n'use pas sa force dans des plans d'universelle réforme : on met la main à l'œuvre là où l'on est, dans sa sphère, dans son coin, dans son village. On fait là ce qui est à faire ; on dit ce qui est à dire. On réforme, on améliore ce que l'on peut. On éclaire et encourage qui l'on coudoie. On dénonce ce mal, on signale cet abus, on remédie à cette misère. On apprend aux gens à user de ce droit. On leur rappelle ce devoir civique. On groupe les bonnes volontés. On n'ambitionne ni pour soi ni pour ses amis le monopole du bien. On a des vues nettes et vraiment larges parce qu'elles sont nettes. Ayant des principes, on ne se perd pas dans de mesquines questions de personnes. On ne transige point quand les principes sont en cause, on ne diminue aucune vérité, mais on en appelle à tous les esprits sensés, à tout ce qu'il y a d'honnêtes gens, et l'on sait que parmi ceux qui ne sont encore que sur le chemin de la vérité, il peut y avoir de généreux désirs et de vaillantes volontés qu'il faut employer. C'est souvent le meilleur moyen de les acheminer à la vérité complète.

Ainsi se forme une sorte de ligue du bien public ; et ainsi, en travaillant, en opérant sur ce que l'on a en quelque sorte sous la main, on fait, dans sa mesure, à sa place, une œuvre sociale : on contribue à refaire des esprits droits et des âmes fortes ; on prépare en même temps l'apaisement, le vrai, celui qui n'est pas fondé sur l'équivoque, ni sur une faiblesse quelconque, ni sur l'abandon d'une parcelle, fût-elle minime, de vérité et de justice, mais qui, tout au contraire, vient de cette netteté des idées qui est le courage de l'esprit, et de cette droiture, de cette probité, de cette loyauté sans peur et sans reproche, de ce désintéressement enfin et de cette cordialité vraie qui dissipent les malentendus, simplifient les questions, rapprochent les intelligences en rejoignant les cœurs.

Si l'on est sur un plus grand théâtre, on fait de même sur ce plus grand théâtre. Que beaucoup d'hommes, comme le demande Léon XIII avec une insistance qui n'a d'égale que l'autorité d'une si haute parole, comme le réclame de plus en plus le bon sens public et l'état de la France d'aujourd'hui, que beaucoup d'hommes aient cette clairvoyance (tout nous aide à l'avoir), qu'ils aient cette droiture, cette initiative, cette volonté d'agir simplement, avec précision et décision, en associant à leur effort les autres bons vouloirs rencontrés par eux et par eux stimulés, animés, entretenus : et de ce temps présent, qui a ses misères et ses dangers mais aussi ses grandeurs et d'inappréciables ressources, il sortira un avenir meilleur, plus sain, plus stable, plus pacifique, vraiment fécond, et qui sait?... peut-être radieux.

Attention donc, et courage! Attention à ce qui est fini, pour n'y plus revenir; attention au danger pour y parer, aux ressources pour les employer. Et courage! Courage pour faire ce qui est à faire, virilement, avec toutes les fortes vertus qu'exige une époque militante! Courage pour avancer soi-même et faire avancer le monde dans la vérité et dans la justice!

ÉPILOGUE

OMNIA INSTAURARE IN CHRISTO

(Extraits des cahiers manuscrits de M. Ollé-Laprune.)

I

QU'EST-CE QU'ÊTRE CHRÉTIEN?

Le Chrétien est celui qui est baptisé, et qui croit et confesse la doctrine que Jésus-Christ a enseignée.

Je suis Chrétien, par la grâce de Dieu.

C'est un don de Dieu, et le plus grand de tous les dons, d'être Chrétien.

Est-ce que je sais bien ce que c'est qu'être Chrétien? est-ce que j'y pense?

Être baptisé;

Croire la doctrine de Jésus-Christ;

La confesser.

Est-ce que je vis comme il convient à un baptisé?

Est-ce que la doctrine de Jésus-Christ est ma règle? est-ce elle qui donne pour ainsi dire la forme à mes pensées, à mes sentiments et à mes affections, à mes paroles, à mes actions ?

Le baptême implique dépouillement et revêtement.
Dépouiller le vieil homme ;
Revêtir l'homme nouveau ;
Christianus, alter Christus ;
L'esprit de Jésus-Christ ;
Le renoncement : *Abnega temet ipsum ;*
La patience : Porter la croix ;
La charité : Aimer jusqu'au sacrifice, jusqu'à la mort : se donner, se dévouer ;
Avoir Dieu en vue.

En quoi le Chrétien est un homme singulier, *singularis*, à part ; séparé, comme tout ce qui est saint, sacré, consacré à Dieu.

Et comment néanmoins ce n'est pas un énergumène.
La folie de la croix.

Et avec cela élévation, perfection de la nature vraie, de la raison droite et saine.

Le Chrétien est un homme parfait, et pour cela surnaturellement guéri, ramené à la santé primitive, et puis surnaturellement élevé au-dessus de la perfection humaine elle-même : déifié, peut-on dire.

Aujourd'hui plus que jamais, il est utile, il est nécessaire de méditer cela.

Les engagements du baptême renouvelés au moment de la première communion.

Les renouveler encore à toutes les époques solennelles de la vie.

Les renouveler toutes les fois que l'on sent l'oubli, l'inattention, l'indifférence, les menacer.

Ce n'est pas assez d'être Chrétien par habitude, par sentiment. Je veux l'être dans la lumière, avec réflexion, par choix. Je veux bien penser à ce que je suis, le bien voir, m'en bien pénétrer. Rappeler les principes, les méditer, les approfondir, et puis en tirer les conséquences.

Commençons, avec la grâce de Dieu.

II

L'ESPRIT CHRÉTIEN

Je suis Chrétien.

1° Je crois que ceci est *absolument* : Dieu créateur, Incarnation et Rédemption, Eglise infaillible, vie éternelle.

Des dogmes positifs, des faits. Pas des suppositions, des conjectures, des hypothèses, des théories. Des vérités, des faits, τὸ ὅτι.

Jésus *raconte* ce qu'il voit dans le sein de son Père.

Jésus *révèle* les secrets, quelque chose des secrets divins.

Ce caractère *absolu* de l'affirmation chrétienne, ce caractère *positif* de vérités concernant des choses d'au-delà, — c'est très remarquable, et c'est en opposition avec les tendances de ce que l'on nomme l'esprit moderne.

(Expliquer comment en même temps il y a actuellement préoccupation, inquiétude au sujet de la religion.)

2° Le Christianisme nous donne des nouvelles du monde d'en haut. (C'est déjà au numéro 1, mais n'y a-t-il pas lieu de le mettre et étudier à part, le numéro 1 portant proprement sur le caractère *absolu*?)

3° Le Christianisme nous tourne vers le monde d'en haut, il nous montre comme le terme, nous y achemine, y achemine nos efforts et nos désirs.

Non habemus hic manentem civitatem.

4° Le Christianisme prêche le renoncement ;
la pénitence ;
la patience, et même l'amour des souffrances ;
la mortification ;
le sacrifice ;
l'abnégation ;
l'humilité et la simplicité : les petits, Evangile de la fête de saint Mathias.

Ce que c'est que la *charité*, amour de Dieu par-dessus toutes choses et du prochain pour l'amour de Dieu.

Comment elle implique l'abnégation de soi, le renoncement à soi.

Comment ces quatres points se tiennent.

Comment c'est énerver le Christianisme que de les négliger ou même d'en négliger un seul : ainsi zèle, activité, être un homme d'œuvres, et n'avoir pas l'esprit de renoncement.

Mais comment tout cela rend le Christianisme *sévère* sans rien des exagérations jansénistes.

. . . .

C'est de l'esprit du Christianisme que je veux me pénétrer.

La lettre tue, et l'esprit vivifie.

Ne nous en tenons pas à la lettre, entrons dans l'esprit et pénétrons-nous de l'esprit. Tâchons de comprendre, d'aimer, de pratiquer.

Jésus-Christ incarné, Jésus-Christ crucifié : voilà le fond du Christianisme.

Le royaume de Dieu et sa justice, c'est ce qui prime tout.

Les choses de Dieu cachées aux superbes, aux sages et aux prudents, dévoilées aux petits et aux simples.

La pénitence, un changement du cœur et de la volonté, qui détourne de la terre et tourne vers le ciel. D'où la mortification, le sacrifice, la souffrance acceptée, cherchée même.

Chrétien, disciple de Jésus-Christ, ami de Jésus-Christ, frère de Jésus-Christ, membre de Jésus-Christ, je dois avoir les mêmes pensées, les mêmes sentiments, les mêmes volontés que Jésus-Christ.

C'est ce que Jésus-Christ appelle le royaume de Dieu qui doit primer tout dans mon esprit et dans mon cœur. C'est là ce que je dois avoir en vue, c'est là où je dois aspirer.

Voyons bien ce que c'est que ce royaume de Dieu.

Dieu vérité éternelle, Dieu saint, Dieu mon créateur : principe de toute lumière, de tout bien, de toute vie, fin de tout. L'ordre de la grâce. Le péché et la Rédemption. Ce que Jésus-Christ vient faire en ce monde : Rendre témoignage à la vérité, raconter ce qu'il voit dans le sein de son Père, apporter la lumière et la vie, détruire l'obstacle qui est le péché, unir l'homme à Dieu, le rendre capable d'entrer en possession de Dieu même dans le ciel, ce qui est la vie éternelle.

Tout cela, c'est le royaume de Dieu et sa justice. C'est ce qui prime tout pour Jésus-Christ, c'est ce qui doit tout primer pour moi.

Comment recevoir ces nouvelles que Jésus-Christ nous apporte de ce monde d'en haut où nous devons placer nos pensées et nos affections ?

Il faut, dans l'esprit, une humble simplicité.

Il faut, dans la volonté, une généreuse conversion, μετάνοια.

« Je vous rends grâces, ô Père, de ce que vous avez

caché ces choses aux sages et aux prudents, et de ce que vous les avez révélées aux humbles, aux simples, aux petits. »

Et puis, ces étonnantes paroles : Les publicains, les femmes de mauvaise vie entreront avant les pharisiens.

Apparent scandale. Expliquer, approfondir cela.

Cette simplicité, qui est un des caractères essentiels de l'esprit chrétien.

Que ce n'est canoniser ni l'ignorance ni la niaiserie ni la sottise.

Notion vraie et juste de cette simplicité qui est humilité (expliquer l'humilité), droiture, généreuse confiance. Et simplicité dit encore quelque chose de plus, qu'il faut expliquer : ce n'est pas double, ce n'est pas compliqué, pas de replis ni de détours : tout ouvert, sincérité et franchise absolue.

Et dans tout le reste de la vie devront se retrouver ces caractères que nous trouvons au début de la vie chrétienne, dans cette relation fondamentale avec Dieu auteur du salut, par Jésus-Christ le médiateur qui apporte « la bonne nouvelle » et réclame notre « foi ».

La seconde chose que Jésus-Christ demande, c'est la conversion, μετάνοια.

Il faut un retournement du cœur et de la volonté : se détacher de la terre, et s'attacher à Dieu ; se détacher du sensible, et s'attacher au spirituel ; se détacher du péché, et s'attacher à la justice.

Pœnitemini, faites pénitence, car le royaume de Dieu approche.

Ce sont les premiers mots.

C'est par là que commence la prédication de l'Evangile.

Ce retournement est douloureux. Pourquoi.

Il faut détruire le péché qui est devenu comme une nature pour le pécheur, il faut renoncer à une certaine forme de vie, à un certain principe de vie. Il faut mourir.

Et il faut rentrer dans l'ordre par la souffrance et la mort.

Nécessité de l'expiation.

Nécessité du sacrifice, — qui aurait encore sa raison d'être profonde sans le péché même, raison fondée sur la nature du fini et sur l'essence de l'Infini.

Jésus-Christ souffrant et mourant : obéissant jusqu'à la mort, et à la mort même de la croix.

Conversion, pénitence, expiation, mortification, sacrifice, tout cela est de l'essence de la vie chrétienne. Vue chrétienne de la souffrance et de la mort.

Et c'est de tous les moments.

Le renoncement, principe fondamental de toute la vie chrétienne.

Me voilà donc ayant pour objet le royaume de Dieu et sa justice, le ciel et non plus la terre. *Quæ sursum sunt sapite... quærite. Non habemus hic manentem civitatem.*

Recevant avec une humble simplicité les nouvelles que Jésus m'apporte de ce royaume céleste, la bonne nouvelle.

Faisant un douloureux mais salutaire effort pour me détacher du péché par la conversion et la pénitence, pour l'expier et le réparer par la souffrance, par la mortification, pour en prévenir le retour par la vigilance, par la sévérité et austérité d'une vie pénitente et mortifiée.

Tout cela c'est déjà le renoncement à soi, et mourir pour vivre. En union avec le sacrifice de Jésus-Christ.

Loi fondamentale : le renoncement.
Abnega temetipsum.
Et ces paroles précises, *décisives :*
Non dignus est me;
Non potest meus esse discipulus.

Et la réponse aux enfants de Zébédée ; et l'annonce de la Passion aux apôtres, en saint Luc particulièrement.

Le renoncement impliqué dans la charité chrétienne.
Le renoncement, secret de la liberté chrétienne ; principe de vie.
Toutes les vertus chrétiennes le supposent :
Notamment l'humilité ;
la chasteté ;
la pauvreté ;
la patience ;
la douceur ;
la bonté ;
la *générosité : Adveniat regnum tuum, fiat voluntas tua ;*
le zèle.
Voilà bien l'esprit chrétien.
Dieu préféré à tout, primant tout, restaurant son amour dans l'âme régénérée et restaurant ainsi tout ordre en union avec le sacrifice de Jésus-Christ, et alors *regnum tuum, voluntas tua.*
Voilà exposées dans leur suite ces vérités. Et belles, resplendissantes.

Opposition qu'elles rencontrent en nous.
L'esprit du monde opposé à l'esprit de Dieu.
Objections spécieuses.

La vie chrétienne semble détruire l'œuvre même de Dieu, *tollit naturam*, ce semble, dit-on.

Reprendre point par point.

Réponse et conciliation dans la vérité.

Contrarier la nature, en quoi, pourquoi, mais cela va à la vie.

Non tollit, sed reparat, perficit, auget.

Reprendre encore point par point.

Les belles considérations de saint Thomas d'Aquin sur la magnanimité, etc.

Les conséquences pratiques.
Rigorisme et le contraire ;
Préceptes et Conseils ;
Le monde ;
La richesse ;
Le luxe ;
Les pauvres ;
L'organisation de la maison ;
Les lectures ;
L'emploi du temps ;
Chrétien au milieu de ce *paganismus redivivus ;*
L'Ecriture Sainte ;
La Théologie ;
Chrétiens petits, chrétiens médiocres, grands chrétiens.

. . . .
. . . .

Serez-vous Chrétien ou non? Vous l'êtes par le Baptême ; vous l'avez été par la pratique jusque dans ces derniers temps. Le redeviendrez-vous?

Telle est la question que vous vous posez.

Quelles ont été vos raisons de vous détacher du Christianisme ou plutôt de le laisser insensiblement diminuer en vous, et comme se retirer et s'évanouir ?

Vous n'avez rien contre lui, je veux dire contre ses dogmes, ses préceptes, etc... Mais c'est son principe même qui vous arrête : faut-il, oui ou non, pour la vie morale, se soumettre à une religion, à une religion révélée et positive ?

III

LA FOI DU CHRÉTIEN

11 novembre.

Chrétien, je ne puis avoir le moindre doute sur les vérités dites de foi. Ce qui est vrai est vrai sans restriction, sans réserve, vrai tout court, simplement, absolument.

Quand je considère un dogme, je considère une proposition qui s'impose à mon esprit tout entière, avec une inflexible rigueur. Cela est ainsi, il n'y a pas à discuter. Une fois l'énoncé entendu et saisi, il n'y a qu'à admettre ce qui y est contenu. Essaierai-je de le torturer pour y trouver autre chose que ce que l'Eglise y met? Dès lors je détruis le dogme en prétendant l'accommoder à mes vues au lieu de m'assujettir à lui.

Dieu est Père, Fils et Saint-Esprit. C'est ainsi. Trois personnes en un seul Dieu. C'est ainsi. Je ne comprends pas? On ne me demande pas de comprendre. Peut-être est-ce une façon de dire, une sorte d'allégorie? Non, c'est littéralement vrai. Trois personnes, distinctes, mais égales, consubstantielles, une seule et même divinité. Voilà le mystère. Pour l'admettre plus commodément, je ne puis ni l'affaiblir ni le tourner à ma

mode. Il me faut le prendre comme il m'est donné.
C'est chose absolument vraie.

Et je ne puis me réfugier dans ce que certaines philosophies nomment l'idée par opposition à la réalité.
L'objet de ce mystère, ce n'est pas une pure idée.
C'est une réalité. Le dogme ne présente pas à mon esprit une conception idéale, à la façon d'une conception mathématique, rigoureusement vraie, sans doute, mais non réelle. Ce n'est pas l'expression de rapports qui pourraient être sans objet; ce n'est pas une construction, une création de ma pensée selon les lois essentielles et constitutives de la pensée. C'est entièrement, dans tous les sens et de toutes les manières, que l'objet du dogme est indépendant de la pensée : celle-ci le contemple; elle ne le fait aucunement. Elle le reçoit, il est avant elle, il est sans elle, et encore une fois, non seulement à titre de principe idéal, mais en tant que chose réelle. Ce que les philosophes contemporains nomment *réalité objective* appartient, dans toute la force du terme, à la vérité que le dogme énonce, à la chose dont il affirme l'existence.

Ainsi le Chrétien donne sa foi à la vérité absolue et pour lui la vérité absolue a dans l'existence réelle son fondement : il y a pour lui, absolument parlant, des choses existantes.

. . . .

Lundi, 25 mars 1895.

Il ne faut, ni penser, ni parler, ni agir comme si le Christ n'était pas venu;

Jamais comme si le monde n'était pas malade et que Jésus-Christ n'eût pas apporté le salut;

Jamais comme si le Sauveur était venu en vain.

C'est pourtant ce que ferait un Chrétien qui mettrait sa foi dans sa poche et qui, pour philosopher ou pour traiter théoriquement ou pratiquement les questions dites sociales, se tiendrait continûment, systématiquement, en dehors de la doctrine du Christ, se gardant (et encore!) de la contredire, mais la dissimulant et d'ailleurs n'en usant jamais là où elle dépasse la raison.

Je le ferai, ce petit traité de la foi, qui est le complément nécessaire de mes *Sources de la Paix intellectuelle*.

Un fait patent, singulier, incomparable, unique : l'existence de l'Eglise. Ἐξουσίαν ἔχων, οὐχ ὡς οἱ γραμματεῖς. Cela, vrai du Christ : c'est vrai de l'Eglise. Partir de là.

Montrer ce qu'une raison droite doit faire de ce fait.

Montrer ensuite en quoi consiste l'acte de foi ; en quel sens, volontaire, en quel sens, don de la grâce.

Comment il n'exclut pas la raison, comment il ne la heurte pas, encore que dans le trésor de la foi il y ait des choses qui étonnent la raison et la passent.

La simplicité de cœur. *Confiteor tibi, Pater... parvulis revelasti*. Les publicains et les femmes de mauvaise vie vous précéderont dans le royaume de Dieu.

Il faudra aussi que je fasse un petit traité sur le rôle de la Philosophie dans le relèvement des esprits. La tâche des petits, des médiocres, des modestes : pas petite ni médiocre : élucider notions et faits.

Une première philosophie, où je voudrais que tous les esprits, même positivistes, fussent d'accord avec moi.

Une seconde philosophie, où je voudrais que quiconque admet quelque chose d'idéal, me donnât raison.

Et je monterais peu à peu. J'arriverais au théisme. J'arriverais à la philosophie chrétienne, œuvre de raison, mais d'une raison purifiée, guérie, fortifiée, soutenue, capable alors d'aller au bout d'elle-même, et enfin de se dépasser, ce qui n'est pas se mettre hors de toute raison, mais reconnaître par raison qu'il y a une Raison supérieure à la nôtre.

. . . .
. . . .

Mardi de la Pentecôte, 8 juin 1897.

Je crois, *Credo*.

Chrétien, disciple et sectateur du Christ, je tiens pour vraie et je professe une doctrine qui n'est point l'ouvrage de mon esprit mais qui m'est transmise et que je reçois comme étant la doctrine même du Christ.

Je dois adhérer à cette doctrine et j'y adhère de tout mon esprit et de toute mon âme, par un acte qui est mien, par un acte personnel : c'est bien moi qui crois, et je crois, non de bouche, mais de cœur. Mais la doctrine elle-même n'est en rien une découverte de mon esprit. Elle m'est enseignée. Je m'applique à en saisir les termes, je n'en suis à aucun degré l'inventeur.

Je la trouve, autour de moi, reconnue et professée par des hommes qui n'en sont pas plus que moi les auteurs : comme moi ils la reçoivent transmise et enseignée ; comme moi ils ont à tâcher de la saisir et de s'en pénétrer ; comme moi ils ont à dire et ils disent : Je crois.

Nous ne sommes ni eux ni moi à l'école d'un philosophe qui nous propose ses idées et qui nous invite à avoir nous-mêmes des idées qui soient nôtres.

L'objet à croire nous est proposé avec obligation de l'admettre sans examen d'où dépende la créance.

Et cela est souverainement raisonnable : car c'est de la part de Dieu que nous sont dites les choses qui nous sont dites ; et contre l'autorité de Dieu il n'y a rien à chercher.

La « Bonne Nouvelle » qui nous est apportée n'a point à être discutée pour être reçue. Il n'y a qu'à la discerner des autres nouvelles qui sont débitées dans le monde.

C'est l'Église qui l'apporte, et l'Église a des signes éclatants qui la distinguent de tout le reste. L'Église parle comme ayant l'autorité, l'autorité de Dieu même, et sa seule persistance au milieu de ce monde qu'elle contrarie et qui lui est si contraire, est une preuve qu'elle n'est pas comme tout le reste. Pour nous qui vivons dix-huit siècles après la première promulgation de la « Bonne Nouvelle », le fait de la vitalité de l'Église est peut-être l'argument le plus frappant de son origine transcendante et de sa divinité.

Voilà ce que j'aperçois quand je réfléchis sur cette parole où se marque tout d'abord ma place au milieu des hommes :

« *Credo*, Je crois. » Je suis un croyant, je suis un fidèle, je suis un chrétien : ce sont là des mots synonymes. Et, puisque je reçois de la bouche de l'Église, si visiblement autorisée, une doctrine qui est la doctrine même de Jésus-Christ, je fais une chose raisonnable, souverainement raisonnable, en adhérant pleinement et sans examen à cette doctrine, sans examen, je veux dire sans un examen d'où je fasse dépendre mon adhésion.

Croyant, je me distingue des raisonneurs, des philosophes, de tous les libres-penseurs qui prétendent n'admettre comme vrai que ce qu'ils ont eux-mêmes découvert ou du moins reconnu grâce à un examen préalable. Mais je ne renonce pas pour cela à la raison, et, dès mes premières réflexions, ma raison trouve de quoi la satisfaire.

Avant ces réflexions explicites, il y a un certain usage de la raison, contemporain des premiers développements de la foi. Dès que j'ai été capable de dire de cœur : Je crois, j'ai vu, dans une certaine lumière intérieure qui est bien celle de la raison, que croire est raisonnable. Tantôt, c'étaient les objets mêmes proposés à ma créance qui m'apparaissaient comme d'une souveraine convenance, si je puis dire, et comme apportant à tout mon être, alors même qu'ils en contrariaient les penchants inférieurs, une satisfaction suprême ; tantôt c'était l'autorité de Dieu qui se montrait à moi si visiblement certifiée que prétendre s'y soustraire eût été manifestement une folie en même temps qu'une faute : Jésus-Christ a parlé, et l'Eglise continue Jésus-Christ ; la parole de l'Eglise, qui est la parole de Jésus-Christ, c'est la parole de Dieu, et Dieu ne peut ni se tromper ni tromper personne : son adorable compétence, si l'on ose ainsi parler, et sa véracité parfaite lui font une autorité incomparable, en sorte que résister quand Dieu parle, c'est déraison.

C'est ainsi qu'en dehors de toute controverse et sans aucun esprit de dispute ni de contention, croissent ensemble la raison et la foi dans une âme d'enfant, droite et docile, surtout quand la volonté de bien faire suit de tout point la croyance et que le précepte issu du dogme est pratiqué courageusement en même temps que le dogme est sincèrement admis et professé.

Maintenant que je réfléchis sur ces commencements et sur ce progrès de ma vie religieuse, je remarque qu'il y a de l'analogie en cela entre cette vie religieuse et la vie morale en général.

Ce n'est point par raisonnement ni par procédés rationnels exprès que les notions morales sont admises. Elles sont, d'une certaine manière, enseignées du dehors et reconnues au dedans ; elles sont transmises, moins d'ailleurs par un enseignement *ex professo* que par une sorte de tradition aux formes les plus diverses, tradition vivante ; et elles sont admises par un acte peu aperçu mais réel de l'âme qui y trouve comme une secrète affinité avec elle-même. Elles apparaissent raisonnables sans avoir été soumises à un examen rationnel. La vie morale, faite tout à la fois de raison, de pratique, de profond assentiment et consentement personnel au vrai et au bien, s'éveille, se développe sans un examen, sans une discussion qui procède abstraitement et par règles. Vivre, pour l'homme, ne va point sans penser, mais vivre précède penser, si c'est de penser abstraitement qu'il s'agit.

La foi, raisonnable sans raisonner, n'est donc pas une exception qui doive scandaliser. Toute vie a ce même caractère. Mais, ce qui est le propre caractère de la foi, c'est que d'emblée elle me place dans le divin. Quand je dis en chrétien ce « Je crois », qui est mon cri distinctif et mon cri de ralliement comme fidèle, j'adhère à Dieu qui parle. Je suis dans un ordre qui n'est pas celui de la raison, encore que la raison y puisse trouver et y trouve de quoi se satisfaire.

La loi morale naturelle m'apparaît comme l'expression même de la raison. Le dogme chrétien déborde de toutes parts la raison.

C'est par les moyens ordinaires dont je dispose que je prends connaissance des faits positifs, historiques, à savoir Jésus-Christ et l'Eglise ; c'est par un procédé rationnel ordinaire que je vois que, si Dieu parle, il est raisonnable de croire. Mais la foi même, la foi vivante, est autre chose que cela, puisqu'on voit des hommes qui n'ont point de doutes sur la valeur historique des faits chrétiens, et qui trouvent parfaitement légitime le raisonnement ci-dessus mentionné, lesquels hommes néanmoins ne sont pas chrétiens : ils ne croient pas, ils ne veulent pas croire, et ils ne peuvent pas croire.

Ils ne veulent pas dire : Je crois ; ils ne s'y décident pas. Tous les motifs de crédibilité sont là, ramassés sous leurs yeux : ils ne contestent rien, ils ne discutent plus, mais ils sont arrêtés : par quoi ? Il y a un consentement à donner. Ils n'arrivent pas à prendre en soi de quoi le donner. On pourrait dire qu'ayant tout fait pour résoudre le problème, il leur reste à se résoudre eux-mêmes ; et c'est ce qu'ils ne font pas.

Dire ce « Je crois », c'est dire « Je veux », ou plutôt ils ne diront pas « Je crois », s'ils ne disent pas « Je veux ». Et cela leur coûte.

Ils ne peuvent pas dire : Je crois. Ils sentent en eux une impuissance qui parfois les désole. Ils ne peuvent pas croire.

Si je réfléchis sur ces faits, je reconnais que dans l'acte de foi il y a quelque chose qui passe la connaissance, d'une part, et, d'autre part, quelque chose qui passe l'homme.

IV

LA VIE DE DIEU DANS LE CHRÉTIEN

Je suis Catholique, je suis Chrétien. C'est pour moi un honneur, une force, une joie que je déclare littéralement incomparables. Je trouve dans la doctrine chrétienne une règle intellectuelle, une direction morale. Plus que cela et mieux que cela, je trouve dans le Christianisme un principe de vie, que dis-je? le principe le plus intime et en même temps le principe suprême de ma vie. Le Christianisme, que je crois et professe, me prend tout entier : il m'enveloppe et m'investit; il me pénètre et m'anime. Jésus-Christ, parlant et agissant par son Eglise et dans son Eglise, est mon maître. Il m'enseigne la vérité; il me prescrit ce que je dois faire. L'influence dominante de Jésus-Christ s'étend à tout en moi. Ce n'est pas une part de moi-même qui est à lui; c'est tout mon être. Chrétien, je suis au Christ, je vis par le Christ, dans le Christ et du Christ, je vis pour le Christ. Homme, je suis un être raisonnable, et si je suis vraiment un homme, je retrouve en moi quelque chose d'humain jusque dans les opérations qui me sont communes avec les animaux. Chrétien, je suis un être plus qu'humain, un être divinisé, et si je suis vraiment Chrétien, je retrouve en moi quelque chose de divin jusque dans les opérations qui sont de l'homme purement homme.

Je viens de dire : un être divinisé. C'est un bien grand mot. Il faut que je l'entende comme il faut. Pour cela je dois avoir d'abord le plus profond et le plus vif sentiment de ma faiblesse et de mon indignité.

J'expérimente sans cesse mon infirmité, dans tous les ordres de choses, dans le domaine du savoir, dans celui de l'action. Là où ma faiblesse est le plus déplorable, c'est dans l'ordre de la moralité proprement dite. Qu'il faut peu de chose pour me distraire du bien ou pour m'intimider ou pour m'arrêter tout à fait ! Que d'imperfections de toutes sortes ! que d'inconséquences ! quelle mobilité et quelle inconstance ! Des résolutions bien prises sont déconcertées en un instant par des riens. Et que de pentes au mal ! quel penchant vers la sensualité, vers l'orgueil, vers l'égoïsme ! Je suis foncièrement faible et je sens en moi des germes de corruption.

Jésus-Christ m'apparaît d'abord comme mon Sauveur. Il vient à mon secours, il me délivre du mal. De quel mal ? Du péché, c'est-à-dire de ce qui me sépare de Dieu.

C'est par pure bonté que Jésus-Christ me délivre du mal. Cet acte libérateur est une grâce, un don tout gratuit, une libérale et généreuse effusion de miséricorde, d'amour.

Et cette grâce libératrice, réparatrice, médicinale, me rend la vie.

C'était vraiment être mort que d'être séparé de Dieu. Le péché, qui sépare de Dieu, tue l'âme. La grâce, qui ôte le péché, ressuscite l'âme.

Vivant de la vie de la grâce, je suis participant de la vie divine elle-même. Pour moi pécheur, la grâce est d'abord grâce médicinale. Mais, de soi, la grâce, c'est proprement le don tout gratuit de la vie divine à l'être créé.

La création est un don, sans doute, et un don gratuit; mais, si en ce sens c'est une grâce, ce n'est pas ce qui s'appelle la grâce proprement.

V

LE CHRÉTIEN VIS-A-VIS DE SON ÉPOQUE

7 novembre 1890.

Je suis Chrétien, et je suis de mon temps. Chrétien, et Chrétien complet, je veux dire Catholique, — et vivant au dix-neuvième siècle, je vois ou je sens qu'entre la doctrine chrétienne, à laquelle j'adhère par tout mon être, et beaucoup d'idées ou de tendances de mon temps, auquel je ne veux pas demeurer étranger et dont je ne suis pas l'ennemi, il y a une opposition. Je voudrais examiner en quoi consiste cette opposition. En l'étudiant de près, je comprendrai mieux ce qu'est la doctrine chrétienne et ce qu'est mon temps. J'aurai de l'idée chrétienne et de la vie chrétienne une notion plus exacte et plus profonde. Je démêlerai ce que notre temps a de nouveau, et parmi ces nouveautés ce qui mérite d'être pris en considération. Je tâcherai de discerner le vrai esprit de ce siècle. Le mettant en regard avec le vrai esprit du Christianisme, je chercherai ce qui y est en opposition radicale et définitive avec cet esprit et ce qui, ne s'en écartant qu'en apparence, s'y laisse ramener et même aspire secrètement à y être ramené.

VI

LE CHRÉTIEN ET LA FUTURE CHRÉTIENTÉ

Dimanche 24 janvier 1897.

La Chrétienté ;
La refaire — et dans l'ordre intellectuel comme dans l'ordre social ;
Sans renoncer à aucune des acquisitions légitimes.
Il n'y a qu'un Christianisme ; et il doit régner.
Il y a plusieurs manières de le concevoir régnant et conformant par sa vertu à ses principes le monde, les faits, les choses, les hommes.
Les conflits, les révolutions doivent servir à préparer ce règne.
Enfantement d'un ordre nouveau : *vetera et nova*.

FIN

TABLE DES MATIÈRES

	Pages.
UN PHILOSOPHE CHRÉTIEN : Introduction, par Georges Goyau.	V
BIBLIOGRAPHIE	LV
LA VIE INTELLECTUELLE DU CATHOLICISME EN FRANCE AU DIX-NEUVIÈME SIÈCLE	1

PREMIÈRE PARTIE

LA TÂCHE INTELLECTUELLE

I. — A l'école de saint Thomas : La liberté intellectuelle.	79
II. — A l'école du P. Gratry : La générosité intellectuelle.	94
III. — De la virilité intellectuelle	114
IV. — La virilité sacerdotale : L'homme dans le prêtre.	142
V. — Le clergé et le temps présent dans l'ordre intellectuel	158
VI. — Le devoir scientifique des catholiques	183

DEUXIÈME PARTIE

LA TÂCHE MORALE

I. — La discipline de notre liberté	187
II. — La recherche des questions pressantes	198
III. — La responsabilité de chacun devant le mal social	207
IV. — Le devoir d'agir	233

TROISIÈME PARTIE

LES DEVOIRS DU MOMENT (1895-1897)

	Pages.
I. — Ce qu'on va chercher à Rome..................	245
II. — Attention et courage...........................	302

ÉPILOGUE

OMNIA INSTAURARE IN CHRISTO

I. — Qu'est-ce qu'être Chrétien?.....................	317
II. — L'esprit chrétien................................	320
III. — La foi du Chrétien............................	328
IV. — La vie de Dieu dans le Chrétien................	336
V. — Le Chrétien vis-à-vis de son époque............	339
VI. — Le Chrétien et la future Chrétienté............	340

TOURS

IMPRIMERIE DESLIS FRÈRES

6, RUE GAMBETTA

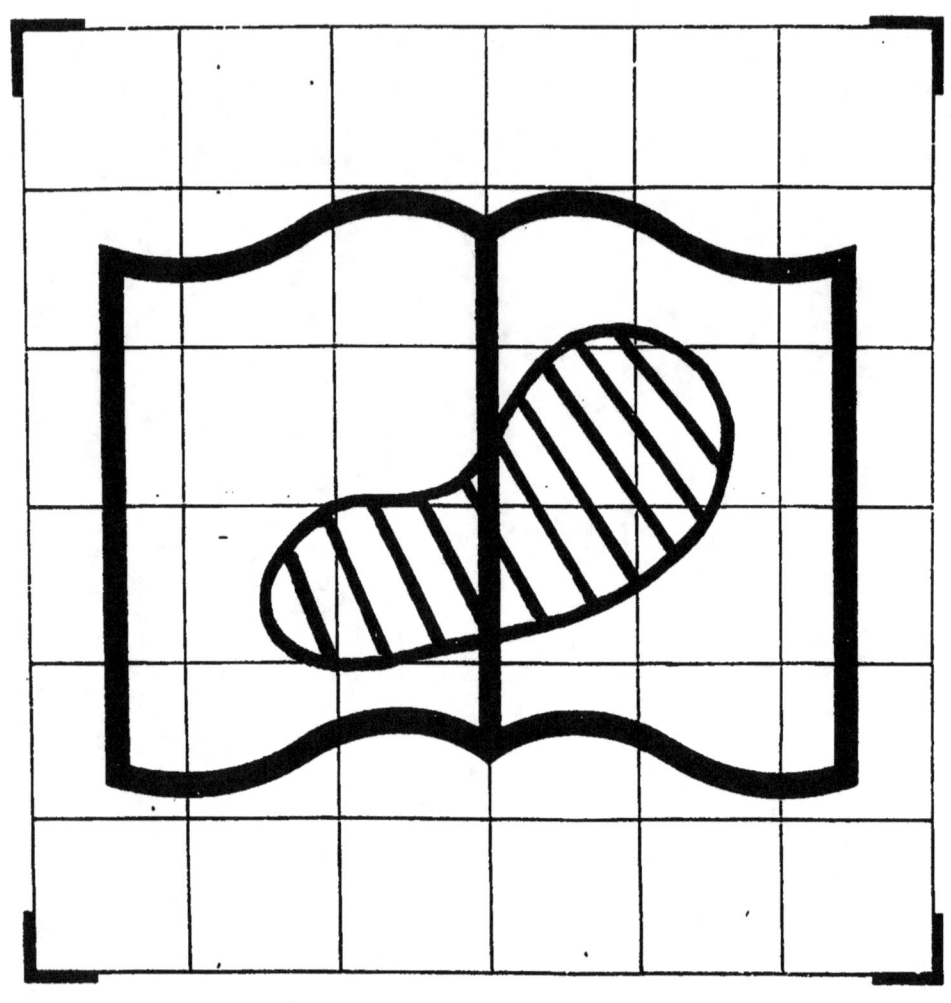

LIBRAIRIE ACADÉMIQUE PERRIN ET Cie

Henri BRÉMOND.
L'Inquiétude religieuse. Aubes et lendemains de conversion. 1 vol. in-16 .... 3 50

Ferdinand BRUNETIÈRE.
Discours de Combat. 5e édition. 1 vol. in-16 .... 3 50
Discours académiques. 2e édition. 1 vol. in-16 .... 3 50

Georges GOYAU.
Autour du Catholicisme social. 1 vol. in-16 .... 3 50
L'Allemagne religieuse. Le Protestantisme. 3e édit., 1 v in-16. 3 50
L'École d'aujourd'hui. 1 vol. in-16 .... 3 50
Lendemains d'Unité. Rome — Royaume de Naples. 1 vol. in-16 .... 3 50
La Franc-Maçonnerie et la Question religieuse. Brochure.. » 50

Léon GRÉGOIRE.
Le Pape, les Catholiques et la Question sociale. 3e édition, 1 vol. in-16 .... 3 »

Lucie FÉLIX FAURE.
Newman. Sa vie et ses œuvres. 2e édition, 1 vol. in-16 .... 3 50

Albert BAZAILLAS.
La Crise de la Croyance dans la philosophie contemporaine. 1 vol. in-16 .... 3 50

H. J. BRUNHES.
Ruskin et la Bible, pour servir à l'histoire d'une Pensée. 1 vol. in-16 .... 3 50

Théodore JOUFFROY.
Correspondance de Théodore Jouffroy, publiée avec une introduction et des notes, par Adolphe Lair. 1 vol. in-16.. 3 50

Léon OLLÉ-LAPRUNE.
Étienne Vacherot (1809-1897). 2e édition, 1 vol. in-16 ..... 1 50
Théodore Jouffroy. 1 vol. in-16 avec un portrait........ 3 50
La Vitalité Chrétienne, avec une Introduction par Georges Goyau. 1 vol. in-16 .... 3 50

Ernest HELLO.
L'Homme. La vie, la science, l'art. Préface de Henri Lasserre. 6e édition. 1 vol. in-16 .... 3 50
Le Siècle. Les Hommes et les Idées. 3e édit., 1 vol. in-16.. 3 50
Physionomies des Saints. 3e édition, 1 vol. in-16....... 3 50

Maurice MURET.
L'Esprit Juif. Essai de psychologie ethnique. 1 vol. in-16.. 3 50

Vicomtesse D'ADHÉMAR.
Nouvelle éducation de la femme dans les classes cultivées. 3e édition. 1 vol. in-16 .... 3 50
La Femme catholique et la démocratie française. 1 vol. in-16. 3 50

www.ingramcontent.com/pod-product-compliance
Lightning Source LLC
Chambersburg PA
CBHW052120230426
43671CB00009B/1052